中国共産党のメディアとプロパガンダ

戦後満洲・東北地域の歴史的展開

梅村 卓 著

御茶の水書房

満洲・東北地域の関連地図

原 朗「『満洲』における経済統制政策の展開」（安藤良雄『日本経済政策史論』下、東京大学出版会、1976年）第10－1図をもとに作成。

中国共産党のメディアとプロパガンダ　目　次

目次

第四章　東北におけるメディア利用とプロパガンダ

中国共産党のメディアとプロパガンダ

——戦後満洲・東北地域の歴史的展開——

序章

第一節　問題の所在

一九四五年九月二日、延安から多くの共産党幹部が東北に向けて出発した。日中戦争の勝利の後、東北に新たな根拠地を築くために派遣されたのである。この東北幹部団のなかに、魯迅芸術学院の文芸幹部によって組織された第八中隊が存在した。[1]隊長は後に東北電影製片廠の初代廠長となった舒群、副隊長には東北文芸工作団の団長となった沙蒙、支部書記は北京電影製片廠の廠長となった田方であった。出発の前に周恩来と朱徳が報告を行い「国民党反動派は必ずこの機会を利用して勝利の果実を手に入れようとするだろう。君たちは必ず迅速に東北へと赴き、東北根拠地を建設しなければならない」と激励し送り出したという。第八中隊の幹部は、リュックサックのほかに、多くの書類や学習材料を背負い、将来演劇を演じる際に必要となる幕布、衣服、道具、楽器などを背負って行軍した。そして二ヶ月の時を経て、一一月二日に東北局が所在する瀋陽へと到着したのであった。この第八中隊こそが後に東北文芸工作団となり、演劇活動や映画の制作に携わることになる。[2]

当時このように、東北に新たな根拠地を建設するため、延安から新聞、映画、文芸、演劇、撮影などの専門技術を持った幹部が東北へと派遣され、東北の共産党メディアを形成するのに大きな役割を果たした。中国共産党（以下共産党と略）は、東北を最重要地域として重視し、幹部を派遣するにおいて文芸幹部をとくに選んでそのなかに加えていたのである。これは国民政府（以下国府と略）との争奪が予想される東北において、共産党が軍や武器だけでなく、メディアや文化・芸術活動を支配の確立の重要な手段として認識していたことを物語っている。

このような文化・芸術活動を動員した宣伝戦は「武器なき戦争」と言われる。近代以降、とりわけ総力戦となった第一次世界大戦以降、ヨーロッパやアメリカ、あるいは日本においても、メディアは戦争へと積極的に動員された。国家や党は新聞やラジオといったマス・メディアを通して、幅広い層へプロパガンダを行い、国民としての一体性を創出し国民国家の形成を目指した。また総力戦を完遂するためには、メディアによって国民の戦意を高揚させることが不可欠であり、戦時中にはポスターやビラ、ラジオなどが宣伝に利用されたのである。

貴志俊彦は、満洲国におけるこうした「武器なき戦争」について論じている。貴志はポスターや伝単（宣伝ビラ）、切手、絵葉書といったビジュアル・メディアを用いて、満洲国のプロパガンダの実態について明らかにした。満洲国では「決戦芸文指導要綱」に見られるように、メディアを含めた文化・芸術を総力戦体制の構築のために統制し動員した。そのなかで、日本の各種メディアを使った宣伝は、実像とは異なる虚構に満ちており、宣伝対象の中国系や少数民族の住人に配慮することなく、日本人的感覚を用いたひとりよがりなものであったとされる。(3) それでは、その満洲国が崩壊した後の戦後の東北において、共産党はいかなるメディア活動を行い、それは満洲国と何らかの継承関係があるのだろうか。

本書の目的は、戦後に国府との最大の戦場となった東北において、共産党のメディアがどのように整備され、利用されたのかを検討することである。共産党は一九二一年の結党以来、メディアの持つ効果を非常に重視していた。新聞、雑誌、伝単（ビラ）、年画、連環画（漫画）など、多くのメディアを駆使して、プロパガンダを行ったのである。本書が共産党のメディアについて検討する際に、とくに東北地域を研究対象として選んだ理由は、東北のメディアが以下の特徴を有しているからである。

第一に、東北のメディアは、日本の「遺産」を継承することにより成立し発展したことである。これは施設や機材だけでなく、人材の面でも顕著である。メディアで使用される近代的な機器や設備は、共産党にとって入手するのは困難であった。日中戦争期に創設された延安のラジオ放送局で使用された放送機は、コミンテルンから援助されたものであり、軍や党機関が使用した無線機器の多くは敵から鹵獲したものか、香港などを通して購入したものであった。このような物質的な制約が、共産党によるメディア運営を大きく制限していた。しかし、東北には日本や満洲国が残した「遺産」が残されていたため、それを接収することにより物質的制限を乗り越えることができたのである。

第二章、第三章で検討するように、共産党は東北において活字メディアでは日本の製紙工場、印刷工場、新聞社、出版社などを接収し、用紙や印刷設備を確保した。また視聴覚メディアにおいては、ラジオ局の多くが満洲国の放送局を接収し、高価な放送機器を手に入れることにより成立したものである。映画では、満洲映画協会を接収して撮影や放映の機材を手にするとともに、日本人技術者や監督、脚本家など留用した。これはラジオにおいても同様だが、ラジオや映画といった共産党にとって比較的新しいメディアは、高度な技術が必要となり、農民出身の幹部を主体とする共産党においてそのような技術者は極度に不足していた。それゆえ日本人留用者を用いて差し当たり活動を維持し、人材の育成を図らなければならなかったのである。以上の点からいって、当時の満洲、東北地域はメディアの先進地域と位置づけることができる。

この問題は満洲国との連続性を考える上でも重要な点であろう。満洲国に対する研究は、日本近現代史を中心に盛んに行われてきたが、その研究的関心は満洲国の崩壊までに留まり、それ以後の戦後の中国東北地域に対しては関心が向けられてこなかった。ただし近年主に中国史の側から、戦後の東北に関する研究が徐々に発表されるようになってきている。例えば、江夏由樹・中見立夫・西村成雄・山本有造編『近代中国東北地域史研究の新視角』（山川出版社、二〇〇五年）は、「近現代中国東北」に焦点を当てつつ、「戦後の中国東北地域、一九四五〜四九」を独立させるなど、戦後の東北を強く意識した構成になっている。また二〇一二年一一月に出版された貴志俊彦・松重充浩・松村史紀編『二〇世紀満洲歴史事典』（吉川弘文館、二〇一二年）でも、一九四五年以降の東北が「第三部」として独立して扱われている。こうした近年の研究動向は、「満洲」から中国東北地域への移行過程を明らかにしようとする問題意識が底流にある。満洲から戦後の東北へメディアにおいては何が引き継がれ、満洲国が戦後の東北メディアに対して何をもたらしたのか、それが本書の一つの課題である。

第二に、日中戦争期や一九四九年以後との連続性である。冒頭で見たように、東北で活躍したメディアや文芸幹部は、抗日戦争期には延安、晋察冀、山東などの各解放区で活動していた幹部である。彼らは関内におけるメディア工作の失敗と成功の経験を、東北に持ち込み生かしたのである。近代以降中国のメディアの中心は上海であったが、上海は国府の統治の下にあり、日中戦争期の日本による支配を経て、戦後も国府の支配地域であった。共産党が上海を占領したのはようやく一九四九年五月のことであり、国共内戦の末期であった。ゆえに上海において、共産党はメディア運営の経験や人材育成の蓄積がほとんどなかったのである。したがって少なくとも建国初期までの間は、東北での経験や人材が重視されたのである。

一九四八年一一月に遼瀋戦役に勝利し東北全土を支配するようになると、共産党中央や東北局は東北で経験を積んだ幹部を関内に派遣し、メディア機関の接収工作や運営に従事させた。『東北日報』、東北書店、東北電影製片廠などの幹部は、北京、天津、上海などの接収工作と創設工作に携わり、多くが重要な地位についている。したがってメディアの人材の系譜として、延安や晋察冀などの関内から東北へ、そして東北から北京、天津、上海などへ、という流れになっていくのである。一九四九年前後のメディアにおける連続を見る上でも、戦後東北地域を考察することが必要なのである。

第三に、ソ連との関係である。一九四五年八月九日、ソ連は満洲国に進攻した。一九四五年二月のヤルタ会談において、日本を降伏させることができないでいたイギリスとアメリカは、東北の利権を認めることと引き換えに、ソ連の対日参戦を要求したのであった。ソ連は迅速に東北を制圧し、利権を維持するためにも軍を東北へと駐留させた。一九四六年三月に国際的な圧力に応じて東北から撤退するまで、ソ連は東北に非常に大きなプレゼンスを持っていた。したがって共産党が東北でメディアを運営する際には、時にソ連の協力と統制を受けざるを得なかったのである。当時ソ連は国府と中ソ友好同盟条約を締結していたため、国府と敵対する共産党との関係はきわめて微妙なものであった。とりわけソ連軍が駐留し続けた大連や、瀋陽、長春、ハルビンなどの大都市においては、ソ連の了承なしに工作を進めることは困難であった。ソ連は共産党に便宜を図ることもあったが、反面その活動を制約することもあったのである。

第四に、東北が内戦の帰趨を決定づける戦場となった点である。国府との国共内戦は、大きなものとして遼瀋戦役、平津戦役、淮海戦役などがあるが、共産党はこのうち一九四八年一一月に終結した遼瀋戦役に勝利し、瀋陽、長春を占領して東北全土の支配を達成した。一九四七年半ばまでむしろ国府に対して劣勢であった共産党は、東北で勝利を収めることにより、内戦に最終的に勝利し、中華人民共和国を建国することとなったのである。東北における共産党のメディアは、こうした内戦に動員されたものと考えられる。この東北の内戦において、メディアがどのように利用され、どのような効果を発揮したかを検討することは、中華人民共和国の成立過程を明らかにするためにも必要である。

第二節　本書の研究方法

ここまで何度か「メディア」という言葉を使ってきたが、まずこの用語について説明しておきたい。メディアとは辞書的に言えば、「媒体、手段。とくにマス・コミュニケーションの媒体」[4]である。メディアはmediumの複数形であり、本来は「媒介、媒体、手段」を意味し、情報を伝達する全ての媒体をその範囲とする。しかしばしば慣例的にマス・メディアと同一の意味で用いられ、両者が曖昧に使用されることが少なくない。

マス・メディアは、そもそもは第一次大戦後のアメリカで使われるようになった用語である。この時期のアメリカは、第一次大戦での軍需輸出や自動車産業の繁栄などにより、空前の大量生産・大量消費社会へと歩んでいた。このような「永遠の繁栄」を迎えた経済状況に呼応して、広く大衆に訴えかける広告媒体の誕生が要請されたのであった。すなわち新聞、雑誌、ラジオなどが、マス・メディアとして集合的に一括りにされ、広告関連の業界用語となったのである[5]。

つまりメディアはマス・メディアの意味も合わせて持つものの、第一義的には情報伝達媒体としての意である。マクルーハンは「メディアとはメッセージである」と定義したが、メディアはメッセージを伝えるあらゆる形式をそのうちに含んでいると言えよう[6]。本書では活字媒体として新聞、書籍、雑誌、視聴覚メディアとしてラジオ、映画、肖像と年画、演劇、画報を研究対象とするほか、通信社である新華社組織についても詳しく検討する。

次に本書の時期設定について述べておきたい。本書は副題に「戦後満洲・東北地域」を冠しているが、「戦後満洲」については説明を要するだろう。一九四五年八月に満洲国は崩壊したものの、国府や共産党の主観はともかくとして、満洲がすぐさま中国東北地方に変貌したわけではなかった。当然ながら、住民も満洲国崩壊のその瞬間に中国東北地域の住民へと再編成されたわけでもない。戦後の東北では、工業施設を中心とする満洲国の「遺産」をめぐって国共両党の内戦が繰り広げられ、引揚げ前の多くの日本人が留用された。こうした日本人留用者を通して技術の移転がなされ、戦後の中国へと継承されていったのである。(7) 戦後の東北は、重工業の発達した先進地域として特殊な地位を確立し、第一次五カ年計画でも投資の多くが東北地域に振り分けられた。このような戦後東北の特性が背景にあり、一九五四年に高崗・饒漱石事件が勃発し東北大行政区が廃止されることにもなったのである。

以上のように、日中戦争直後の東北は、満洲国が崩壊したとはいえ、満洲国時期からの継続的な要素が強い時期である。それゆえ、本書では満洲国時期との連続性を強く意識して、東北地域の歴史を描こうと試みている。(8) では、戦後満洲、あるいは戦後東北とはいつまでを指すのか。これは非常に難しい問いだが、著者は現在のところ一九五四年の東北大行政区の廃止までを考えている。なぜなら、大行政区までの時期は、重化学工業の先進地域として特殊な地位を得ており、東北は中央から相対的に自立的であった。しかし中央集権化を目指す中央により大行政区が廃止されたことによって、東北は完全に中国の一地域へと編成されていくからである。

したがって、本来であれば、本書は一九四五年から一九五四年までを通して考察するべきところである。ただ著者の力量不足により、東北統一以後のメディアについては、いまだ研究が進んでいない。本書では、一九四五年八月から一九四九年初頭までを考察の対象とするが、それは一九四九年の中華人民共和国前後での断絶を意味しないことを、あらかじめお断りしておきたい。

第三節　先行研究

本書の重要な視角の一つである戦後の東北地域史に関する研究は、満洲国研究に比して従来手薄であったが、近年若手研究者からも注目され、いくつかの研究が発表されるようになっている。まず先駆的な研究として、西村茂雄や石井明の研究がある。西村の研究は、「東北地域史」という新たな研究領域を設定し、清末から満洲国時代、そして戦後の共産党解放区までの歴史的変遷を明らかにした、現在でも類のない貴重な研究である[9]。石井は中ソ関係史を検討するなかで、東北地域を一つの焦点とし、東北地域におけるソ連、中国共産党、国民党の実態と交渉の過程について詳細に明らかにした[10]。

丸山鋼二は、戦後の東北において共産党がソ連から武器を供与され、それが共産党の軍事力を強化し内戦の勝利に結びついたことを明らかにした[11]。松村史紀は、アメリカの戦後の対中構想や政策を分析するなかで、マーシャル・ミッションに着目し、その和平交渉において大きな課題となった東北問題についても考察している。松村は戦後の東北をめぐるソ連、中国共産党、国民党、アメリカといった各アクターの思惑や動きを詳細に明らかにしている。なかでもアメリカの東北に対する方針や、国共対立の深刻化に頭を悩ませるアメリカの姿が描き出されている[12]。

鄭成は中国共産党とソ連との関係を軸として、両者の間の協力と対立の実際について明らかにしている。鄭によれば、共産党の東北進出に対してソ連の協力は限定的であり、現場においてはむしろ両者が深刻な対立を招いていた。ソ連側の強引なやり方に対して、現場の共産党幹部は不満を抱き、様々な面で摩擦を起こしていたという[13]。ただし東北局や中央などの上級レベルでは、ソ連との良好な関係こそが東北支配の根幹であると認識し、東北においてソ連との関係にひびが入らぬよう、厳しく戒めていた点が重要であろう。

　これらの研究から導き出されるのは、中国共産党が東北に進出し、勢力を拡大するためには、ソ連との友好関係が必要不可欠であり、そのためには大きな犠牲を払うことも厭わなかったということである。ただこれらの国際関係を中心とした研究では、中国共産党が東北の地域社会とどのような関係を結び構築しようとしたのか、という点については関心が払われていない。

　共産党史においては、土地改革が大衆を共産党へと結集させ、共産党の最終的な勝利と人民共和国の成立を導いたとする公式党史的な見方が長く支配的であった。土地改革とは地主や富農から土地や生産手段を没収し、貧農や雇農に分け与える政策である。土地を得るために農民たちは農村の権力者である地主や富農と対決することを厭わず、また一旦土地を得た農民たちは、その利益を守るためにも共産党を支持したとするストーリーである。(14) また土地改革をはじめとする大衆運動が、基層社会に政権を打ち立てる手段となり、共産党の勢力浸透に大きな役割を果したことも田中恭子や大澤武彦の研究で指摘されている。(15)

　しかし近年の共産党研究では、農民や農村の実態に着目した研究も多く、革命の実態はさらに複雑であることが明らかになってきている。高橋伸夫はいくつかの共産党根拠地を比較研究し、必ずしも土地改革が農民の共産党支持につながってはいないことを指摘している。高橋によれば、共産党の農村支配はきわめてルーズであり、農民たちは自己の利益を実現するために、共産党の散漫な党組織を利用し、自己のなかに取り込んだという。(16) また同様な視点から、角崎信也は土地改革と共産党の新兵動員との関係について検討し、土地改革が農民たちに財産や土地という「経済的インセンティブ」を与えたことを指摘している。つまり土地改革は、従来重視されてきた農民の思想的な変革や農村における政権組織の樹立というよりは、共産党が農民たちに経済的利益を与えることにより、事実上農民たちを「雇

用」したのであり、より多くの利益を得るために農民たちは利己的な形で共産党に従ったのである。(17)

以上のように、従来の研究では対内的には土地改革や大衆運動による農民支配のメカニズム、対外的にはソ連との関係に研究の焦点が当てられてきた。確かに共産党が東北に支配の正統性を確立しようとする際に、ソ連と密接な関係を結ぶことは当然その源泉の一つとなり、また土地改革などの大衆運動が共産党への求心力を強化したことも確かであろう。しかしそれ以外にも、中国の政治勢力として東北地域社会に対する様々な働きかけや戦略があったに違いない。著者は、メディアを用いた大衆とのコミュニケーションやプロパガンダ活動が、それらの活動のなかで重要な意味を持ったと考えている。

中国メディアに関する研究は、同時代的なメディア研究を除けば多くない。とくに中華人民共和国建国前後の史的研究は、ほとんどないと言って良い。中国においては、方漢奇による一連の研究がある。(18)しかし方漢奇の研究はきわめて長いスパンでメディアの変遷を追ったものであり、東北は一地域として触れているに過ぎない。朱家麟も、共産党のマスコミ制度の形成過程を分析し、共産党の成立から現代までを通して考察しているが、個々のメディアや地域的なメディアの具体的な考察はされていない。(19)

満洲・東北のメディアに関しては、まず満洲での日本人による新聞経営の実態に迫った李相哲の研究(20)や前述した貴志俊彦の研究、満洲における日本人の出版事業について明らかにした岡村敬二の研究(21)などがあるが、いぜんとして手薄であると言わざるを得ない。しかし、それでも戦後の東北に比較すれば、まだしも研究が多いと言えるかもしれない。

数少ない戦後の東北メディアに関する研究としては、まず新聞を考察対象とした羅玉琳、艾国忱の研究がある。(22)東北の新聞史の概説と宣伝内容について考察されているが、「報業史」と名づけられてはいても考察対象は少なく、また書籍の三分の一が関係者の回想録で構成されており、文字通り「簡史」の域を出ていない。東北のラジオを専門に論じたものに、呉少琦の研究がある。(23) 一九八七年から一九九〇年にかけて東北三省の広播電視庁、学会が「東北人民広播史編委会」を組織し、呉少琦を主編としてまとめられたものである。各放送局の接収過程や編輯人員の名簿、番組表など、ラジオ事業の展開については詳細に明らかにされており、史料的価値も高い。これら二つの研究は、東北地域のメディアを研究対象としているとはいえ、新聞、ラジオと個々の対象に限定されており、体系的に総体として東北のメディアにいかなる特徴があるのかは明らかにされていない。

張連俊・関大欣・王淑岩『東北三省革命文化史』(24)は、東北における共産党の文化活動について明らかにしたものである。「出版説明」によれば、文化部の意見に基づいて東北三省文化庁が編纂させたものである。したがって公的な色合いが強く、革命史観の立場から叙述されているため、共産党による宣伝を大衆が喜んで受け入れたとする記述がなされている。実際に東北における宣伝で重要なのは、支配した実績のない東北において、いかに共産党が抗日戦争における功績をアピールしたか、また共産党の各種の政策や概念、イデオロギーを浸透させるかであった。メディアや宣伝の研究では、共産党イデオロギーの影響が強く、革命史観を相対化することが必要である。

以上のように、現在のところ東北の共産党メディアに焦点を当て、満洲国崩壊後の混沌とした東北地域の歴史的過程のなかに位置づける研究はない。従来の満洲・東北地域を対象とした研究では、日本史からの満洲国研究が主であり、分野としては政治、経済に偏重している。さらに言えばその関心は満洲国に留まり、戦後の東北地域が考察の対象とされなかったことは、大きな課題を残していると言わざるを得ない。本書では、満洲国時期との連続性を十分に念頭に置きつつ、東北地域史の一環として戦後の東北メディアの特質を明らかにするとともに、一九四九年の中華人民共和国の成立までの歴史的過程のなかに東北メディアを位置づけ明らかにしたい。

第四節　本書の構成

本書は四つの章から構成されている。まず第一章「戦後東北の国際関係とプロパガンダ戦略」では、戦後の東北をめぐるソ連やアメリカなどの国際関係と国共内戦の経過をたどりつつ、一九四五年から一九四九年までの内戦期を二つの時期に区分し、東北局の機関紙『東北日報』を用いて共産党のプロパガンダ戦略の変容について検討する。また二つの時期に共通する重要な問題として、共産党の宣伝における戦勝報道と対ソ報道を取り上げ、共産党がいかなるポリシーのもとに宣伝を行ったのかについて検討する。

第二章と第三章は、メディアの設備や組織の成立過程・変遷など、東北における共産党メディアの整備過程について考察している。第二章「通信社と活字メディアの整備過程」では、東北における新華社組織の成立過程と、活字メディアを運営する上で不可欠な製紙業や出版・印刷工場の実態、そして『東北日報』をはじめとする各新聞や東北書店の活動について論じている。共産党のメディア自体まだ研究が十分ではないことから、各メディアを論じる際には、党中央の動きについてもできるだけ触れることにした。

第三章「視聴覚メディアの整備過程」は、ラジオ、映画、肖像・年画、演劇といった音声、映像メディアの整備過程について検討している。新聞や雑誌とは異なり、視聴覚メディアは史料として残りにくく研究は困難であるが、当事者の回想や収集出来る限りの公刊史料を参照して実態を復元しようと試みている。本章の視聴覚メディアは、とくに日本人留用者が活躍する分野であり、彼らの立ち位置や活動についても触れている。

第四章「東北におけるメディア利用とプロパガンダ」は、第二章や第三章では詳しく検討することのできなかった、共産党のメディアとプロパガンダに関する個別の具体的なテーマについて取り上げる。まず、『東北日報』に掲載された風刺画を当時の東北情勢から読み解き、その込められたメッセージを明らかにする。この風刺画は強い批判性を持ち、そのデフォルメされた造形は非常に興味深く、見るものに強い印象を残すものである。

次にラジオにおける対敵宣伝放送である。当時の番組の構成や放送原稿を分析し、共産党の放送意図を明らかにするとともに、東北の戦場でいかなる声が飛び交ったのかについて明らかにしたい。そして三つ目は、メディアミックスにより大々的に宣伝された東北抗日聯軍や革命烈士の記念について取り上げる。この記念活動は、東北において共産党が支配の正統性を確立するために必要不可欠な装置であり、具体的な宣伝内容や記念活動における各種メディアの利用実態について考察する。

終章では、戦後の東北の共産党メディアが満洲国から何を継承し、人民共和国の成立過程にいかなる意義を持ったのかについて考察した。メディア史だけではなく、広く中国近現代史、中国共産党史を意識し、その意義について捉えなおした。

第五節　共産党メディアの特徴と東北地域の歴史

本論に入る前に、まず前提として二つの事柄について論じておかなければならない。それは本書が考察の対象とする共産党メディアの特徴と、東北地域の前史についてである。

先に述べたように、第一次世界大戦から第二次世界大戦にかけての「ファシズムと総力戦」の時代(25)において、各国は大衆を組織化し、自発的に政府の政策や戦争に協力させるためにメディアを用いてプロパガンダを行った。当時のメディア研究においては、いわゆる「弾丸効果」、つまりメディアによる直接的な大衆操作能力は高く評価されていた。今日そのような効果については疑問が呈されているが、当時の各国の宣伝組織や政策当事者にとって、メディアの宣伝に効果があることは自明のことであり、その有効的な利用について研究がなされた[26]。

満洲国においても、メディア、例えばラジオは「天皇制ファシズムの完全な宣伝機関」として「国民精神総動員の最も強力な武器」として利用された[27]。近代国民国家においては、新聞、ラジオ、映画、ポスターなど、あらゆるメディアが動員されて、内に対しては国民の一体性の創出や戦意の高揚、外に対しては敵軍の戦意を挫くための対敵宣伝などが行われたのである。

しかし同時代の共産党が置かれた状況は、こうした国家の例とは異なるものであった。まず政権政党であったのは国民党であり、共産党は抗日民族統一戦線を担う重要な存在ではあったものの、国民を結集すべき政治勢力ではなく、またその力も有していなかった。ゆえに、共産党が行ったプロパガンダは、国民から国家への忠誠や献身といった資源を引き出すために利用されたわけではなかったのである。

著者の現在の見通しとしては、一九四九年以前の共産党のメディアは、党内コミュニケーションの手段としての比重が高く、大衆工作の比重は相対的に低かったのではないかと考えている。政権政党ではなく、辺鄙な地方を支配するだけの一政治勢力としては、欧米の国民国家や国府とはメディアの利用方法に違いがあるのはむしろ当然のことであろう。

容易に想定されるように、共産党のメディア政策は、社会主義勢力におけるメディア運営のあり方に強く規定されていた。かつてレーニンは、一九〇二年に発表した論文「なにをなすべきか?」において全国的新聞の必要性を主張したが、「新聞は、集団的宣伝者および集団的扇動者であるだけでなく、また集団的組織者でもある[28]」というくだりはよく知られている。ここで言う「集団的組織者」とは大衆を組織するという意味ではない。通信員の組織化、記事の取材や収集、新聞の配布といった新聞を発行する諸活動を通じて、全国から地方のすみずみにまで、党組織が形成されることを意味している。つまり新聞の発行活動が、党の組織化や拡大のために有用であるということである。

当時の共産党は、このレーニンが提起した党の組織論を実践したものと考える。なぜなら一九三〇年代から四〇年代末までの共産党は、党の組織化、あるいは中央による革命の指導という点で、重要な課題を抱えていたからである。高橋伸夫は、以下のように共産党の党内コミュニケーションの未熟さを指摘している。党中央の決議や指示は各根拠地に数ヶ月遅れで届き、また散逸することも日常的に存在した。そのため各根拠地にとって党中央の指示が重要な指針とはなっていなかった可能性が高く、根拠地内の文書の輸送も無造作な扱いを受け多くの文書が失われている。また下からの情報伝達においても、文化水準の低さから上級への報告はほとんど行われず、基層レベルに対して充分に把握されていなかった(29)。

以上のような課題は、広大な中国のなかで、共産党の根拠地が各地に散在していたことが大きな要因である。中共中央の位置する延安は陝西省の山間に位置し、その他に日本との前線に位置する華北の晋察冀根拠地、河南を中心とする冀魯豫根拠地、華中の鄂豫皖根拠地などがあり、各根拠地の間には非常に遠い物理的な距離が存在する。このような状況で、中共中央を中心として党の一体性を確立するためには、情報の共有や報道・宣伝の統一が必要であった。

新聞やラジオにおけるニュースソースの伝達について考えてみよう。第二章で詳しく検討するが、地方新聞のニュースソースは、一部の現地のニュースを除いて、ほとんどが新華社の電信により配信されたものである。地方レベルでは幹部の水準や人数の制限により、独自の取材がきわめて困難であるし、党中央からしてみれば、新華社本社のニュースを各地方に利用させることにより、党全体として報道を画一化させることができる(30)。

これはラジオ放送についても同様である。ラジオ放送は本来その成り立ちから言っても、宣伝に特化して利用されるメディアである。しかし第三章で詳しく検討するように、共産党のラジオ放送には「記録ニュース」や「対野戦軍的放送」という番組があり、遠く離れた党組織や軍に情報を供給する手段、つまり党内コミュニケーションの手段としてもラジオが利用されていたのである。以上のような特徴は、当然ながら東北のメディアについても当てはまる。中央から遠く離れ、そしてきわめて重要な根拠地となった東北に対して、党中央は情報の収集や伝達に心を砕いていたのである。

ただし、以上のような議論は、共産党のメディアが大衆宣伝に用いられなかったことを意味するわけではない。共産党の新聞記事は明らかに大衆への宣伝内容を記したものが数多くある。ただ、それは多くの場合、大衆が直接読むことを想定しているわけではなく、現地の幹部が新聞記事を読んで宣伝内容を理解し、その幹部を媒介として大衆に宣伝することを想定しているのである。したがって最も重要なことは、各根拠地、各幹部に党の正確な方針や情報を伝えることにあったのである。

次に東北の歴史についてである。一口に東北といっても、時代によって含まれる領域は異なるが、本書では現在の遼寧省、吉林省、黒龍江省と内モンゴルの一部を含む地域を指し、ほぼ戦前の満洲国の領域とする。それは満洲国の支配地域が中国に返還され、戦後の東北が成立するからである。

なお「満洲」という用語は、現在の中国では満洲国を想起するため使用を忌避され、満洲国は「偽満洲国」と表記される。そして日本では、その傀儡性や正当な国家ではないことを示すため、満洲国は括弧をつけて「満洲国」と表記されてきた。しかし、民族や地域の名称としての「満洲」(31)は、中国でも使われていた。もともと女真の支配者集団の自称「マンジュ」を漢字表記したものが「満洲」であり、清朝の支配的民族の名として、またそこから彼らの故郷を示す地域的名称として、「満洲」は使われるようになる。清では盛京、吉林、黒龍江将軍を置いていたが、一九〇七年にこれらの地域を統括する東三省総督を新設した。こうして「東三省」という呼称が使われるようになり、「東北」、「東北部」へとつながっていく。

日本の満洲侵略の後、中国では一般的に「東北」という地域名称が使われることになるものの、「満洲」という呼称も決して使われなくなったわけではなく、「東北」と「満洲」が混在していた。例えば共産党の東北における党組織は中国共産党満洲省委員会を名乗っていたし、戦後の共産党の指示や通知などの史料のなかには、「満洲」を使用しているものが見られる。[32] 本書では原則として「東北」を用いるが、文脈上「満洲」を用いる場合でも、括弧をつけずに満洲と呼称することにする。[33]

さて満洲地域は、清朝の支配民族たる満洲人の故郷として、「封禁の地」とされて移民の流入を禁じられたが、関内からの漢人移民の流入を止めることは不可能であった。[34] さらに日本の朝鮮半島、満洲への進出と並行して、その支配下にあった朝鮮人移民も朝鮮国境附近を中心に移動し、また北からはロシア帝国の南下とともにロシア人移民も流入してきた。こうして一九世紀末になるとモンゴル人やその他の少数民族を含めて、満洲は多民族が生活する地域となっていた。

日本の朝鮮半島からの北上とロシア帝国の南下は、まさに満洲でぶつかることになった。日本からすれば朝鮮半島を安定的に維持するためにも、満洲をロシアの影響下に置くわけにはいかなかった。日露戦争で遼東半島と南満洲鉄道を手に入れた日本は、大連を拠点とし、満鉄の路線を拡大しながら勢力範囲を広げていった。日本は現地の軍閥である張作霖政権を利用し権益を獲得していったが、張との対立が深まり一九二八年にいわゆる張作霖爆殺事件を引き起こすことになる。

そして一九三一年、満洲の直接支配をもくろむ関東軍の板垣征四郎や石原莞爾を中心として満洲事変が勃発した。この時、蔣介石は無抵抗主義をとり、現地の張学良ら東北軍に反撃しないよう命じていたとされる。蔣介石はいわゆる「安内攘外」政策により、日本と自らの力を比較した上で、日本の侵略に対抗するよりもまず関内の統一と開発を優先したのである。「安内」、つまり内を安定化するとは、具体的には共産党の討伐や中央集権化を指す。そして日本と対抗する国力を得るためにも、より一層の経済開発が必要とされた。また蔣介石としては、日本の侵略に正面から軍事力で対向するよりも、国際連盟に提訴することで日本に圧力を加え、外交的に問題を解決した方が良いとの目算もあった。

以上のような背景があり、日本は短期間のうちに満洲全域を占領した。こうして一九三二年三月に満洲国が建国を宣言し、一九四五年八月までの間、この地域を支配することになったのである。この蔣介石や国府の満洲事変に対する対応と結果は、第一章で詳しく述べるように共産党の格好の攻撃材料となる。

その共産党が満洲に進出したのは、一九二〇年代のことである。一九二三年一〇月にハルビンに初の党組織が成立し、一九二七年一〇月には満洲を統括する機関として中国共産党満洲省臨時委員会（二八年に満洲省委員会に改称）が組織された。ただ党員は少なく、満洲の地に強固な地盤を形成することはできなかった。党中央が長征を実行すると満洲と中央との連絡は途絶し、満洲では朝鮮人達の抗日運動を取り込みながら、独自に運動を展開するようになる。一九三六年には各地の抗日軍を東北抗日聯軍へと再編成し、楊靖宇の第一路軍、周保中の第二路軍、張寿籛（李兆麟）の第三路軍が組織されたが、満洲国の厳しい掃討作戦のなかで効果的な抵抗運動を維持することは難しかった。抗日聯軍や満洲の共産主義運動は極東ソ連軍の指導下に入り、抗日聯軍もソ連領内へと移動してソ連赤軍の一部隊として組み込まれた。この抗日聯軍の部隊が一九四五年八月のソ連軍の進攻とともに満洲へと入り、初期の共産党の占

領活動を担うことになったのである。(35)

満洲国は満洲人が自立し樹立した政権を標榜してはいたが、内部の重要な役職や決定権は日本人の手に握られており、実質的には日本の傀儡政権であった。満洲の恒久的な支配をもくろむ日本としては、多様な民族からなる現地住民をいかに日本のイデオロギーや政策のもとに再編成するかが重要な鍵となった。そのために、日本は各種のメディアを用いて積極的にプロパガンダを行った。

例えば、満洲国では一九三三年に日満合弁の満洲電信電話株式会社が設立され、首都新京（現在の長春）の新京放送局を中心として二五ヶ所のラジオ放送局が設立された。放送は第一放送の日本語と第二放送の「満語（中国語）」の二つの言語を軸に放送が行われ、中国語話者にもラジオによる宣伝が行き届くよう配慮されていた。さらに延吉やハイラルなど少数民族の居住地域では、朝鮮語やモンゴル語の放送が行われていた。(36)

プロパガンダはいかに受け手に積極的に受け入れさせるかが、効果をあげる鍵となる。日本は、娯楽的要素の強い映画を満洲国住民への宣伝に利用するため、満洲映画協会を設立した。理事長となった甘粕正彦は、甘粕事件を引き起こし、アヘン密売に関わる甘粕機関を主導するなど右翼的な人物として知られていた。しかし満映の運営に関しては、政治的背景から内地で活動できなくなった左翼的映画人を招きいれたり、中国人職員の待遇を改善したりするなど、柔軟な対応を見せたとされる。(37)満映は、山口淑子を中国人の李香蘭としてデビューさせ、満洲国や関内の中国人に対する宣伝に利用したり、文化映画・啓民映画を通して満洲国の理念や政策を住民に浸透させようとした。その他、ポスター、絵葉書、ビラなども大衆への宣伝に用いられたが、その性格上、実際の宣伝への用いられ方や効果について評価することは難しい。

以上のように日本は満洲国における大衆宣伝を重視し、満洲に新聞社、雑誌社、ラジオ放送局などのほか、それらを支える製紙工場、印刷工場などを整備していた。満洲国崩壊の前夜、中国全体から見れば、重化学工業などの経済分野だけでなく、メディアについても先進的な環境が整っていたと言える。そして戦後、満洲が返還された後、これらのメディアの多くを接収したのは、いち早く東北に進軍した共産党であった。したがって共産党メディアの歴史を考える場合、東北で獲得したものはきわめて大きな意味を持ったのである。東北は機器やインフラだけでなく、日本が残した技術者、専門家も多く残っており、共産党は彼らを留用することによって最新のメディアを運用し得たからである。

●注

（1）一九三八年、延安に設立された中国共産党の文化・芸術学校。略称は魯芸。演劇、文学、音楽、美術の専門課程を持つ。共産党では毛沢東の「文芸講話」に見られるように、文化・芸術は革命や人民に奉仕するものであり、実践と結びつけるために文芸工作団などが組織された。一九四五年以後は後述するように東北の瀋陽に移転し、一九五八年に現在の魯迅美術学院となった。

（2）第八中隊の動向に関しては、顔一烟「憶東北文芸工作団」（『社会科学戦線』一九八四年三期「東北歴史与文化」、二〇四～二一二頁）を参照。

（3）貴志俊彦『満洲国のビジュアル・メディア　ポスター・絵はがき・切手』（吉川弘文館、二〇一〇年）。

（4）『広辞苑第五版』（岩波書店、一九九八年）。

（5）メディアの定義については、佐藤卓己『現代メディア史』（岩波書店、一九九八年）、三頁。

（6）M・マクルーハン『メディア論——人間の拡張の諸相』（みすず書房、一九八七年）、七～二二頁。マクルーハンは、衣服、住宅、貨幣など、一般的にメディアとして想定されない対象もメディアとして考察している。

（7）工業施設の接収と日本人の留用に関しては多くの研究や調査史料がある。例えば松本俊郎『「満洲国」から新中国へ——

―鞍山鉄鋼業からみた中国東北の再編過程一九四〇～一九五四』（名古屋大学出版会、二〇〇〇年）、峰毅『中国に継承された「満州国」の産業――化学工業を中心にみた継承の実態』（御茶の水書房、二〇〇九年）、NHK「留用された日本人」取材班『留用された日本人――私たちは中国建国を支えた』（日本放送出版協会、二〇〇三年）、中国中日関係史学会『新中国に貢献した日本人たち――友情で綴る戦後史の一コマ』（日本僑報社、二〇〇三年）、同『続新中国に貢献した日本人たち――友情で綴る戦後史の一コマ』（日本僑報社、二〇〇五年）などがある。また飯塚靖は「国共内戦期・中国共産党による軍需生産――大連建新公司を中心に」（『下関市立大学論集』第五二巻第三号、一三～三二頁、二〇〇九年）、「国共内戦期・中国共産党による東北根拠地での兵器生産（一）」（『下関市立大学論集』第五七巻第三号、一～二五頁、二〇一四年）のなかで、戦後の共産党による軍需生産に着目し、満洲国からの継承関係について明らかにしている。

（8）以上のような問題意識に基づき、二〇〇六年より戦後「満洲」史研究会で多くの研究が発表されてきた。こうした研究の一つの成果として、二〇一〇年に『近きに在りて』第五七号「戦後『満洲』史研究の現在」が編輯出版された。著者はそのなかで「国共内戦期東北における中共メディアと宣伝」（『近きに在りて』第五七号、四〇～五一頁、二〇一〇年）を執筆した。

（9）西村茂雄『中国近代東北地域史研究』（法律文化社、一九八四年）。

（10）石井明『中ソ関係史の研究』（東京大学出版会、一九九〇年）。

（11）丸山鋼二「戦後満州における中共軍の武器調達――ソ連軍の「暗黙の協力」をめぐって」（江夏由樹・中見立夫・西村茂雄・山本有造編『近代中国東北地域史研究の新視角』山川出版社、二〇〇五年、二九九～三二七頁）。

（12）松村史紀『大国中国の崩壊――マーシャル・ミッションからアジア冷戦へ』（勁草書房、二〇一一年）。

（13）鄭成『国共内戦期の中共・ソ連関係　旅順・大連を中心に』（御茶の水書房、二〇一二年）。

（14）例えば常城、李鴻文、朱建華『現代東北史』（黒龍江教育出版社、一九八六年）、陳永発『中国共産革命七〇年』（聯経出版、一九九八年）。

（15）田中恭子『土地と権力――中国の農村革命――』（名古屋大学出版会、一九九六年）、大沢武彦「内戦期、中国共産党

による都市基層社会の統合――哈爾浜を中心として――」（『史学雑誌』第一一一巻第六号、五八〜七九頁）。
(16) 高橋伸夫『党と農民――中国農民革命の再検討』（研文出版、二〇〇七年）。
(17) 角崎信也「新兵動員と土地改革――国共内戦期東北解放区を事例として――」（前掲『近きに在りて』第五七号、五五〜六七頁）。
(18) 方漢奇『中国新聞事業通史　第一〜三巻』（中国人民大学出版社、一九九二〜一九九九）、『中国新聞事業編年史（上中下）』（福建人民出版社、二〇〇〇年）。
(19) 朱家麟『現代中国のジャーナリズム』（田畑書店、一九九五年）。
(20) 李相哲『満州における日本人経営新聞の歴史』（凱風社、二〇〇〇年）。
(21) 岡村敬二『満洲出版史』（吉川弘文館、二〇一二年）。
(22) 羅玉琳、艾国忱『東北根拠地戦略後方報業簡史』（中共黒龍江省党史研究所・黒龍江省新聞研究所、一九八七年）
(23) 呉少琦『東北人民広播史』（遼寧人民出版社、一九九一年）。
(24) 張連俊・関大欣・王淑岩『東北三省革命文化史』（黒龍江人民出版社、二〇〇三年）。
(25) 佐藤卓己「ラジオ文明とファシスト的公共性」（貴志俊彦・川島真・孫安石編『戦争・ラジオ・記憶』勉誠出版、二〇〇六年、二一〜二三頁）。
(26) 前掲『現代メディア史』、一四〜一五頁。
(27) 津金澤聡廣『現代日本メディア史の研究』（ミネルヴァ書房、一九九八年）、七八頁。
(28)『レーニン全集　第五巻』（大月書店、一九五四年）、五四四頁。
(29) 高橋伸夫「根拠地における党と農民（一）――鄂豫皖根拠地、一九三一年〜一九三五年」（『法学研究』七三巻三号、二〇〇〇年）。
(30) 現在の中国においても、重要な問題について統一的な報道を行うために、新華社が「通用稿件（しばしば通稿と省略される）」を発表する。各メディアは必ずこれを採用しなければならず、独自に取材することは許されない。梅村卓、大野太幹、石塚迅、丸山鋼二『中国のメディアと東アジア知的共同空間』(文教大学出版事業部、二〇一四年)。

(31) 中見立夫「歴史のなかの〝満洲〟像」(中見立夫ほか『満洲とは何だったのか 新装版』藤原書店、二〇〇四年、一三～三八頁)。

(32) 例えば「中央関与停戦後我党対満洲的政策問題給東北局的指示」(中央档案館編『中共中央文件選集』第一六冊、中共中央党校出版社、一九九一年)、二〇～二一頁。

(33) 以上の満洲に関わる呼称の政治性については、丸山鋼二「なぜ『戦後満洲』か?」(『近きに在りて』第五七号、汲古書院、二〇一〇年、一～一二頁)が的確にまとめている。

(34) 山海関より南側を指す。歴史的に満洲と関内地域とを隔てているのが山海関である。

(35) 塚瀬進『満洲国——「民族協和」の実像』(吉川弘文館、一九九八年)。

(36) 白戸健一郎「満洲電信電話株式会社の多言語放送政策」(『マス・コミュニケーション研究』第八二号、二〇一三年)。

(37) 南龍瑞「『満洲国』における満映の宣撫教化工作」(『アジア経済』第五一巻八号、二〇一〇年)。

第一章　戦後東北の国際関係とプロパガンダ戦略

メディアが宣伝媒体である以上、メディアが伝える内容は政治や外交の方針と密接な関係がある。とりわけ共産党のメディアは「党の喉舌」として、党のスピーカーの役割を負っていた。したがって東北の共産党メディアを考察する際には、まず東北において共産党の置かれていた状況と、プロパガンダが総体としてどのような方針で行われたのかを検討する必要がある。

本章では、東北における国際関係や内戦の展開とプロパガンダ戦略との関係について考察する上で、一九四五年から四九年までの時期を二つの時期に区分した。第一の時期は、一九四五年八月から一九四六年六月までの時期である。戦後初期の段階において、共産党は国民党と比較して軍事的に不利であった。それゆえこの時期の共産党にとって重要であったのは、内戦に反対する世論を形成することにより、国民党に内戦へと持ち込ませないことであった。党中央が定めた東北におけるプロパガンダの方針は、国民党の東北進出を完全には拒絶せず、ある程度の妥協を図った上で、地方連合政府の樹立や八路軍の東北駐留の権利確保などを主張することであった。この方針の上に、メディア報道も国民党との宥和に重点が置かれ、国民党への批判は極力抑えられた。

第二の時期は、一九四六年六月頃から遼瀋戦役が終結した一九四八年一一月までの時期である。一九四六年六月以降、国府との内戦が拡大し、国民党が明確に敵として認識された。内戦に反対し、和平の実現を強調する主張は続けられるものの、従来控えられていた国民党や蔣介石への批判が積極的に行われるようになった。共産党は、蔣介石・国民党・アメリカ・地主・匪賊・漢奸を敵として結びつけ、ソ連・貧農・民主人士などを味方として宣伝した。とくに中国国内に対して正統性を主張する上で、ソ連と共産党との協力関係を強調する一方で、アメリカと蔣介石とを結びつけ、アメリカの武器を用いて中国人を攻撃し、中国の主権をアメリカに売り渡す売国奴として蔣介石や国府をイメージづけようとしたのである。

以上のような二つの時期における政治的・軍事的展開とプロパガンダ戦略の実態について、中国共産党東北局の機関紙『東北日報』を中心に考察する。

第一節　抗日戦争の終結と和平交渉

(一)　終戦と国共の対立

一九四五年八月に日本が降伏すると、中国では戦後の政権や戦争の果実をめぐって国共の対立が表面化した。その一つの重要な争奪の地となったのが東北、かつての満洲である。ソ連と国府が八月一四日に結んだ中ソ友好同盟条約は、国府を中国の正統政府として承認した上で、ソ連が一定の利権を確保しつつも、満洲地域における中国の主権を認めるものであった。したがって、戦後に満洲地域は国府により接収されるだろうとアメリカも認識していた(1)。

共産党中央は戦後まもない時期に、東北をめぐる共産党、国府、ソ連の関係を次のように分析していた。ソ連は中ソ友好同盟条約の制約を受け、必ずや「東三省（東北）」を国府に引き渡す。共産党が東三省に進入したとしても、共産党とは正式な交渉をしようとせず、援助を与えることもないだろう。しかしソ連の外交的義務に配慮しさえすれば、ソ連は中国の内政に干渉しないだろうとも予測していた。この外交的義務に配慮とは、中ソ友好同盟条約で国府を正統の政府として承認したことにより、ソ連は国府と対立関係にある共産党を公式には援助できないし、共産党の行動によって条約履行の義務が生じることがあれば介入せざるを得ないというものである。ただ共産党としては、ソ連軍が「我々の行動に断固として反対するのではなければ良い」と認識し、むしろ東三省、熱河、チャハルを勝ち取る良い機会であると捉えていた。そのためにも、軍や幹部が東北へ入る際には決して声を張り上げて誇示したり、新聞で情報を発表してはならないと戒めていた(2)。つまりソ連に配慮して東北進軍の成果を喧伝せずに、実利を挙げようというものである。

九月一四日、マリノフスキーの代理であるベルロソフが延安を訪れ、東北に対するソ連側の意思を伝達した。ベルロソフによれば、ソ連軍が東北を撤退するより前に、国府軍、共産党軍はともに東北に進入してはならない、とソ連軍は考えていた。すでに瀋陽、大連、長春などに部隊を展開していた八路軍に対して、ソ連軍駐留地域から撤退するよう要求したのである。ただしソ連軍は遠からず撤退して中国の内政には干渉せず、中国内部の問題は中国自らが解決するべきだというスタンスであった(3)。

これは共産党軍の東北進出を事実上黙認したものとされる(4)。このソ連側の意思を受けて、共産党中央は東北地域における党中央機関である東北局を成立させ、彭真を書記とし、陳雲、程子華、林楓、伍修権を委員として東北へ派遣することを決定した。彭真らはソ連軍機に乗り山海関まで行った後、列車に乗り瀋陽に到着した(5)。こうして九月中旬に東北局が成立し、工作を始めることになった。

共産党は戦後の国府との内戦全体を見据え、現有の戦力と勘案した上で、とくに東北を戦略的重点と定めた。東北、熱河、チャハルの制圧を目的とした「向北推進、向南防御」、いわゆる「北進南防」戦略を打ち出し[6]、南方の根拠地は防御に徹した上で、部隊を東北へと振り向けた。西南地域に部隊を展開していた国府に比べ、共産党は華北に部隊が存在したため、東北をめぐる争奪戦では比較的有利な立場にあった。

一方国府は、八月三〇日に東北地域の接収に関して「修復東北各省処理弁法要綱」を公布し、旧満洲を接収管理する機関として東北行営の設置を決定した[7]。九月には東北行営主任に熊式輝を任じ、張嘉璈（張公権）、蔣経国とともに行営行きを命じた。三名が東北入りを果たしたのは一〇月一二日のことであり、ソ連側と東北接収問題について協議を始めた[8]。

以上のように国共双方は東北への進出を模索する一方、八月二九日より重慶で和平交渉を行っていた。和平を求める中国の国内世論のほか、ソ連やアメリカも中国が再び戦場となることを望まなかったからである。毛沢東や周恩来などが重慶に赴き、国府首脳と戦後秩序について協議した。いわゆる重慶談判である。

この談判のなかで、共産党代表団は今後の宣伝方針について党中央に提起している。これによると、当時の宣伝要点は以下のようなものであった。①国民党が真に「民主を実行するよう要求し、民主に違反する各種の措置を批判する[9]。国民党の「党治」を終わらせること、再度国民代表大会の代表を選び、政治犯を釈放することや、聯合政府の樹立を要求する。②日本や漢奸を利用したり、聯合したりすることに反対する。③解放区の政権と軍の承認を要求する。④アメリカ政府とその世論が、中国の和平・民主・団結の事業に同情し、中国人民の意見を重視することを要求する。

そして国府に対して「批判はしばらくの間鋭過ぎてはならない」との注意がなされ、延安と張家口の新華社を通して、英文電信やラジオ、党中央機関紙の『解放日報』を使って宣伝するとされた[10]。

この電文からは、国府との和平を見据えて共産党の宣伝方針が非常に慎重なものであり、国府を過度に刺激しないように配慮していたことが分かる。その背景としては、国府と比較して相対的に劣勢であった共産党としては、自己の利益を確保することは大前提としても、いたずらに軍事衝突を拡大することは避けたかったものと考えられる。

これを受けて九月二九日に中央宣伝部が出した宣伝方針に関する通知は、ほとんどこれを踏襲する内容であった。ただし通知の末尾には、国民党が政治、経済、文化、軍事などの面で日本軍と協力し利用したこと、解放区に進攻して人民を虐殺し、修復区（回復した地区）で人民を抑圧したこと、反ソの陰謀を図ったり団結を崩そうとしたことなど、国民党の批判材料を収集し、新華社本社に送るよう各地に指示している。後に激しく批判するようになるアメリカに対しても、敢えて敵に回さないよう慎重な態度を見せていた。つまり、アメリカの政界と世論は共産党に同情的な者が多く、ハーレイ[11]やウェデマイヤー[12]に対してはしばらく慎重な態度をとり、アメリカの諜報員や軍人に対して友好的態度をとり、敵視してはならないと要求していたのである。[13]

一九四五年一一月一日の『東北日報』創刊号の一面記事は、「国共の談判が重要な成果を挙げ毛沢東が延安から帰還した」であった。[14]この記事では蔣介石のことを「蔣主席」、あるいは「蔣先生」と敬称をつけて呼び、和平に向けた成果を強調した。また同日の他の記事では、国共談判を評価する『解放日報』記事を紹介している。[15]

以上のように、共産党は当初東北への進出とソ連の対応に若干甘いシナリオを描いていたようである。しかしそれが修正を迫られたのは、一九四五年一一月中のことであった。ソ連の共産党に対する態度は、概して協力から非協力へと二転三転するが、[16]この時期ソ連は国府に東北を接収させるため、共産党に東北の各都市から撤退するよう要求したのである。[17]それゆえ共産党は、ハルビン、瀋陽、長春などの大都市から党組織や軍を引き上げ、公式な活動をすることができなくなったのである。以後共産党がこれらの大都市で活動する場合には、地下組織や建前上民間団体であった中ソ友好協会を通す必要があった。

一方アメリカは九月から一一月中旬まで、国府の戦後処理を支援するため、華北を中心に国府軍の輸送や日本人の送還のための準備を進めていた。九月三〇日、アメリカ海兵隊一八〇〇〇人が天津近郊の大沽に上陸し、天津へと入った。一〇月にはアメリカ海軍が、上海、青島、秦皇島などに上陸したほか、天津から北平へと移動した。アメリカ軍は、四〇万から五〇万人に及ぶ中国人兵士の輸送を支援したとされる[18]。

このようなアメリカ軍の動向は、東北を第一の戦略目標と考える共産党を刺激し、共産党のアメリカに対する態度に変化が現れた。一一月三日中央宣伝部は、アメリカと蒋介石の連携に対して宣伝攻勢をしかけるよう、以下のように各地に指示した。

①国民党の解放区に対する進攻は、計画的に双十協定を破壊するものであり、ただちに進攻した軍隊を撤退するよう要求し、共産党の自衛戦争の勝利を宣伝する。②ウェデマイヤーは中国の内政に武装干渉しており、北京、天津、青島など米軍が存在するところで日本軍は未だ武装解除をしていない。アメリカが事実上国民党の解放区への進攻や東北への進出を援助していることを暴露し、アメリカにもソ連と同じように軍を撤退させるよう要求する、というものである。以上の内容を、ソ連十月革命節記念大会でスターリン、全国各界、アメリカ人民への通電で主張するほか、各地の著名人士、団体、アメリカ人などを動員してアメリカに呼びかけるよう求めた[19]。

また東北局に対して「蒋介石には東北を回復したことに功はなく、東北を放棄した罪があることを宣伝し、反蒋介石のムードを作り出す」ことが、今後の大衆への宣伝方針であると通知した。そして大衆運動や党務に経験のある幹部を山海関、瀋陽、営口、安東などに派遣し、大衆を扇動することが緊急の戦略任務であると指示している[20]。ここで言う蒋介石の東北を放棄した罪というのは、言うまでもなく満洲事変において「無抵抗主義」により、日本の東北支配を事実上黙認したことを指す。これは共産党にとって、国民政府の東北支配の正統性を突き崩す最大のポイントであった。

内戦期に繰り返される蔣介石・国府やアメリカに対する批判のモデルは、すでにこの時点で形成されたと言える。つまり蔣介石は東北を日本に売り渡した売国奴であり、東北人民にとって仇であっても解放者ではないこと、アメリカはその蔣介石の背後にあって、武器や兵員の輸送により内戦や東北侵略を援助する敵であった。この共産党のプロパガンダにおける蔣介石・国府とアメリカの基本的なイメージは、後々まで継承されていく。ただし、このようなイメージを用いて本格的に批判が展開されるのは、内戦が拡大してからのことであることに注意する必要がある。

この時期の『東北日報』の記事では、国民党の共産党占領地区への進行を批判した「国民党の八十万の大軍が解放区に進攻するのを停止すべきである（一一月六日）」、「国民党が日本と聯合して我が解放区を侵犯することがますます急激となった（一一月七日）」、国民党の内戦挑発を憂慮するイギリス国内の世論を紹介した「国民党が内戦を挑発している　イギリス人士が憂慮を示す（一一月八日）」、「国民党が百万の軍隊を集め解放区軍民を侵犯している　東北同胞を緊急に動員しよう！内戦を制止し断固として和平を守ろう！内戦を起こした者の陰謀を粉砕しよう！（一一月一一日）」などの記事が見られる。またアメリカの蔣介石への援助と中国内政への干渉を批判する記事では、「アメリカ軍が中国の内政に干渉していることの動かぬ証拠（一一月一一日）」、読者からの意見として「アメリカ軍が違法にも中国の内政に干渉するのに反対する（一一月一三日）」、「アメリカ軍の中国内政への干渉に朱総司令が厳正に抗議（一一月一五日）」、アメリカ市民が中国への干渉に反対しているとする「中国内政への武装干渉はアメリカ人民の義憤を引き起こした（一一月一七日）」などの一連の報道が行われた（括弧内は日付）。

一方共産党は、国府軍の解放区への進攻に対し、対敵宣伝を行うことも早くから意識していた。共産党は「国民党のこの度の内戦は、全国人民の意思に違背している。広範な将兵と人民を動員して、人民に反対する内戦を進めることはできない。将兵の心が固まらず、民心も固まらないことは、国民党のこの内戦における最大の基本的な弱点である」と認識し、スローガンを伝単として印刷して散布したり、前線で呼びかけるよう求めた。そのスローガンは全部で一三あり、以下はその一部である。

①天候は非常に寒く、日本はとっくに負けている。なぜ寒さに震え凍えてまで、八路軍と戦いに来るのか。

②日本と戦って死ぬことは光栄であるが、八路軍と戦って死ぬことは意味がない。中国人は中国人と戦わない。

③君たちの父母、妻子は家で苦しみながら君たちが無事に帰るのを待っている。行けば行くほど遠くなり、生命はさらに危険となる。我々は八路軍であり、君たちには何の仇も恨みもない。戦ってはならない、なんとかして家に帰ろう！

④君たちは何をしに来たのか。東北の日本人はみな武装解除した。ここには日本の軍隊はなく、北平、天津、保定、石家荘にこそ多くの日本の軍隊がいる。どうして彼らの武装解除をしに行かないのか。君たちは何をしに来たのか？

⑤我々は八路軍であり、東北で七・八年の間抗日戦争を戦った。君と我々はともに中国人である。なぜ君たちは外国の銃で外国人とともに中国同胞と戦いに来るのか。

⑥壮丁が捕えられ、君たちは恨まないのか。君たちは国民党に何の恩があり、命を投げ出すのか。

⑦八路軍の朱総司令は四川人である。四川人は早くから銃を携えて来た。八路軍は捕虜を殺さず、南方人を優待する。家に帰る者には旅費、通行証を与える。中国の半分では通行を阻むものはない。

⑧八路軍は平等を説き、人を罵らず、人を攻撃しない。兵になるなら八路軍になり、国民党の兵となって罪を受けることのないようにしよう。[21]

このスローガンのなかで、とくに東北に進軍する国府軍をターゲットにしたものだと考えられるのが①と④である。もちろんその他のスローガンも普遍的なものであり、東北でも使用することができる。②は内戦を戦い、同じ中国人同士が殺し合うことを避けるよう主張するものであり、③と⑥は国府に強制的に徴兵された兵隊に向けたものである。当時共産党も状況はほぼ同様と考えられるが、中国において計画的に徴兵を行うことは困難であった。日本に比べ公的な概念や社会的強制力が弱い中国において、国のために死ぬことを強制することは難しかったのである。したがって国府は日中戦争を維持するために、拉致に近い方法で強引に徴兵することが多かった。とりわけ国府の首都が置かれた重慶を中心とする四川、雲南地域において、集中的に不公平な形で徴兵が行われたのである。[22]ゆえに華北や東北の戦場に駆り出された部隊のなかには、四川、雲南出身の兵士が数多く存在した。⑦で朱徳を四川人だと言っているのは、まさにこれを意識したものである。以上のような地方軍に対するプロパガンダは、第四章で検討する対敵宣伝放送でも重要な宣伝ポイントであった。いずれも実際の兵士の心情をよく斟酌したものとなっている。

（二）和平プロセスとプロパガンダにおける妥協

さて、当時の共産党は蔣介石・国府やアメリカに対して批判的な宣伝を行うようになったとはいえ、決して敵として全面的に批判を展開したわけではなかった。当時の共産党の認識では、共産党による東北の独占は不可能になったが、長春、瀋陽、ハルビンなどにおける軍の駐留権、省・県政府の民選、東北経済を内戦に用いないことなどを譲れない条件としながらも、東北問題はいぜんとして平和的解決が可能であった。そしてそのためには、ソ連とアメリカの同意が必要であり、重慶政府とだけではなく、現地の東北行営との交渉も必要であると考えていた。[23]このような認識に立てばこそ、過度に国府を批判して和平の雰囲気を壊すことはできなかったのである。

『東北日報』は一二月七日、朱徳がアメリカ人記者のインタビューに答える形で中米親善の必要性を強調した。朱徳は「中国共産党は原則上、国府が長春鉄道に人を派遣することに反対していない」こと、中国人民は過去・現在・未来に渡り中米の協力が不可欠であると認識していると語り、アメリカが中国の内戦に加担せず、中国の統一を回復して中米親善を深めるよう提案した(24)。

一九四五年一二月一〇日、中央書記処は、東北の宣伝方針について東北局書記の彭真に以下のような指示を出している。現状認識の大前提として、(一) 中ソ友好同盟条約の制約により、すでに東北を独占することはできず、国民党勢力は必ず東北に入り込む、(二) 共産党と国民党のどちらが東北で優勢であるかは、まだ確定できない。双方とも相手を破るには力が足りず、ソ連も満洲の安定を要求しているのだから、妥協により一時的な和平の局面を迎えるのも可能であるとした。以上のような認識に基づき以下の宣伝要点が提起された。

東北における宣伝方針としては、「国民党の東北進出を全否定せず」、地方自治、地方連合政府の樹立、郷・県・市・省における民選の実施、東北行営の廃止、各党派が参加する東北行政委員会の設立や、八路軍の東北駐留権を要求し、東北の経済力を内戦に用いない等を施政の主張とした。そして最後に「一つの省政府の名義ではこれを発表できるが、我々は全東北の政権ではない。『東北日報』社説の名義で発表するなら、『施政主張』と称してはならず、『要求綱領』と称さなければならない。このような状況に基づいて修正して欲しい。原文の一、二、三条は独占的思想で書いてあるため、協力的思想に改めなければならない。一時的に林楓の個人名義でこの主張を発表するのも良い」と添えられている。

この最後の部分は、彭真の毛沢東宛て電報に答えたものである。彭真はこの指示が届く前の一二月五日、国民党が瀋陽などで共産党の名を偽り、資本家を倒そう、知識分子を倒そう、などという標語を貼っていると毛沢東に報告している。そしてこれに対抗し、共産党の真の主張を示すために、「施政主張」を発表しようと考えているが、中共東北委員会の名義で発表するのが不可能であれば、『東北日報』社説の名義で発表しても良いか指示を仰いでいた。(25)この彭真が送った最初の原稿の詳しい内容は、残念ながら分からない。しかし中央書記処の指示に基づいて修正されたものが、『東北日報』に掲載された。(26)それは中央の指示通り、林楓が東北日報記者に答える形で、共産党の東北の時局に対する主張として発表された。(27)

このような国府やアメリカに対する一定の妥協的姿勢の背景には、アメリカのジョージ＝マーシャルによる停戦調停の進展により、東北を含めた形で停戦協定が結ばれることへの期待があった。マーシャルは、一九四五年一二月二〇日上海に到着し、国共両代表と面会した。このマーシャル調停は一九四六年一月より本格化するが、(28)蒋介石や国府もアメリカの軍事的支援を必要としていたため、これに協力する意思を示していた。(29)そして一月一〇日、国共間に停戦協定が成立した。同日共産党が望んでいた政治協商会議（以下、政協）が開催され、憲法制定のための国民大会が五月五日に開催されることなどが決定された。ただし、この停戦協定では東北が例外地域となり、いぜんとして東北接収問題は解決されないままであった。このことが後々内戦を引き起こす火種となるのであるが、当時はまだ「全中国人民が日本侵略者に勝利した後、国内の和平の局面を創造するために行った努力は、いま重要な成果を獲得した。中国の和平と民主の新段階は、ここから始まるのである」と共産党中央が通知したように、和平実現への前向きな認識が見られた。(30)

こうした事態の推移とともに、プロパガンダにおける蒋介石や国府に対する配慮は、一層鮮明になっていく。一九四六年二月七日、共産党中央は、蒋介石や国府を「民主」へと変えていくために、しばらくの間宣伝攻勢を停止するよう指示した。この指示は以下のように指摘している。政協の後、国民党内は二派に分裂している。一つは各党派と協力して政協決議を支持する邵力子、王世杰、張治中や党内の民主派、政学系である。もう一つはＣＣ系、復興社の二派であり、政協を国民党の失敗とみて、政協に出席した代表を弾劾し、蔣介石を脅迫している。共産党の方針は、前者と協力して国民党をそのまま「民主」へと転換させることであり、後者に反対して国民党内の「反動派」を孤立させることである。

以上の観点から、しばらくの間国民党に対する宣伝攻勢を停止することが決定された。宣伝攻勢の停止とは、事実を報道してはならないということではなく、批判してはならないということであった。これは、国共両党の緊張をゆるめ、国民党内の「反動派」を孤立させる上で必要であるとされた。「反動派」に対しては厳しく批判すべきだが、「反動派」の行動と国民党全体や蔣介石とは区別しなければならないと指示したのである。[31]

以上のような方針は、続けて二月二五日に発せられた指示でも明確に述べられている。曰く、政協の後、国民党「反動派」は重慶などで反ソ、反共デモを行っている。共産党は、国民党「反動派」が停戦令と政協決議を破り、東北で内戦を引き起こしたり、張莘夫事件[32]などを反ソ反共運動の口実とすることに反対し、新聞、抗議、通電などの手段でこれを痛烈に批判する。ただし、「東北に対して我々は平和的解決を要求しているのであり」、批判の対象は国民党内の「ファシスト反動派」と特務機関に限定し、国民党、国府、国府軍や蔣介石に対して批判してはならないとした。[33]

内実はともかくとして、国府の強硬的な政策を「反動派」の策動によるものとする一方で、蔣介石に対する名指しの批判は避けるよう指示したのである。蔣介石を直接批判すれば、和平の実現が不可能になるからである。ただし『東北日報』においては、この指示が出される以前から、国府を批判する際に蔣介石を名指しで批判したことはほとんどなかった。国府の進攻を批判するにしても、主語は「国民党」であり「蔣介石」ではなかった。これは内戦が拡大する第二の時期との大きな違いである。

(三) 和平プロセスの後退

停戦協定の成立により訪れた和平への機運は、長くは続かなかった。国民党側には共産党との和平への反対も強く、先の共産党の指示にもあったように、一月末以降、国民党中央常務委員会において、政協代表団が激しい批判にさらされたのである。三月の国民党二中全会では、この政協決議に対する激しい批判が展開された。

その上二月にアメリカ、イギリスなどによってヤルタ協定の内容が公開され、ソ連が中国東北地域に特殊権益を確保する密約を結んでいたことが公となり、重慶や南京などで反ソデモが起こった。こうした対ソ感情の悪化や、軍の東北駐留に対してすでに撤退を完了したアメリカなどから国際的な批判を受け、ソ連は三月八日に東北からの撤退を開始した。ソ連は撤退に際して、共産党にソ連軍に代わって進出するよう伝えていた(34)。中央は三月二五日、東北局に対してハルビン、長春、チチハルを占領するよう指示した(35)。それは、まずもって実効支配を固め、国民党との交渉を有利に運ぶためであった。

この三月時点において、共産党はまだ和平に向けて楽観的であった。東北局は国共関係が戦争段階から和平段階への移行期にあり、戦争と停戦談判が同時進行しているものの、戦争はすみやかに終息すると考え、むしろ停戦協定の調印前に「反動派」が支配地域を広げようとすることに気をつけるよう指示を出していた(36)。アメリカに対しても和平実現への期待感から、とりわけマーシャルに対しては称賛的記事が多く掲載された。例えば「マーシャルら飛行機で延安に到着　毛主席が自ら飛行場で歓迎（三月一〇日）」、『解放日報』社説からマーシャルの努力を称える「マーシャル将軍を歓迎する（三月一〇日）」などである。

一方国府側は、共産党とソ連の協力関係に警戒を示し始め、ソ連が東北で共産党に肩入れしており、それを背景に共産党が強行的な態度に出ていると認識していた。蔣介石は四月中旬に「ロシア軍が共産主義者をあからさまに助ける姿勢をとり、あまりに大胆にはばかることなく、大いに威嚇してきた」と日記に記し、東北行営からはソ連が公然と共産党を支援している様子が報告されている。[37]

共産党は先の「国民党に対する宣伝攻勢を停止」する指示に基づき、三月頃より「国民党反動派」を批判する記事を大量に掲載する。『解放日報』社説の転載「国民党改革問題の二つの道（三月一六日）」は、国民党内の「ファシスト派」が孫文の歩んだ道から踏み外し、反ソ、反共、反民主の活動を行っていることを批判した。[38]「国民党反動派は東北各地で連続してテロの陰謀を実行している——東北和平を破壊し内戦を企図している（三月二〇日）」は、三月九日の共産党幹部李兆麟の殺害を始めとする暗殺活動や、反ソ反共活動について紹介した。[39]

すでにこれらの記事に見られるように、当時国府とソ連との対立を煽る記事が非常に多く掲載された。管見の限りその嚆矢となったのは「重慶国民党反動派が新華日報を粉砕した　並びに反ソ反共宣伝を進めた（三月一日）」である。同記事は二月末に重慶で行われた反ソデモを紹介したもので、デモ隊が「東北へ引き返そう」を歌い、「ソ連とスターリン元帥に関するでたらめ極まるスローガン」を喚く様子を描写している。[40] 三月三日の一面記事「中国反動派が日本の残余と結託し、東北で反ソ活動を進めている」は、一九四五年末からの東北における反ソ活動を紹介し、それらの活動を行っている者たちの多くが国民党に入党したことを公言し、彼らがその命により反ソ宣伝を行っていると報道した。[41] また「ソ連モスクワ放送が中国反動派の陰謀を激しく批判した」は、モスクワの放送が伝えた内容として、中国とアメリカの新聞で宣伝されるソ連の満洲撤退に関する報道は、真相を伝えたものではなく、誹謗中傷を目的とした反ソ運動であるとの主張を掲載した。[42] 後述するように、共産党は自らの正統性を確立するため、戦後から一九五〇年代半ばまでの時期を通じて、ソ連との友好と強い結びつきを大々的に宣伝するが、この時期から国民党（反動派）とソ連との亀裂や対立を殊さらに強調するようになる。

以上のように、共産党は二月頃より国民党「反動派」と蔣介石を分断し、反動派への激しい宣伝攻勢をしかけていたが、アメリカ側のマーシャルやスチュアートも、内戦が拡大した六月以降、政府内でCC系や軍事指導者が武力方針を先導していると見なし、彼らを右派や反動派と呼ぶこともあったという。マーシャルは反共活動を先導する「CC系」を「自らの調停における敵」と見なしていた(43)。このようなアメリカ側の国府に対する印象に、共産党の宣伝が何らかの影響を及ぼしたかどうかは定かではないが、いわゆる「和平の敵」が国民党内の「反動派」であることでは、くしくも認識が一致していたのである。

さて、東北において国共が危ういバランスの下に、ともかくも全面対決に至っていなかったのは、ソ連軍の絶対的なプレゼンスによるものである。ソ連撤退前後より、共産党は東北における主導権を確保する狙いから、積極的に支配領域を拡大しようと動いていた。こうして停戦協定の例外であった東北において、再び軍事的衝突が激化したのである。

共産党は一九四六年四月一八日に長春を占領し、一時的に占領地を拡大した。四月中旬からは瀋陽と長春の中間にあたる四平街において、国共の間で激しい戦闘が繰り広げられた。国府軍も相応の損害を蒙ったものの、五月一九日に共産党軍が撤退して戦闘は国府軍の勝利に終わった。国府軍は続けて五月二二日には長春も再占領した。内戦は四平街から長春、そしてさらに東北だけでなく、関内へと飛び火していった。

この時期の共産党中央の認識は、次第に和平実現が当面不可能であり、全面的な内戦が避けがたいとの認識に転換しつつあった。中央は五月二一日に発した指示において「現在全国的な内戦の危機は、極端に深刻」であるとし、内戦の阻止が不可能であれば、できるだけその勃発を遅らせることが目下の基本方針であると伝達した。(44)六月一九日には「近日の形勢を観察すると、蒋介石は全面的な攻撃を準備しており、これを避けるのは恐らく困難である」との認識を示し、(45)六月二五日には「国民党の全ての配置は攻撃にあり、しばらく和平の希望はない。談判は決裂し、全国で全面的な攻撃があるであろうし、それは東北に限らない」と林彪に伝えている。(46)

『東北日報』において蒋介石に対して変化が現れるのは四月初頭のことである。『東北日報』は『解放日報』社説の転載「蒋介石に反駁する」を掲載し、蒋介石が国民党参政会で行った報告が、停戦協議を放棄して大規模な内戦を宣言し、政協決議に反して全国に独裁を宣言したものであるとし、これに対する共産党側の主張を示した。(47)「蒋賊」など侮蔑した表現こそ使っていないとはいえ、蒋介石を名指しで批判したことは重大な意味を持っていた。国府の王世杰は、国府側がソ連を批判し追いつめたことが、ソ連と共産党の関係を強めるのではないかと警戒しており、この「蒋介石に反駁する」が「ソ連の使嗾を受けたものではないか」と推測していた。(48)さらに六月三日の『東北日報』では、国民党の東北内戦の拡大に対して、共産党はいかなる譲歩もしないことが発表された。(49)

第二節　内戦の拡大から遼瀋戦役の終結まで

以上のように、共産党の宣伝方針が大きく転換するのは、一九四六年六月頃より内戦が拡大し、国民党が政権をめぐる敵として明確に認識されたことによるものである。この時期に土地改革が大々的に始められ、また国府軍に対する対敵宣伝放送が開始されたことは象徴的なことである。内戦状態に入ったことにより、共産党のメディアは敵と味方を明確に区別するとともに、敵に対する宣伝攻撃を始めた。この場合、敵とは蒋介石・国民党・アメリカ・地主・

匪賊・漢奸であり、味方はソ連・貧雇農・民主人士などであった。その敵味方の明確化が、農村においては土地改革という形で行われたのである。

一九四六年六月以降、共産党は蒋介石への批判ももはやためらうことはなくなった。六月二日に掲載された風刺画「支持」は、「国民党反動派」がアメリカの戦車、武器、軍服を用いて東北内戦を戦う様子が描かれている（図―1）。六月三日にはアメリカと蒋介石が密接に連携し、虐殺的な戦争を拡大していると報じた。蒋介石を「中国内戦の頭目蒋介石」と呼び、アメリカが海軍を用いて国府軍を輸送していることを批判した。ただしこの時点でマーシャルに対しては、東北と中国の和平に努力しているとして肯定的に評価はしている。(50)

図-1　「支持」（出典：東北日報1946年6月2日）

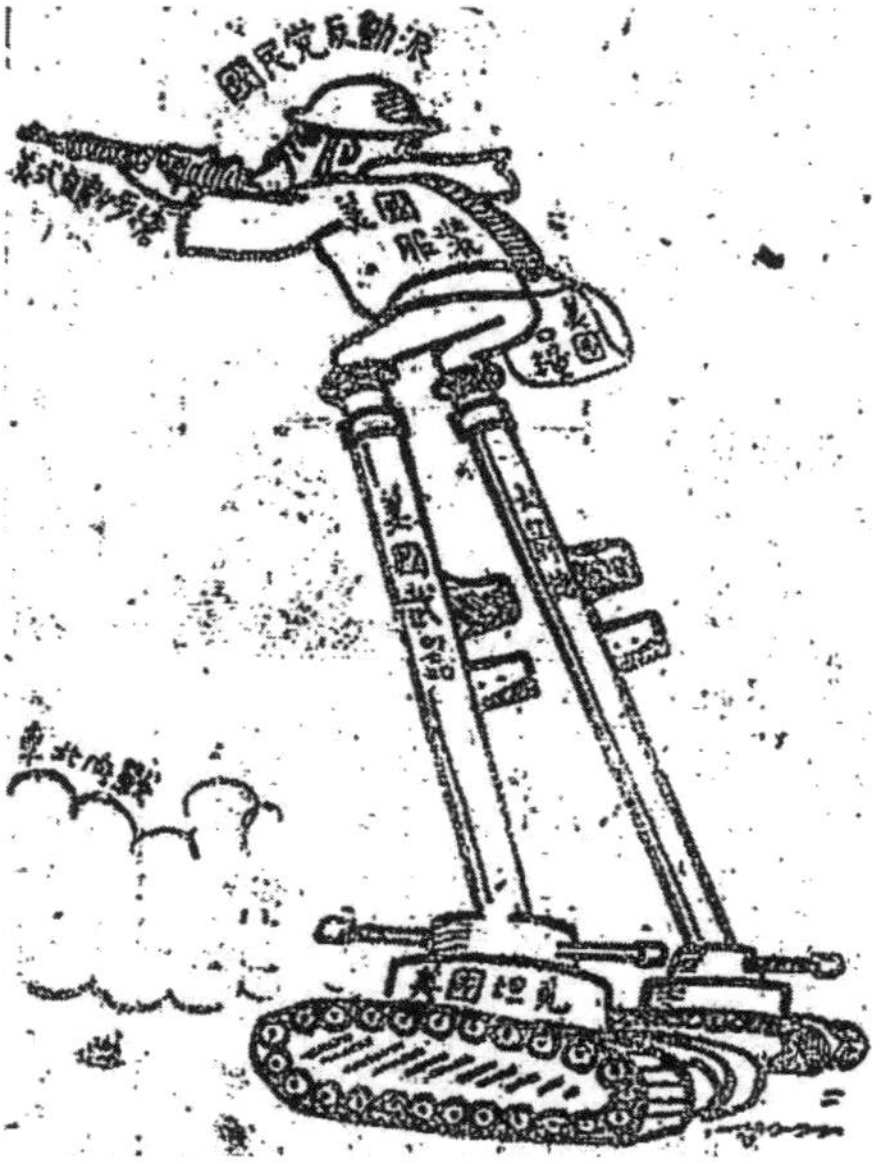

『東北日報』は八月一五日から八月二七日まで「抗日戦争勝利から一年来における蒋介石の売国・内戦・独裁の記録」を一一期にわたって連載した。一〇月一四日には「蒋介石と呉三桂」と題し、蒋介石がアメリカに中国への駐留を請い侵略させていることを、清を招き入れた呉三桂に例えている。(51) そして共産党は蒋介石に対して「蒋記」の表現を用いるようになる。「記」は、旧中国で商店の経営者の名の下につける語であり、店がその人物によって経営されていることを示す。つまり「蒋記」とは、蒋介石が独裁していることを指している。例えば一一月二七日には「蒋記『国大』」と表現し、国民代表大会が

蔣介石によって牛耳られていることを示し、翌二八日「蔣記政府」は国府が蔣介石の独裁であることを表している。

また第四章で詳しく検討するように、一九四六年夏頃から、共産党はラジオを用いた国府軍に対する対敵宣伝放送を開始する。まず延安で共産党側に寝返った国民党空軍士官劉善本による放送に始まり、東北でも対敵宣伝放送が展開されるようになった。ラジオの電波に乗り、共産党軍の勝利、捕虜の名前、寝返った元国府軍兵士・士官による講話などが盛んに放送され、戦場を飛び交ったのである。

共産党は蔣介石に対してだけでなく、蔣介石を援助するアメリカにも激しい批判を繰り広げた。一〇月一六日、上海の文化教育会が挙行した座談会は、アメリカが中国を第二のフィリピンにしようとしていることに反対し、チチハルでは、アメリカが昔日の日本に取って代わることに反対し、「アメリカ軍の中国撤退」運動の準備会が挙行されたことを報じている。[52] 一〇月三一日には、第三章で検討する東北文芸工作団の創作による活報劇[53]「アメリカ軍の暴行」の脚本が掲載された。これも「アメリカ軍の中国撤退運動の一角」として掲載されたことが明示されている。劇の内容を簡単に紹介すると、アメリカ兵によって若い娘が暴力を振るわれ、娘を救おうとした学生が殺される。憲兵はアメリカ兵に媚びへつらい、逮捕しようともしない。やがて娘は亡くなり、父親は「日本を追い払ったらアメリカ兵が来た。これは蔣介石の売国や強盗の結果であり、アメリカを中国に駐留させているためだ。（国民政府の――著者注）中央を待ち望んだが、中央は日本よりましではなかった。アメリカ兵は殺人や強姦を犯し、蔣介石は始皇帝を上回っている。（東北の――著者注）中国への復帰を願い、待ち望んだが、復帰した後はかえって亡国の民より酷かった。生命財産の保証もない」と嘆くシーンが印象的である。[54] すでに述べたように、アメリカへの批判は、概して「美蔣」、つまりアメリカと蔣介石とが堅く結びついていることを強調し、アメリカが「反動的」な蔣介石を援助し、内戦に介入することを批判するものである。

図-2　「停戦令三部曲」（出典：『東北日報』1946年11月4日）

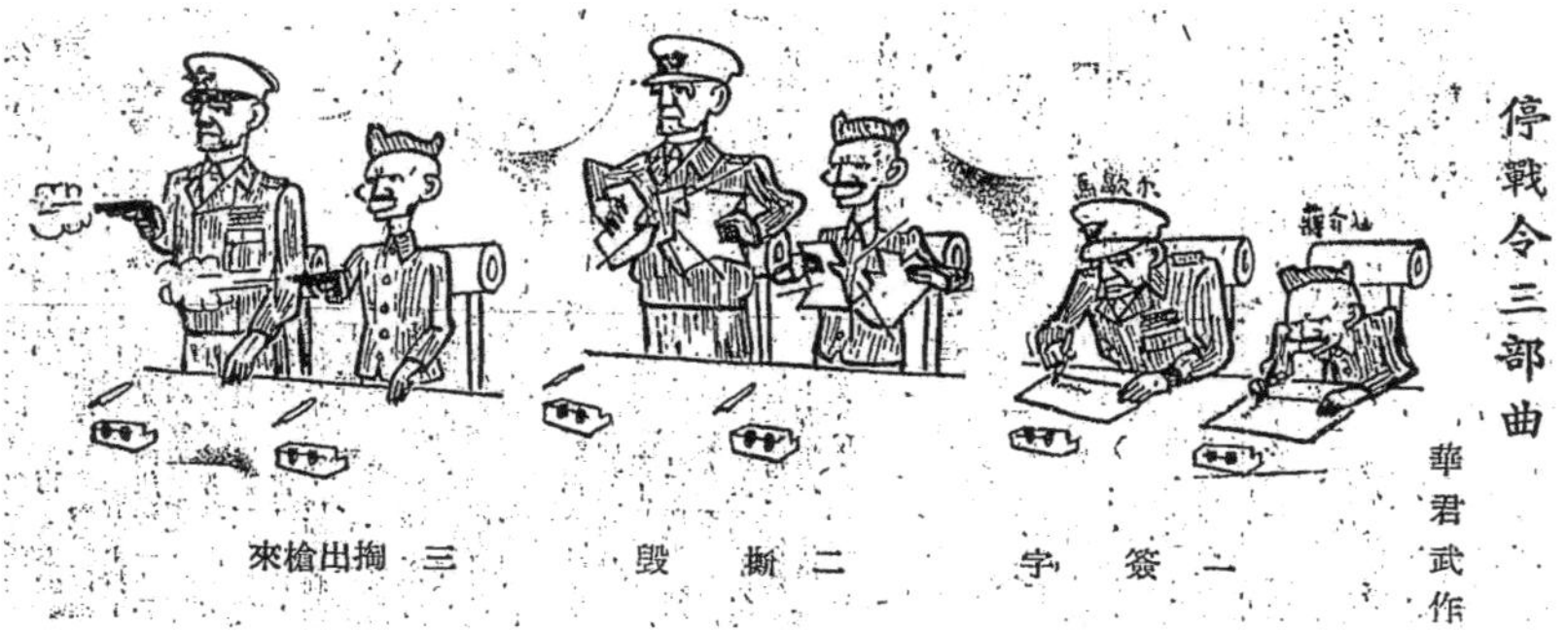

そして共産党の批判の矛先は、従来調停の努力を評価していたマーシャルに対しても向けられるようになる。管見の限り、『東北日報』で最初にマーシャルを批判する記事が掲載されたのは、一九四六年九月六日のことである。共産党スポークスマンの発言として、アメリカの蔣介石への物資援助に反対を表明した。そしてマーシャルや駐華大使スチュアートに対し「現在の任務は、結局のところ中国の和平を援助することなのか？あるいは単に、アメリカ政府が中国の内戦を生み出すのを援護することでしかないのか」について明確にするよう要求した。(55) 九月一七日には、以前は内戦を停止する切り札であったマーシャルが、今では内戦を加速させる者へと変わったと批判した。(56) 一〇月、毛沢東はアメリカ人記者のインタビューに答えて「アメリカ政府の政策がいわゆる調停なのか疑っている。アメリカが蔣介石に大量の援助を行い、それが空前の大規模な内戦を引き起こしていることを見れば、アメリカ政府の政策は調停を隠れ蓑に、各方面から蔣介石を強め、蔣介石の虐殺政策を通して中国の民主を弾圧し、中国を事実上アメリカの植民地にするものである」と述べている。(57) 一一月四日に掲載された風刺画「停戦令三部曲」（図－2）では、蔣介石とマーシャルが①停戦令に調印し、②停戦令を破り、③銃を発砲する、という三つの段階を経ていることを描いている。マーシャルは完全に中国人民の敵として、表現されるようになったのである。

アメリカ側も共産党メディアが対米批判に切り替わったことを敏感に感じとっていた。スチュアートは、八月以降共産党のメディアがマーシャルを「反動派」と呼び、アメリカの調停を批判し始めたことを重くみていた。[58] 一一月以降、彼らは共産党がもはや交渉を望んでいないという認識に至ったのである。一二月、マーシャルは共産党の「反米プロパガンダは、マーシャル使節に対する批判を念頭においたもので、まったく正当では」なく、「残念ながら未確認の目的物に関して、まったく根拠のない非難をすることがよくある」と不満をもらしていた。[59]

停戦協定の失敗により、蔣介石やアメリカが共産党にとって明確に敵になったことは、一九四七年一月の周恩来の声明に象徴的に表れている。周恩来は停戦協定交渉における共産党側の代表であり、これまで幾度となくマーシャルや国府側と交渉を重ねてきた当事者である。マーシャルが中国を去るにあたって出した声明に対し、周恩来は以下のように評した。マーシャルは国民党内には反動集団があり、和平の成立を妨害したことを認めたが、重要なことを指摘していない。つまり反動集団の頭目こそが蔣介石であり、解放区への進攻や国大を強行して政協路線を破壊したことは蔣介石一人で決定したことであり、他の何者でもない、と。[60] こうしてマーシャルによる国共の和平調停も失敗に終わり、内戦はそのまま継続し、蔣介石、アメリカに対する批判が止むことはなかったのである。

第三節　戦勝報道と対ソ報道

（一）戦勝報道

本節では一九四五年以降の二つの時期を通して、同一のポリシーで報道された「戦勝報道」と「対ソ報道」という二つの問題について論じてみたい。

すでにここまで見てきたように、共産党は内戦を最大限回避しようとし、内戦が避けられないとしても、その勃発をできるだけ引き延ばそうと試みていた。内戦が勃発した後でさえ、内戦の停止を切実に訴えていたのであった。ただし、単に解放区に進攻する国府軍の暴虐を訴え、和平を主張するわけにもいかなかったところに、当時の共産党が置かれた複雑な事情がある。

一九四五年一二月一〇日、中央宣伝部は各地に対して放送や新聞での宣伝方法について注意を与えている。これによると、晋察冀局からの情報として、最近「(共産党のメディアは――著者注) 国民党が日本や米軍と協力して解放区に進攻しているニュースを報道している」が、「とくに新解放区の大衆の中で、普遍的に国民党への恐怖心を引き起こし、変天 (国民党の復活――著者注) を恐れて大胆に闘争する勇気がなくなり、人々は我が党にあえて入ろうとせず、大商店は店を開く勇気もなく、地主は減租運動の中でも読報小組を組織し、大衆に新聞を読んで聴かせ、国民党が我々に攻め寄せていると宣伝し、変天思想をまき散らしている」とし、国民党の進攻に関する報道が共産党側の大衆を恐怖に陥れていることを指摘している。そして将兵のなかにも闘争を恐れる心理を引き起こしてしまい、国府側勢力を勢いづかせる結果になってしまっているとも指摘した。

それゆえ「全国人民の同情を得るために、我々の放送は国民党の進攻のニュースを報道し、各地が新華社本社に放送の材料を提供する」が、「各地の新聞は、このようなニュースを、とくに原文を一字も改めることもなく掲載してはならず」、「大衆が闘争を恐れないように、各地の新聞は我が軍が敵に勝利したニュースを報道すべき」であるとした。このようなニュースは、新華社本社が暗号をもって発し、各地方の新聞が掲載する。各地の分社に対して、このようなニュースを本社に送るよう要請している。(61)

ここで付言しておくと、共産党が大衆工作を効果的に進めるためには、共産党の強大さをアピールし、土地改革や階級闘争を行った後に、再び国民党の世が来ないことを信じさせる必要があった。なぜなら共産党の味方をして利益を得た場合、共産党が敗北すれば次に激しい闘争にかけられるのは自分だからである[62]。したがって共産党が必ず国府に勝つことを信じさせるためにも、共産党側が攻めこまれた情報や、戦闘の敗北に関するニュースの報道を控える必要があったのである。

またこの通知が興味深いのは、無線電信やラジオなどの放送と新聞とを明確に区別し、異なる役割を与えている点である。電信やラジオは対外的な情報の発信や宣伝を担い、新聞は大衆への宣伝媒体とされたのである。この通知においては、電波媒体で流される情報が大衆に伝わることは考慮されていない。無線電信を受信するためには、専用の受信機が必要となり、さらに電信符号を文字化する翻訳技術が必要である。相当の訓練を受けていなければ、情報を受け取ることはできず、一般の農民、あるいは都市住民がこれを受信することを考慮する必要はないからである。一方、共産党は末端の大衆にアプローチするメディアとして新聞を想定していたと考えられる。ただ新聞はごく一部の都市住民を除いて、識字率の低さなどにより大衆に直接読まれることはあまりない。新聞は工作隊や読報組[63]という媒介組織を通して、初めて大衆への宣伝に利用され得る。したがってこのような新聞の宣伝も、実際には末端で宣伝する党幹部に及び、党幹部から間接的に農民たちに及ぶのである。

さて、第一節（一）で見たように、『東北日報』でも日本の敗戦から一九四五年一二月半ばまでは「国民党が日本や米軍と協力して解放区に進攻しているニュース」を盛んに報道していた。これにより、国民党が内戦を引き起こす敵であることをアピールしようとしていたのである。例えば一一月一一日の「国民党が百万の軍隊を集め解放区軍民を侵犯している」では、国民党が動員した軍は四九個軍、一〇〇万人に達し、その他傀儡軍や日本軍を含め計一七〇万の軍を用いて解放区に進攻している、と報じている。[64]一一月一九日「国民党の軍隊が米軍機の援護の下で日本軍と結託し、全面的に山海関に猛攻を仕掛けている」では、国府軍の猛攻を受けて、共産党軍が撤退を余儀なくされたことが報じられている。このような報道は、国民党の脅威を宣伝するのに有効であるものの、共産党の力量に疑念を抱かせることにもつながったのである。

そこで前述の通知以降、『東北日報』においても国民党の進攻や脅威は、小さな記事で報じられる以外は、あまり強調されなくなる。もちろん和平の構築、内戦反対の宣伝は継続されるが、人民や民主人士が内戦に反対していること、ソ連が国共の和平を要求していることを根拠として主張されるようになる。一九四五年一二月二八日の「昆明の学生の内戦に反対する運動を応援する」[65]や一九四六年五月二二日の「ソ連の放送では、国民党が和平の実現を望んでいないと評されている」[66]といった記事がその代表的な例である。

内戦が拡大される嚆矢となった四平街における戦いでは、東北に進出した国府軍が四月に東北民主聯軍の守備する四平に進攻し、五月一九日にこれを占領した。四平街の戦いはいくつかの段階に分けられ、共産党軍が国府軍を退ける局面もあったが、最終的には国府軍の勝利に終わる。しかし五月一八日までの『東北日報』は、完全に戦勝ムードを作り上げていた。例えば五月一一日の一面では、長春と四平街における勝利を祝うため、社説「勝利が勝利を揺るぎないものにすることを祝う」をはじめとして、全面的に共産党の勝利を伝えた。最も大きな字で書かれた標語には「自衛戦争で勝利してこそ、東北人民は平和に生活できる！」と書かれている。五月一四日には「四平街前線の我が軍が内外から挟撃し、国府軍は重大な打撃を受け苦境に陥っている」などと共産党の勝利が盛んに報じられた。[67]こうしたなかで共産党の勝利をアピールするために、四平街の戦いを描いた華君武による風刺画も掲載された（図１−３）。この風刺画では国民党反動派がデフォルメされて描かれているのに対し、共産党軍は劇画的なタッチで勇壮に描かれ

図－３　「無題」（出典：『東北日報』５月19日）

ている。四平街が陥落した五月一九日にも林彪の肖像を掲載しつつ、四平街防衛の成功を称える記事を大きく掲載している（図－４）。

『東北日報』が四平の陥落を伝えたのは、五月二三日のことである。この日小さな記事で「敵軍に重症を負わせ光栄なる任務を完成した　我が軍は自ら四平を撤退した」と題し、共産党軍が自ら撤退したこと、その背景には一ヶ月に及ぶ四平防衛戦のなかで、国府軍に甚大な被害を与えるという当初の目的を達成したことが挙げられている。そして今は反撃する好機を待つ段階であると主張した[68]。確かに中央は、林彪に対して四平が死守できない場合は放棄し、ゲリラ戦に持ち込むよう指示している。ただこの指示自体「そうすれば目下の受動的で不利な立場を、主導的で有利な立場に変えることができる」と指摘しているように、この時の共産党の状況は控えめに見ても不利であることは否めなかった[69]。この四平の陥落により、共産党は続けて長春も失うことになったのである。こうした状況と当時の報道を比較すると、共産党は意図的に共産党軍の強大さをアピールし、有利なムードを演出していたと言える。

さて、一九四七年一月から三月にかけて、東北民主聯軍が長春、吉林付近の地域をめぐり初めて大規模な勝利を収めた。いわゆる「三下江南・四保臨江」作戦であるが、『東北日報』紙上でもこの戦役について大々的に報道がなされ、二ヶ月のうちに約一三〇ものニュースが掲載された(70)。この時期には、共産党の解放区のうち、「三下江南・四保臨江」と山東をめぐる戦役が焦点となっており、『東北日報』ではこの二つの戦役の戦勝が連日のように報じられた。

図-4　『東北日報』1946年5月19日の一面。林彪の肖像入りで四平での勝利が伝えられている

例えば一九四七年一月一九日「吉林北部の其塔木戦役は勝利して終結　我が軍は前後して五千の敵を殲滅」は、「三下江南・四保臨江」の一つの重要な戦場となった吉林郊外の其塔木において、共産党が完全なる勝利を挙げたことを伝えた(71)。『東北日報』では、この其塔木における三人の模範的英雄を肖像つきで紹介したほか、現地大衆の協力なども伝えられた。二月二六日「吉北の我が軍は反撃して勝利した　克城子街で敵の五営を殲滅した」は、克城子における勝利と主要な戦果について紹介した(72)。こうした記事は戦場の配置図をふんだんに用いているが、後述するようにこれは宣伝で分かりやすく勝利を伝えるための工夫である。『東北日報簡史』は、こうした報道は士気を鼓舞し、民心を奮い立たせるのに重要な効果を挙げた

図-5　1948年11月4日の『東北日報』一面と三面

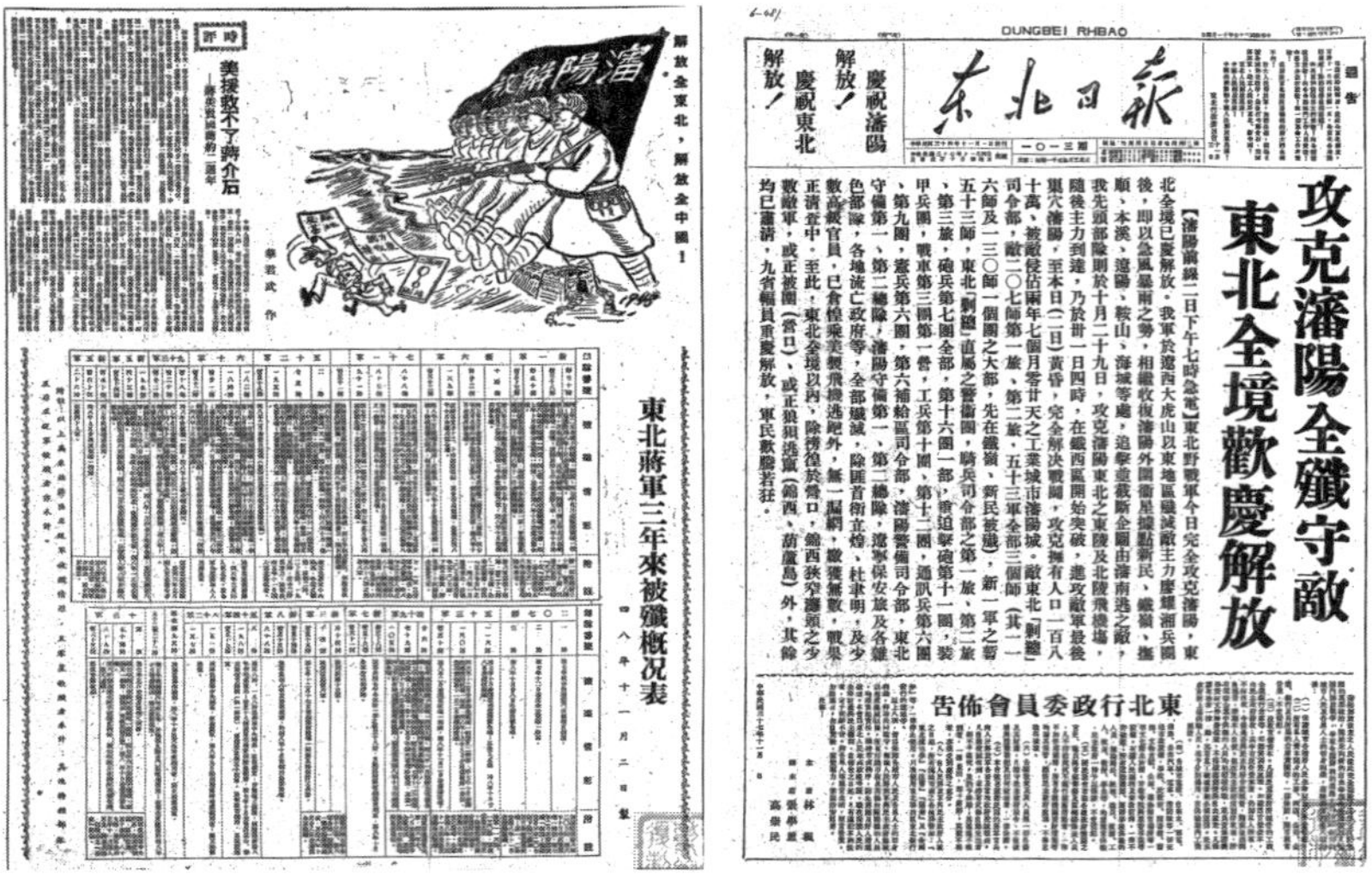

と評している[73]。

そして内戦の戦局が優勢に変わったとされる五月から始まった夏季攻勢においては、始まって間もない五月二三日の時点で、社説「東北の戦局を論ず」が掲載され、東北の戦局は根本的な巨大な変化が生じていると報道された。社説はわずか一〇日前後の期間で共産党軍が国府軍の各部隊を殲滅したとし、林彪の指揮の下で一九四六年冬から東北の国府軍を半減させたこととなり、新たな全面的反攻段階に入ったことを強調するものであった[74]。そして夏季攻勢の終了とその戦果を伝える七月九日の記事では、五〇日の間に八万二千の敵を殲滅し、四二の県城を回復し、一〇〇〇万の人々を「解放」したと報じた[75]。

東北における共産党の勝利を決定づけた遼瀋戦役では、一九四八年一〇月一九日の長春の占領を二一日の『東北日報』が一面記事で伝えた。「中国の戦争の形勢に巨大な変化が生じた！」と大きな見出しをつけ、守備する鄭洞国の降伏と共産党軍による占領について説明している。瀋陽の占領と全東北の「解放」については一一月四日に大々的に報じられた。

一面は「瀋陽を攻略し守備軍を全滅させた　東北全域は目出度く解放された」と最大限の字の大きさで見出しをつけ、三面では東北において三年間に殲滅された国府軍の表までもが付されている（図－５）。

共産党の宣伝政策においては、大衆に対して共産党の政策が有益であることをアピールすると同時に、共産党の力の強大さを示し、国民党勢力の復活がないことを信じさせなければならなかった。とくに農村において勢力を伸ばすために行った反漢奸闘争や土地改革を推進するのに、それは不可欠なことであった。これらの大衆運動は、農村内に激しい階級闘争を持ち込むことにより、基層社会に政権を樹立する手段となったものである。例えばある村に入った工作隊は、反漢奸闘争を成功させるに際して以下のような手続きをとっていた。まず数名の積極分子を確保してその恐怖心を克服させた後に、現地で大会を開いて大衆を説得し、自衛組織を作るよう提起した。その際には民主聯軍と共産党の力について説明し、大衆の気持ちを落ち着かせなければならなかったのである。(76)

また比較的教育水準の高い都市住民に関しては、大衆が直接新聞を読むことができるため、新聞が積極的に宣伝に利用されていた。一九四七年三月に吉林省の徳恵・農安で国府軍八八師を殲滅した際には、ハルビンで二万部の『東北日報』の号外が印刷され、大衆の集まる劇場などで配布された(77)。共産党が夏季攻勢を展開して間もない五月の延吉では、民主聯軍が大勝を収めた後、各十字路や東北書店前の掲示板に勝報が貼られ、共産党関係者と思われる人物が

図－６　夏季攻勢の勝利を伝える『西満日報』の号外（1947年５月20日）

西滿日報號外

一九四七年五月二十日

東北戰場勝利發展

懷德外圍我殲敵兩師

遼東潰敵六團現正追殲中

劇場の壇上に上がって民主聯軍の勝利を大々的に伝えた。(78) ハルビンでは、夏季攻勢の初期の大勝を宣伝するため、宣伝カーを用いて街頭で共産党の勝利を伝えた。学生たちは戦場の形勢図を携帯し、赤の矢印で解放軍の攻勢を明示して大衆に分かりやすく解説し、また『東北日報』の戦勝ニュースを切り取って壁に貼りつけていたという。(79) 図－6は、夏季攻勢の勝利を伝える『西満日報』の号外である。

以上のように新聞での報道では、大衆に対する工作の便を図るため、共産党軍の力を誇示することが宣伝方針とされた。『東北日報』の記事は、必ずしも現実の戦局を反映するものではなく、むしろ共産党優勢のムードを作り上げることを目的としていた。それは共産党が必ず勝利することを大衆に信じさせなければ、反漢奸闘争や土地改革などの工作がスムーズに進まないという現実があったからである。一九四七年五月以降に共産党が有利となった段階においては、ようやく現実の戦局と新聞の報道内容が一致するようになったのであり、客観的な報道がなされるようになったわけではないことに注意する必要がある。

(二) ソ連に対する全面的な賛美とソ連からの制約

共産党は東北で勢力を拡大する際に、ソ連との関係に細心の注意を払っていた。東北進出に際してソ連の外交的立場に配慮するとともに、中央は常にソ連の意向に逆らわないよう東北局に指示を出していた。共産党にとって、国府との対立のなかで勢力を拡大するためには、ソ連の支持と援助が是非とも必要であったからである。そしてソ連と良好な関係を築いていることを国内外に宣伝することが、共産党の地位を高める上で重要であった。

一方でソ連にとって共産党は、東北で権益を確保し、国民党から譲歩を引き出すための外交カードに過ぎなかった。(80) このように共産党とソ連との間には、協力関係に対する温度差があったことは事実である。しかし共産党としてはいずれにせよ、ソ連はイデオロギー的正統性や軍事的、経済的利益を引き出す上で、遠ざけることが不可能な相手であった。それゆえソ連軍が満洲を解放し、東北人民を解放したという、ある種の神話や幻想さえ生み出したのである。(81)

さて、ハルビンや大連などソ連が駐留する地域においては、ソ連に関するラジオ番組が編成された。表－1は一九四六年一月の大連広播電台の番組表であるが、モスクワのロシア語番組の中継が一日に三回、中国語番組の中継が二回編成されている。一回あたりの放送時間は三〇分から四五分であり、一日八時間三〇分程度の放送時間のうち、約二時間半がモスクワの放送の中継にあてられていた。大連は、東北からソ連軍が撤退した後も、ソ連軍が駐屯し続けた特殊な地域であった。多くのロシア人が居住していることから、ロシア人に対しモスクワからの情報を提供する必要があったこともあるが、モスクワの中国語番組やソ連の紹介、ソ連の文芸に関する番組など、中国人住民を対象とした番組もまた多く組まれていることが注目される。大連の『実話報』は、ソ連軍が中国で唯一発行した機関紙であ

表-1　大連広播電台番組表

7：00－7：45	モスクワのロシア語番組の中継放送
7：45－8：10	モスクワの中国語番組の中継放送
8：10－8：20	本日の番組の予告と音楽
8：20－8：40	時事ニュース
8：40－9：00	政治材料
12：00－12：30	日本語の時間
12：30－12：40	遊技番組
12：40－13：00	ニュース
13：00－13：30	モスクワのロシア語番組の中継放送
13：30－13：50	政令の伝達と音楽
13：50－14：20	音楽
18：00－18：05	夜の番組の予告
18：05－18：20	児童、婦女、青年の番組
18：20－18：30	音楽
18：30－19：00	日本語の時間
19：00－19：10	音楽
19：10－19：30	地方ニュース
19：30－19：50	著名人の講演、材料、ソ連の紹介
19：50－20：00	音楽
20：00－20：30	モスクワの中国語番組の中継放送
20：30－20：50	中ソ文芸
20：50－21：10	科学講座
21：10－21：30	時事ニュース、明日の番組の予告
21：30－22：00	モスクワのロシア語番組の中継放送

（出典：呉少琦『東北人民広播史』遼寧人民出版社、1991年、191頁より作成）

り、共産党の協力の下でソ連の政治宣伝が行われた[82]。ハルビンでは、後述のように一台の放送機が専門にモスクワの放送を中継していたし、一九四九年の放送においては、四〇分のロシア語教育番組と一五分のソ連紹介番組が組まれていた。

『東北日報』においては、「発刊の辞」で「中ソの友好・団結を強固にすることにより遼東の和平を保障」することが使命とされていた。日本降伏後の段階では、ソ連が内戦に反対していることを以て内戦の回避を訴え、内戦勃発後にはソ連の批判を伝えることにより、アメリカの援助を背景とした国民党の進攻を批判した。どちらの時期においても共通しているのは、ソ連が中共にとって親しい友であることをイメージづけることであった。

一九四五年一二月二三日の記事「モスクワが伝える解放後の大連」では、モスクワの放送が伝える内容として、日本統治時代とは異なり、海港職員や警察など様々な職を中国人が担当できるようになったこと、また中国人自らが商会を組織し商業活動ができるようになり歓喜している様子を描写している[83]。抗日戦勝利の一周年となる一九四六年八月一五日には、ソ連が東北を「解放」したものの、日本やアメリカなどの「反動勢力」が和平を望まず、国民党と結びついて内戦を始めようとしていると批判し、アメリカが中国から早急に撤退するよう要求するソ連の放送を紹介している[84]。一九四七年一一月七日の十月革命三〇周年を記念する社説では、ソ連を革命の先駆者として称え、中国に対していかに友好的であったかを語り、アメリカが反民主的な帝国主義の元凶であり、蔣介石を援助して中国で内戦を進めていることを批判した。そして国内には毛沢東をリーダーとする共産党の強固な指導、国際的にはソ連をリーダーとする世界民主勢力の協力があり、共産党の勝利は疑いもないことをアピールしている[85]。実際にはソ連は国民党の方をより評価していたとも言えるが、共産党の宣伝政策上はソ連と共産党の協力関係を強調し、アメリカと蔣介石とを結びつけ、両者の関係を明確に対比することが重要であった。

他方でソ連との関係では、共産党は利益を享受しつつも、同時に中ソの力関係を背景としてソ連の干渉と規制も受けていた。大連のラジオ放送においては、ソ連が国民政府と同盟条約を締結していることから、使用できる語句に制約が課されていた。例えば「蔣匪軍」は「国府軍」に、「我が軍」は「民主聯軍」か「解放軍」にしなければならず、蔣介石の名を呼ぶ場合には当時広く使われていた「人民の公敵」を冠することは禁止されていた。(86)

このような報道規制は新聞でも同様であり、大連の『実話報』では、国民党政府を「蔣匪」とする表現は一切見られず、共産党の解放区についての宣伝記事も少数に留められた。そしてこのような規制は大連の各新聞紙に行われていたという。(87)そもそも瀋陽で創刊された『東北日報』が創刊当時に所在地を山海関と記していたのは、ソ連と国民政府が中ソ友好同盟条約を締結したことによって、共産党が瀋陽で公に活動できなくなったためであった。(88)また長春においてもソ連軍が駐留していたことから、共産党の名義で新聞を発行することができず、『長春新報』は個人名義で創刊された。(89)ソ連が東北に存在してこそ共産党は勢力を広められたものの、それゆえにメディアが地下活動を強いられた面もあったのである。しかし前述したように、東北で勢力を広げる上でソ連との友好関係は必要不可欠であったがゆえに、宣伝政策上はソ連との援助・協力関係を国内や世界にアピールしないわけにはいかなかったのである。

●注

(1) 松村史紀『「大国中国」の崩壊――マーシャル・ミッションからアジア冷戦へ』(勁草書房、二〇一一年)、六四～六五頁。

(2) 一九四五年八月二九日「中央関与迅速進入東北控制広大郷村和中小城市的指示」中央档案館編『中共中央文件選集』第一五冊(中共中央党校出版社、一九九一年)、二五七～二五九頁。

(3)『彭真伝』編写組『彭真年譜　一九〇二〜一九九七』上巻（中央文献出版社、二〇〇二年）、二八〇〜二八一頁。
(4)前掲『「大国中国」の崩壊——マーシャル・ミッションからアジア冷戦へ』、一〇〇頁。
(5)前掲、『彭真年譜　一九〇二〜一九九七』上巻、二八一〜二八二頁。
(6)「中央関与確定向北推進向南防御的戦略方針致中共赴渝談判代表団電」（前掲『中共中央文件選集』第一五冊、二七八〜二八〇頁）。
(7)熊式輝は江西省安義県出身の軍人、政治家。日本の陸軍大学校卒業後、国民革命軍として北伐に参加した後、蔣介石の腹心として江西省主席に就任した。一九四四年に蔣介石の命の下で東北接収のための東北調査委員会を組織し、戦後東北行営主任として東北に派遣された。張嘉璈（張公権）は江蘇省嘉定県の出身で、中国銀行総経理を務めるなど経済の専門家としての経験を積み、国府でも鉄道部部長、交通部部長などを歴任した。戦後はその能力をかわれて東北行営経済委員会主任として東北経済の再建、経営の中心となり、ソ連との交渉にもあたった。蔣経国は蔣介石の子として浙江省に生まれた。長くソ連に滞在していたが、一九三七年にソ連から帰国、戦後は東北行営の外交部特派員に任じられた。
(8)山本有造「国民政府統治下における東北経済」（前掲『近代中国東北地域史研究の新視角』、二四三〜二七三頁）。
(9)共産党のいう「民主」とはいわゆる民主集中制、つまり共産党を頂点とする多数による少数の支配である点に注意する必要がある。
(10)一九四五年九月二五日「中共赴渝談判代表団関与目前的宣伝方針問題致中央電」（前掲『中共中央文件選集』第一五冊、二九一〜二九二頁）。
(11)パトリック・ジェイ・ハーレイ。一九二九年に米国陸軍長官を務め、一九四四年に駐中国米国大使に就任しアメリカの対中政策に大きな影響を持ったが、一九四五年一一月に辞任した。
(12)米国の軍人。第二次世界大戦中は中国戦線米軍総司令官や蔣介石付総参謀長を歴任した。一九四七年四月からいわゆるウェデマイヤーミッションを実施し、中国援助の検討のため中国情勢を調査した。
(13)一九四五年九月二九日「中央宣伝部関与目前宣伝方針問題的通知」（前掲『中共中央文件選集』第一五冊、三〇三〜三〇五頁）。
(14)『東北日報』一九四五年一一月一日「国共商談獲重要成就　毛沢東飛返延安」。
(15)『東北日報』一九四五年一一月一日「解放日報指出　国共会談獲得重要結果但是仍有障害需要克服」。
(16) 丸山鋼二「戦後満洲における中共軍の武器調達――ソ連軍の『暗黙の協力』をめぐって」（江夏由樹・中見立夫・西村成雄・山本有造編『近代中国東北地域史研究の新視角』、山川出版社、二〇〇五年、二九九～三二七頁）。
(17) 前掲『彭真年譜　一九〇二～一九九七』上巻、三一五～三二〇頁。
(18) アメリカの動向については、前掲『「大国中国」の崩壊――マーシャル・ミッションからアジア冷戦へ』、一〇三頁。
(19) 一九四五年一一月四日「中央宣伝部関与開展掲露美蔣進攻解放区的宣伝攻勢致各地電」（前掲『中共中央文件選集』第一五冊、四〇六～四〇七頁）。
(20) 一九四五年一一月一〇日「中央関与発動群衆創造戦場給東北局的指示」（前掲『中共中央文件選集』第一五冊、四一九～四二〇頁）。
(21) 一九四五年一一月一七日「中央関与対国府軍隊進行宣伝攻勢的指示」（前掲『中共中央文件選集』第一五冊、四二六～四二八頁）。
(22) この点については、笹川祐史、奥村哲『銃後の中国社会――日中戦争下の総動員と農村』（岩波書店、二〇〇七年）、高橋伸夫『党と農民――中国農民革命の再検討』（研文出版、二〇〇七年）を参照。
(23) 一九四五年一二月七日「中央関与東北工作方針与任務給東北局的指示」（前掲『中共中央文件選集』第一五冊、四六五～四六七頁）。
(24)『東北日報』一九四五年一二月七日「朱総司令対美記者声明　中共対東北態度中美應加強親善」。
(25) 前掲『彭真年譜　一九〇二～一九九七』上巻、三三〇頁。
(26) 前掲『彭真年譜　一九〇二～一九九七』上巻、三三一頁。
(27)『東北日報』一九四六年二月一三日「林楓同士発表談話　闡明共産党対于東北時局的具体主張」。

(28) 前掲『「大国中国」の崩壊――マーシャル・ミッションからアジア冷戦へ』、一一九頁。
(29) 同上、八八頁。
(30) 「中共中央関与停止国内軍事衝突的通告」(中央档案館編『中央文件選集』第一六冊、中共中央党校出版社、一九九一年、一五頁)。
(31) 一九四六年二月七日「中央関与争取蔣介石国民党向民主方面転変暫時停止宣伝攻勢的指示」(中共中央宣伝部弁公庁、中央档案館編研部編『中国共産党宣伝工作文献選編 一九三七~四九』、学習出版社、一九九六年、六一五~六一六頁)。
(32) 東北行営の命により、撫順炭砿をソ連より接収しようとした張莘夫ら八名が、ソ連軍により瀋陽に送り返される途中殺害された事件。
(33) 前掲『中国共産党宣伝工作文献選編 一九三七~四九』、六一六~六一七頁。
(34) 前掲『彭真年譜 一九〇二~一九九七』上巻、三八六頁。
(35) 「中央関于東北停戦前堅決保衛戦略要地給林彪、彭真等的指示」(前掲『中共中央文件選集』第一六冊、一〇二頁)。
(36) 三月二六日「東北局対目前東北工作的指示」(前掲『中共中央文件選集』第一六冊、一二九~一三一頁)。
(37) 前掲『「大国中国」の崩壊――マーシャル・ミッションからアジア冷戦へ』、一一一~一一二頁。
(38) 『東北日報』一九四六年三月一六日「国民党改革問題的両条道路」。
(39) 『東北日報』一九四六年三月二〇日「国民党反動派在東北各地連続実行恐怖陰謀 企図破壊東北和平制造内戦」。
(40) 『東北日報』一九四六年三月一日「重慶国民党反動派搗毀新華日報 並進行反蘇反共宣伝」。
(41) 『東北日報』一九四六年三月三日「中国反動派勾結敵偽残余 在東北進行反蘇活動」。
(42) 『東北日報』一九四六年三月一〇日「蘇聯莫斯科広播痛斥中国反動派陰謀」。
(43) 前掲『「大国中国」の崩壊――マーシャル・ミッションからアジア冷戦へ』、二二八頁。
(44) 一九四六年五月二一日「中央関与目前時局及我之基本方針的指示」(前掲『中共中央文件選集』第一六冊、一六八~一六九頁)。

(45) 一九四六年六月一九日「中央関与大打後我軍部署的指示」（前掲『中共中央文件選集』第一六冊、一九六～一九七頁）。
(46) 一九四六年六月二五日「中央関与当前形勢問題給林彪的指示」（前掲『中共中央文件選集』第一六冊、二一八頁）。
(47) 『東北日報』一九四六年四月一〇日「駁蔣介石」。
(48) 王世杰の日記。『王世杰日記』第五巻（中央研究院近代史研究所、一九九〇年）、二九九頁（一九四六年四月七日）。
(49) 『東北日報』一九四六年六月三日「中共発言人談称　国民党拡大東北内戦　中共再不作任何譲歩」。
(50) 『東北日報』一九四六年六月三日。「美蔣双方密接合作　拡大屠殺人民戦争」。
(51) 『東北日報』一九四六年一〇月一四日「蔣介石与呉三桂」。
(52) 『東北日報』一九四六年一〇月一六日「上海文化教育会挙行座談　反対美国把中国変為菲律賓第二」及び『東北日報』一九四六年一〇月一六日「斉斉哈爾今天美国正代替昔年日寇」。
(53) 街頭で演じるため、時事を寸劇風にまとめたもの。
(54) 『東北日報』一九四六年一〇月三一日「美軍暴行（活報）」。
(55) 『東北日報』一九四六年九月六日「中共就美譲售物資助蔣発表談話美政府向中国人民挑戦　馬司成為美製造中国内戦掩護物」。
(56) 『東北日報』一九四六年九月一七日「中外中立人士等与論一致抨撃　馬歇爾援蔣調処両面政策」。
(57) 『東北日報』一九四六年一〇月八日「関于目前中国時局毛主席答美記者問」。
(58) 前掲『「大国中国」の崩壊――マーシャル・ミッションからアジア冷戦へ』、二二九頁。
(59) 同上、二三〇～二三一頁。
(60) 『東北日報』一九四七年一月一六日「周恩来同志評馬歇爾離華声明」。
(61) 一九四五年一二月一〇日「中央宣伝部関与広播、報紙宣伝方法問題給各中央局各区党委電」（前掲『中共中央文件選集』第一五冊、四七八～四七九頁）。
(62) 「変天」を恐れる農民の心理に関しては、前掲『党と農民』や角崎信也「新兵動員と土地改革――国共内戦期東北解放区を事例として――」(『近きに在りて』第五七号、汲古書院、二〇一〇年、五五～六七頁)を参照。
(63) 非識字者の大衆に新聞を読み聞かせる集団購読組織である。詳しくは拙稿「陝甘寧辺区における通信員、読報組政策の展開」(『中国研究月報』第六一巻第一号、二〇〇七年)を参照されたい。
(64)『東北日報』一九四五年一一月一五日「国民党調集百萬軍隊向解放区軍民進犯」。
(65)『東北日報』一九四五年一二月二八日「声援昆明師生反内戦運動」。
(66)『東北日報』一九四六年五月二二日「蘇聯広播評称国民党不願実現和平」。
(67)『東北日報』一九四六年五月一四日「四平前線我軍内外夾撃頑軍受重創陷於困境」。
(68)『東北日報』一九四六年五月二三日「重創頑軍完成光栄任務　我軍児童撤出四平」。
(69)「中央関与主導放棄四平準備由陣地戦転為運動戦給林彪的指示」(前掲『中共中央文件選集』第一六冊、一六六～一六七頁)。
(70) 遼寧日報社編『東北日報簡史』(出版社不明、一九八八年)、一五頁。
(71)『東北日報』一九四七年一月一九日「吉北其塔木戦役勝利結束　我軍先後殲敵五千」。
(72)『東北日報』一九四七年二月二六日「吉北我軍反撃獲勝　克城子街殲敵五営」。
(73) 前掲『東北日報簡史』、一六頁。
(74)『東北日報』一九四七年五月二三日「論東北戦局」。
(75)『東北日報』一九四七年七月九日「我軍夏季攻勢戦績輝煌　五旬殲敵八万二千　修復四十二城解放人口千万」。
(76)『東北日報』一九四六年九月一日「鐘山村工作隊作風転変」。
(77)『東北日報』一九四七年三月一八日「哈市人民歓騰鼓舞」。
(78)『東北日報』一九四七年五月二五日「延吉人民搶読捷報」。
(79)『東北日報』一九四七年五月二七日「哈市十萬人民集会歓騰鼓舞慶祝勝利」。
(80) 前掲「戦後満洲における中共軍の武器調達――ソ連軍の『暗黙の協力』をめぐって」。

(81) 貴志俊彦「戦後満洲の八月十五日」(川島真・貴志俊彦編『資料で読む世界の八月一五日』山川出版社、二〇〇八年、一〇五〜一一六頁)。
(82) 鄭成『国共内戦期の中共・ソ連関係——旅順・大連地区を中心に』(御茶の水書房、二〇一二年)の「第五章　対外宣伝面における中共とソ連の協力」は、『実話報』をめぐるソ連軍と中共との協力と対立について描いている。
(83)『東北日報』一九四五年一二月二三日「莫斯科広播解放後的大連」。
(84)『東北日報』一九四六年八月一五日「莫斯科広播評論紅軍解放東北」。
(85)『東北日報』一九四七年一一月七日「加強中蘇友誼——記念十月革命三十週年」。
(86) 呉少琦『東北人民広播史』遼寧人民出版社、一九九一年、四三頁。
(87) 鄭成「国共内戦期における中共とソ連の相互接近と協力——大連の『実話報』を中心に」『アジア太平洋討究』二〇〇五年第八号。
(88) 前掲『東北日報簡史』、二頁。
(89) 方漢奇『中国当代新聞事業史一九四九〜一九八八』中冊(新華出版社、一九九二年)、一〇六四頁。

第二章　通信社と活字メディアの整備過程

第一節　通信社

（一）共産党の通信組織

本書は活字メディアや視聴覚メディアを主な考察の対象とするが、その前提として、メディアに情報を提供していた通信社の組織についてまず触れておきたい。通信社とは、各メディアに情報を配信するための組織であり、そのために最新の情報を常に収集する組織である。世界的な通信社としてはイギリスのロイター、アメリカのAP通信、ソ連のタスなどがあり、国府の通信社は中央社である。蔣介石の安内攘外政策の下で行われた五度にわたる剿共戦や抗日戦争など、常に戦時に身を置いていた共産党にとって、情報は軽視できるものではなく、その確保に最大限の注意が置かれていたことは容易に想像できる。

一九四四年に延安を訪れたドイツ人記者ガンサー・スタインは、共産党の党中央機関紙『解放日報』編集員と接して、彼らが身なりからは想像できないほど、国内外の事情や外国語に通じていることに驚いたという。スタインは、ドイツの『ベルリーナー・ターゲブラット』紙の記者であったが、ナチスの政権獲得により海外に亡命していた。日本に滞在した後に中国へと向かい、重慶を経て一九四四年に共産党政権下の延安へと入った。スタインは延安で目にした光景を以下のように記している。

外部のニュース、つまり延安自体にもとがない一部のニュースは、新華通信社の占めている多数の洞窟で、受信されている。かなりの人数の無線技手が、延安製の原始的な受信機を、地方製の手動発電機で操作しながら、昼夜ぶっ通しで働いているのだ。彼らは、遠くに分散している、抗日根拠地における新華通信社の八つの支局や、それらを経て十一カ所の同社出張所と絶えず連絡を保って、軍事上と一般関係のニュース報道を聞きとり、また各地で集められた、日本側と傀儡側の情勢に関する内部情報を聞きとっている。同時に彼らは、国民党と傀儡中国のラジオ放送局の報道をとらえている。

アメリカ、イギリス、ソ連、日本のニュース放送は、一語も余さず傍受している。そうした〝宣伝放送〟が、延安の海外と接触できる唯一の通路だからである。(1)

スタインら外国人記者たちは、公式に共産党から招待された「客」であり、(2)スタインらの目に映る光景は、共産党が宣伝のために用意したものであることは否めない。しかし共産党が新華通信社（以下、新華社と略）を通し、外部の情報を積極的に取得していた様子をうかがい知ることはできる。延安の伝統的なヤオトンのなかで、情報を収集するために現代的な通信機器が駆使されていたことは、いかにも共産党的なスタイルと言えよう。当時電力はきわめて貴重であり、通信機や放送機を使用する際には、手動発電機や自動車エンジンを改良したりしてその電力をまかなっていた。スタインのこの記述のなかでは、前線の根拠地との情報のやり取りが活発に行われていることも注目される。単に中央から地方へ指示を送るだけでなく、前線で収集した情報を中央に送ることも重視されていたのである。

共産党内の情報のやりとりがいかに行われ、どのように評価されるべきものなのか。この問題は、共産党のメディアを検討する際の前提条件として、明らかにする必要がある。なぜなら、共産党が発行する党紙や雑誌、ラジオなどの主な情報は、新華社を通して送られたものであり、国際的ニュースは、新華社がロイターやＡＰ通信など海外の通信社の無線を傍受して得た情報を元にしているからである。

現代においても同様であるが、新聞であれ、ラジオであれ、メディアにはニュースを供給する情報ネットワークが不可欠である。メディアを定期的に、また安定的に運営するには、幅広い地域や集団の内部に情報を供給する組織を構築する必要があり、また速報性を失わないよう情報を迅速に伝達するシステムを構築する必要がある。

共産党のラジオのニュース原稿は、ほとんどが新華社の無線電信稿を口語に編集したものである。[(3)] また『解放日報』など中央機関紙に掲載される各地方のニュースは、新華社「分社」が各地方で収集し、「総社」（本社）へと無線電信で伝えられた情報をもとにしている。[(4)] 他方で地方版のニュースを除き、地方新聞に掲載される記事のほとんどは、本社から無線電信で送られてきたニュースであった。このように、各種のメディアの裏で情報ネットワークの要となっていた新華社による情報網は、党中央の指示を地方の党組織へ伝達する際にも用いられ、共産党が情報や政策において一体性を保持する上で、きわめて重要な役割を果たしていたと考えられる。

新華社の前身は紅色中華通信社（以下、紅中社と略）であり、中華ソビエト共和国臨時政府の成立を期に一九三一年一一月に設立された。[(5)] 紅中社はＣＳＲをコールサインとして電信を発信したが、その初放送は中華ソビエト共和国憲法大綱、土地法などの発布であった。紅中社の任務は以下の四項目に分けられる。

第一に、国民党中央社の放送、タス社の英語放送を傍受し筆写することである。後の新華社では、他に汪兆銘政権の中華社、日本の同盟社、英国ロイター社、アメリカＡＰ通信なども傍受していた。共産党指導層が重要な判断を下す際に参考とする情報は、ほとんどの場合自前の情報網で収集したものではなく、他勢力の無線電を傍受し得たものであった。

第二に、中央機関紙である『紅色中華』の編輯出版である。『紅色中華』は、紅中社と同時に一九三一年一二月に創刊された中華ソビエト共和国臨時政府の機関紙であり、長征までの一九三四年まで二三四期にわたって発行された。長征の後も陝北において同じ名前で雑誌が発行されたが、これが『新中華報』の前身であり、一九三七年一月に『新中華報』と改名されている。

発刊の詞によれば、『紅色中華』の創刊の目的は、第一に広範な大衆にソビエト国家の政策、法律、命令などを理解させ、第二に各級ソビエトの活動を指導し、その欠点や誤りを正すことにより権力の強化を図ること、第三に帝国主義や国民党などの反革命勢力の陰謀を暴露し、ソビエトにおける紅軍の活動や労農運動を知らせ、大衆をソビエト運動の勇敢な戦士に育てること、などが挙げられている。したがって『紅色中華』は政府の決議や決定、会議の日程や政府要人の見解などが中心を占めており、党関係の文書は比較的少ない(6)。

第三に、『参考消息』の編輯である。『参考消息』は、第一の任務で筆写した重要なニュースを、日刊の簡単な新聞としたものであり、共産党の高級幹部に配られ最新の情報を提供した。長征によって一時出版が途切れるものの、長征が完了したことから一九三五年一一月に復刊された。『参考消息』は一九三八年末に『今日新聞』と名称を改め、ガリ版刷りの内部刊行物となった。この時期の参考消息は約四〇〇部ほどの発行数だったという。一九四一年五月には、『紅色中華』の後身である『新中華報』と『今日新聞』が合併して『解放日報』を新たに創刊し、『今日新聞』は

図-7　新華社組織図

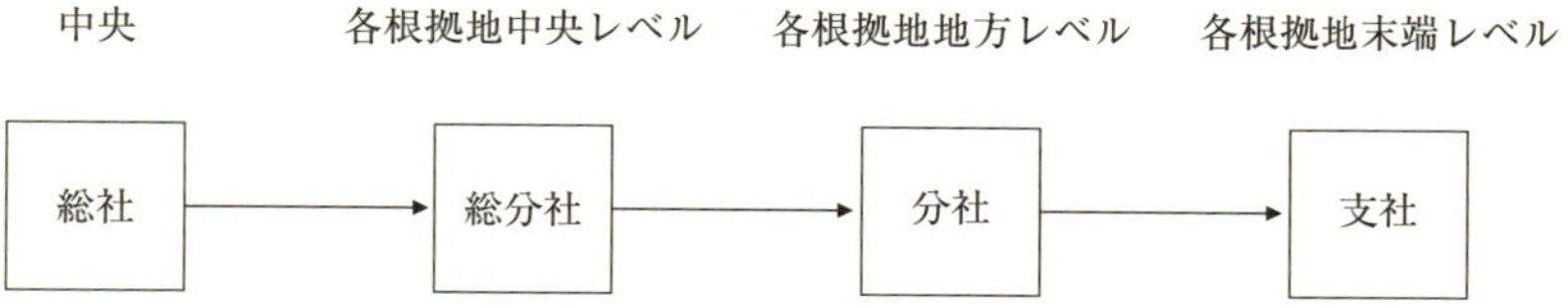

一時期停刊した。[7]しかし一九四二年一二月には再度『参考消息』の名で復刊し、延安陥落まで継続して出版された。[8]

第四に、対外的なニュース原稿の発信である。これは、中共の正統性を国内外に主張することを目的とするほか、各地方・根拠地・軍に情報を供給することも重要な任務であった。

紅中社は一九三七年に新華社へと名を改められるが、この年に初めての「分社」が設立される。新華社組織は、図－7にあるように、本社である「総社」、各根拠地の中央レベルの「総分社」、地方レベルの「分社」、末端レベルの「支社」と組織が階層化されている。初の「分社」は一九三七年に西安で創設されたが、これは西安事件に備えてのことである。張学良が西安事件を起こすと、共産党は周恩来を西安へと派遣した。このきわめて重要な局面にあたり、共産党は西安と中央との連絡の便を図るため、西安分社を創設したのであった。[9]ここに新華社の特徴が良く現れている。つまり情勢の展開により、その時々で重要と思われる地域に新華社の下部組織が創設されるのである。裏を返せば、分社が設立された時期は、その地域が中共中央にとってきわめて重要な地域として認識されていたことを意味する。一九三八年には晋察冀分社、三九年には華北分社が相次いで成立したが、それは日中戦争の戦端が開かれ、華北地域が前線となったことによるものである。

(二) 東北新華通信社の成立

満洲国の存在により東北での活動経験がきわめて少ない共産党にとって、中央から遠く離れた東北の情勢を把握することは困難であった。一九四五年八月二九日、中央が晋察冀根拠地などに発した指示では「東北と熱河、チャハルの（ソ連――著者注）赤軍占領地区の状況が、はっきりとは分からない。全ては当地の具体的な状況に基づいて処理し、随時我々に報告しなければならない。晋察冀や山東は、有能な幹部に無線通信機を持たせて赤軍の後方に派遣し、随時状況を報告するように」と東北での情報収集と中央への報告を命じている。(10)序章ですでに触れたように、長征によって中央と満洲の党組織との連絡は途絶えていた。それゆえ満洲国の崩壊後、東北の情勢は錯綜しており、遠く離れた延安ではその実情がよく分からなかったのである。共産党は東北を戦略上の最重要地域と目しており、情報の収集と伝達は重要な課題であった。

こうして東北初の新華社となった東北総分社は、一九四六年二月に吉林省の海竜に設立された。(11)その四ヶ月ほど前の一九四五年一〇月、中共中央は晋察冀辺区に新たな活動拠点を建設するため、呉文燾や穆青といった延安の著名なメディア幹部を派遣した。しかし情勢の変化により、呉文燾や穆青らは中央からの指示を受け、晋察冀ではなく東北に新たな新華社を建設したのである。(12)

この方針の転換は一一月のことである。一一月四日、中央書記処は東北局に対し「戦争の重点が東北辺境に移ったことに鑑みて、軍事や東北の各種の状況を報道することは日増しに重要になっている。ただちに新華社の分社を設立し常に東北の消息を報道して欲しい。分社の人員及び放送局の準備が終わった後に電信で報告し、本社と通信するコールサイン、波長、時間を約束して欲しい」と指示を出している。(13)この指示を受けた東北局は、呉文燾や穆青らと東北総分社を設立したのであった。

一九四五年一一月といえば、張公権など国府代表が東北へと入り、ソ連との交渉を進め東北の接収を開始しようとしていた時期である。(14)従来共産党に対して寛大であったソ連も国民党との交渉により態度を変え、共産党の活動を制限しようとし、東北を舞台とした国共両党の衝突が現実味を帯びていた。東北総分社の設立は、まさにこのような情勢を背景として、東北局との連絡を密にするとともに、現地での情報収集を意図したものであった。当時中央がいかに東北を重視していたか、をうかがい知ることができよう。その後東北総分社は戦局の変化により、東北局とともに長春、ハルビン、ジャムスなどを転々としている。一九四八年九月の段階では、冀熱遼、安東、遼寧、遼北、嫩江、合江、吉林、黒龍江、内蒙古の九つの地域にそれぞれ分社が設立されていた。

総分社の役割は、根拠地内の新華社を統括するとともに、本社との情報のやりとりを通じて、中共中央と各根拠地とのコミュニケーションを図ることにある。新華社内での情報の伝達に用いられたのは、主に無線電信であるが、後述するようにラジオも情報伝達の用途で用いられた。無線電信とラジオはともに電波で情報を送る技術であり、両者の一番の違いは、ラジオが音声で情報を伝えるのに対し、無線電信は符号を組み合わせることにより文字で情報を送ることである。ラジオが「語言広播」と呼ばれるのに対し、無線電信は「文字広播」と呼ばれる所以である。

無線電信では機密性の高い情報には暗号がかけられるため、情報の受取手には専門の解読員と対応する暗号帳が必要である。無線電信やラジオは、電波によって情報を届けるため、活字媒体と比べて郵送の必要がないことが特徴である。これは中国において、きわめて大きな利点であった。なぜなら中国では交通網の整備が限定的であり、地域によっては輸送が非常に困難であったからである。とくに共産党の支配地域は、陝甘寧辺区など総じて交通や郵送が困難で辺鄙な地域であり、くわえて国府による包囲や戦争により、陸路による輸送は恒常的に断絶していたのである。

ここで電信について触れておくと、電信には無線電信の他に有線電信がある。一般に有線電信は純粋な情報のやりとりに用いられるが、無線電信の場合はそれにくわえて、国内外の通信社などにニュースや宣伝を配信する機能も有している。有線電信は電線を使用するところから、国家によるインフラの整備に依存する反面、電線に不備がなければ安定して確実に情報を送り届けることができる。

有線電信に関しては、東北はラジオと同じくインフラの整備が進んでおり、有利な条件が揃っていた。これは言うまでもなく、日本が満洲国時代に植民地支配を効率的に行うために整備したものである。一九四五年八月に日本が降伏すると、前後の混乱のなかで電信設備も少なからず損害を受けた。しかし一九四六年一月から一〇月にかけて東北の主な地方に一二の電信管理局が成立し、チチハル、延吉、ジャムス、牡丹江、北安、安東、通化などの中心地から周辺地域への電信網、計二五四〇キロメートルほどが修復されている。[15]

一九四六年一〇月九日には、東北の郵電事業を統一指導するため、東北郵電管理局が成立した。この時期の方針は、北満の県以上の都市、及び鉄道沿線上の都市の郵便・電信網をまず回復させ、その後に各県から区の間の郵便・電信網を回復させるというものであった。こうして一九四七年六月までには、解放区の県以上の都市及び鉄道沿線の小都市の郵便・電信網が完成し、郵便や電信の総数は増加した。一九四八年一月一日からは朝鮮半島との電信が開通し、三月末には南満と北満とが結ばれ、通化、安東などの南満地区が北満との電報業務を開始した。[16]こうして戦局の好転とともに、共産党の有線電信も修復、拡大していったのである。

ただし、有線電信は持ち運ぶことができないことから戦局に大きく左右され、支配地域が縮小すれば当然利用は著しく制限されるし、電線の切断により通信が断絶されやすいという欠点がある。したがって内戦において激しい戦闘が繰り広げられた東北では、有線電信の利用は限定的であり、無線電信が主に利用されていたと考えるべきであろう。

かつて東北の新華社に務めていた姜桂林という人物は、東北新華総分社について以下のように回想している。これは姜桂林が東北新華総分社を見学するために訪れたシーンである。

図－8　情報伝達経路図

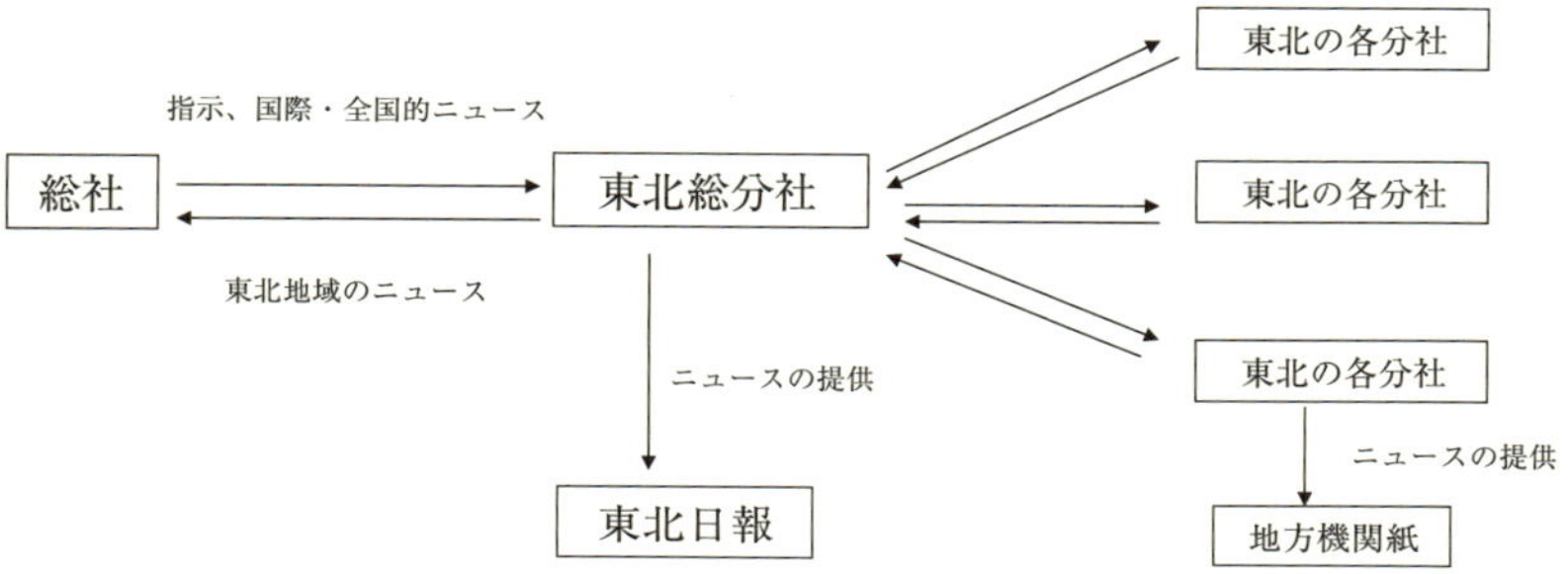

東北新華総分社の建物は三階まであり、一階は男女の宿舎で、二階には翻訳科と電務部部長弁公室があり、東北新華総分社の実際の責任者はこの電務部長である（新華社総分社社長は東北日報社長を兼ねている――原文注）。三階は「報房」と電務処長の弁公室である。受信、送信する電報室はまさに活動しているところで、その中の四つの電報機が別々に東北区の各分社や軍分社と通信しており、他の一台は自動送信機を使って延安の新華社本社に電報を送っていた。この他に二つの受信室があり、一台は専門にタイプライターを使ってアメリカのＡＰ通信、タス、ＵＰ通信のニュースを書き取っていたが、この工作人員は、全て留用した日本人であった。(17)もう一つの部屋では、毎日一〇数時間、不断に延安の手動電信放送を書き取っていた。(18)

姜によれば、東北総分社の三階部分に電信を送受信する部屋があり、四つの電信機がそれぞれ東北の各分社や軍の分社と通信をとっており、また自動放送機を使って延安の総社へと電信を送っていた。この他に二つの受信室があって、一台は専門にＡＰ、タス、ＵＰ通信のニュースを書き取っていたが、その工作人員は全て留用した日本人であったという。もう一つの部屋では、毎日一〇数時間、絶えず延安の電信を書き取っていたのであった。

このような東北における情報のやりとりを図式化したのが図－８である。まず中央と東北総分社が相互に情報を交換し、東北総分社はさらに東北各地の分社や軍分社と情報のやりとりを行う。また東北総分社は同レベルの党機関紙『東北日報』に、各地の分社や軍の分社も同レベルの新聞に情報を提供している。

情報がとくに重要な意味を持つものとして、軍事報道がある。東北で軍に特化した新華社が創設されたのは一九四七年のことであり、東北前線分社が成立している。前線分社の役割は、部隊のニュースを報道する他、部隊の通信工作を担当し、新たに占領した地域の報道や新たな新華社分社を設立することである。[19] 一例を挙げれば、新華社本社は一九四八年一〇月一九日、いわゆる遼瀋戦役において、東北総分社や前線分社に対して以下のような指示を与えている。①長春「解放」の報道工作をただちに手配すること、②長春の事実を利用し、包囲した敵軍の活路は投降することだと証明すること、③「起義」軍の高級士官に、瀋陽、承徳、錦西の敵軍に対する放送原稿を書かせること、④報道する時には迅速であることに注意すること、である。[20]

一〇月一九日の段階では、共産党はすでに長春を占領し、瀋陽や錦西も包囲下に置き攻略にとりかかっていた。③の放送原稿とは、後述するラジオなどの対敵宣伝放送の原稿である。この遼瀋戦役の終結後、一一月二日に本社は東北総分社に対し「錦州の攻略と廖耀湘の壊滅に関する報道はとても迅速で、その他の報道も一般に良かった。遼西の大勝と瀋陽の『解放』は、中国・海外を震撼させた。さらに詳細な報道をして、人心や士気を振るわせるとともに敵の士気を瓦解させ、アメリカの対中援助を批判することに注意して欲しい」とその功績を評価している。[21] その後東北野戦分社は東北の戦局だけでなく、平津戦役の報道をも担当することになった。東北野戦分社は本社からの指示により記者を配置し、北平や天津の戦局を伝える様々な原稿の執筆に責を負うこととなったのである。[22]

以上東北における新華社の設立とその機能についてみてきた。東北地域が国共内戦の最前線、中心となったことにより、東北の新華社組織は最新の重要な情報を無線電によって中央、あるいは全国の共産党組織へと伝達する役割を負っていた。また東北内部の情報のやりとりも、新華社組織を通じて密に行われていたことがうかがえる。このような新華社を中心とした情報のやりとりを見ると、共産党が党内の情報交換を重視し、常に情報網を改善しようとしていたことが分かる。以上のことから、少なくとも内戦期の東北においては、一九二〇年代や三〇年代と比べてはるかに進んだ情報網を確立し、軍事や政治に活用していたと言うことができる。

第二節　製紙、出版・印刷工場

新聞や出版物を発行するためには、安定した紙の供給や印刷機器が必要となる。抗日戦争期の共産党にとって、これらは決して潤沢にあったわけではなかった。とくに中央根拠地の陝甘寧辺区は、森林資源に乏しく紙の供給は困難であるし[23]、印刷に必要な機器も入手するのは難しかった。他の晋察冀辺区なども状況はほとんど変わらない。

しかし東北は全く異なっていた。もともと東北は森林資源に恵まれ、満洲国期に製紙工場やパルプ工場が各地に建設された上に、出版社、印刷所、書店などが数多く設立されていたからである。満洲国崩壊後、日本が残した工業施設などは共産党、国府、ソ連によって接収されたが、紙媒体に必要なこれらの施設も戦後の東北に継承され、利用されたのである。とくに共産党は、日本や満洲国が残した製紙工場や印刷所を接収することにより、新聞や出版物を発行していた。回想録などでは、共産党が東北でしばしば紙不足に陥ったことが指摘されるが、それは東北の紙の生産や印刷機材が不足していたわけではなく、中ソ友好同盟条約により、都市で公に活動できなかったことや、共産党が東北の内戦で劣勢であったという政治的要因によるものである。したがって、少なくともインフラの面では、東北は関内よりも紙媒体の出版に有利な条件が整っていたのである。

満洲国の崩壊後、共産党は瀋陽に進出した際に、満鉄機関紙の『満洲日日新聞』[24]の印刷所を接収し、幹部を派遣して生産の回復に務めた。『満洲日日新聞』は大連で創刊されたが、一九三八年一二月から奉天の本社で印刷、発行されていたのである。共産党は日本人が経営していた星野印刷所も合わせて接収し、その印刷所跡に東北日報社が成立した。また同時期に成立した東北書店は、瀋陽馬路湾の満洲図書株式会社跡に設立された[25]。東北日報社や東北書店が置かれた場所は、日本の「遺産」の継承と深く関わっているのである。

一九四六年四月に長春を一時占領した時、共産党は長春の印刷所を優先的に接収すると同時に、印刷機材を解体し後方へ輸送する準備をした。これは国府軍の進攻に備えるためであり、印刷機材を貴重なものと考えればこそである。満洲行政学会[26]印刷所と八紘印刷所から二台のフルサイズ、一台の二つ折りサイズ、二台の八つ折りサイズの印刷機や、五台の活字鋳造機、活字の母型、紙などを接収したという[27]。その他に瀋陽の興亜印刷[28]や、興山医科大学印刷所からも印刷機器を接収し、これらが後にジャムス印刷工場の重要な設備を構成することになった。他にハルビン印刷工場、長春「解放」後に東北最大の長春印刷工場が建設されたが、ジャムス印刷工場は最も早期に成立し、新聞、書籍、雑誌の出版など初期の出版工作を支えたのである。

一九四八年に共産党が長春を再占領した際には、東北書店の王大任が長春新生報印刷工場を接収した。長春新生報印刷工場は、もとはこれも満洲図書株式会社印刷工場である。元来は設備や機器が非常に整っていたが、ほとんどが内戦のなかで盗難にあったり破壊されたりしていたようである。王大任らは生産回復に注力し、名を長春印刷工場と改め、東北最大の印刷工場となった[29]。

次に製紙について見てみよう。『東北日報』の記事によれば、関内に不足している木材が豊富にあること、大規模なパルプ工業も抱えていることから、東北の製紙工業は全国のなかで突出していた。満洲国時期の一年の最高生産高

表-2　七大製紙工場

	前身	備考
安東第一分廠	鴨緑江製紙株式会社	大倉組と大川平三郎の共同事業
安東第二分廠	六合製紙廠	韓麟紱が設立し張学良の接収を経て王子製紙の経営に
安東第三分廠	安東造紙株式会社	日中の合資
吉林造紙廠	満洲特殊製紙株式会社吉林工場	満洲国政府、満鉄、康徳紙器工廠の共同出資で設立された準特殊会社
営口造紙廠	康徳葦パルプ株式会社	鐘紡系子会社
瀋陽造紙廠	満洲紙工株式会社	大阪のボール紙製造業者の共同出資。第一、第二分廠あり
石峴造紙廠	東洋パルプ株式会社	川西財閥により建設

はパルプが一〇万トン、各種の紙が七万六千トンと報じられている。東北の国営製紙工場の主なものとしては、吉林造紙廠、安東第一分廠、安東第二分廠、安東第三分廠、営口造紙廠、石峴造紙廠、瀋陽造紙総廠の七ヶ所が存在した。一九四九年三月当時の紙の生産量は、月産一四四九トンと報じられており、一年で換算すれば約一万七〇〇〇トンとなる。記事では当時の生産量を満洲国時期の三分の一に満たないとしている。(30)ただし一九四九年末には接収した工場も増え、各種の紙の生産量は二万三三八四トンにまで回復し、東北だけでなく関内にも輸送されるようになったという。(31)

この七つの製紙工場は、由来をたどればほとんどが日本人の手によって設立されたものであった。関内の木材資源は非常に乏しかったが、満洲においては広大な森林が広がり、パルプや紙の生産に適していた。(32)それゆえ日本は、パルプや紙の輸入代替を図るために満洲国に多くの製紙、パルプ工場を設立したのである。

まず東北のなかで、安東は鴨緑江を挟んで北朝鮮に接し、とくに豊かな森林資源に恵まれていた。安東第一分廠の前身は、一九一九年に大倉組と大川平三郎の共同事業として設立された鴨緑江製紙株式会社である。同社は、第一次世界大戦後に戦後恐慌や外国との競争に敗れ、操業を一時停止したが、一九二六年に操業を再開した。満洲国崩壊後はソ連軍の管理下に入ったが、一九四六年一〇月に国府が安東に進出し接収された。一九四七年六月に共産党が安東を占領すると接収され、約一年後に操業を再開した。(33)

安東第二分廠の前身は、一九二三年に設立された六合製紙廠である。この製紙工場は、例外的に中国人の韓麟紱の投資により成立したものである。その後張学良政権が接収し、奉天の実業家張志良に命じて工場の拡大を図ったが、満洲国期には満洲中央銀行の管理下に置かれ、その後王子製紙の経営となった。戦後、一九四七年に共産党が接収し、七月一日に正式に生産を回復した。

安東第三分廠は、一九三六年に日中の合資で成立した安東造紙株式会社が母体となっている。終戦後、共産党に接収され安東省政府制民工廠と改名し、一九四七年に共産党が安東を占領した後八月二〇日に生産を開始した。

吉林造紙廠の前身は、満洲特殊製紙株式会社の吉林工場である。同社は満洲国政府、満鉄、康徳紙器工廠の共同出資で設立された準特殊会社である。須永徳武によれば、同社の目的は、特殊会社の廃紙を一元的に処理して防諜することにあったが、他の工場とは異なり、吉林工場では廃紙パルプから製紙を行っていた。一九四五年九月にソ連軍の管理下に置かれ、一一月二一日に中ソ友好協会により接収されて吉林特殊造紙廠と改名した。六月一九日に国府の吉林省政府により接収されて吉林省造紙廠と改名し、一九四八年三月に共産党の吉林占領により再度接収された。

営口造紙廠は、鐘紡系の子会社として一九三六年に成立した康徳葦パルプ株式会社が前身となっている。一九四六年一月に国府が営口に進出すると、資源委員会が幹部を派遣しその管理下に置かれ、後に共産党の営口占領とともにその管理下に入った。

瀋陽造紙廠は、大阪のボール紙製造業者の共同出資によって一九三六年に設立された満洲紙工株式会社が前身である。同社は藁と紙くずを原料とし、ボール紙を製造していた。一九四六年三月に国府の東北保安司令長官部に接収され、中ソ日報紙廠と改名、一九四七年一〇月に国民党中央宣伝部直轄の瀋陽造紙油墨廠造紙工廠となる。一九四八年一一月に瀋陽が陥落すると、共産党により接収された。瀋陽造紙廠にはさらに第一、第二分廠があり、第一分廠はもともと一九三八年に大阪財界関係者によって設立された満洲製紙株式会社であり、満洲国崩壊後に新生造紙廠と改名されていた。第二分廠は、一九四〇年に日本人が個人的に創設した製紙工場が母体となっており、戦後中国人の李双振に貸与され東北造紙廠となった後に共産党に接収された。

最後に石峴造紙廠であるが、もともとは一九三六年一〇月に成立した東洋パルプ株式会社が母体となっている。その前身は川西財閥が建設した大同工業株式会社であり、東洋パルプは人絹パルプや製紙用パルプの生産を目的に設立された。[34]しかし工場の水質が悪く人絹パルプの生産には予想外のコストがかかったため、次第に製紙用パルプの生産に転換した。[35]さらに一九四二年、戦時統制のなかで製紙工程を装備するよう命を受けると、製紙機器を有していなかった東洋パルプは、北越製紙株式会社と提携し、同社から設備と技術者を受け入れることになった。[36]したがって、東洋パルプは満洲国末期においてすでに製紙設備と技術者を保有しており、その基盤の上に戦後共産党が製紙業を発展させたのである。

東北局は一九四六年半ばに、用紙の不足を解決するため、幹部を吉林省図門へ派遣して東洋パルプを接収し、自前の製紙工場を建設した。これが石峴造紙廠である。[37]石峴造紙廠は最も早くから生産を始めた共産党系の製紙工場であり、新聞社だけでなく東北書店にも紙を供給するなど、紙媒体を運営するに際して重要な役割を担った。後に石峴造紙廠は東北第一造紙廠と改名し、全国有数の製紙工場となった。

この石峴造紙廠、東北第一造紙廠に関しては、留用された日本人技術者の回想が残されている。当時東北の製紙工場にはどの工場にも日本人技術者がいたが、石峴造紙廠が最も多かった。一九五三年六月に引揚げるまで、約二〇〇名の日本人が働いていたという。当時の日本人技術者は「一九四九年ごろ、さまざまな技術を持った日本人が中国各地から石峴に集まって来ましたが、その九割がたは独身男性でした。中国政府が各地から集めた人たちで、中国の復興のために技術を提供してもらい、同時に中国人労働者にその技術を伝授させようということでした。中国共産党と政府は国営第一製紙工場を重要な拠点に定めたのだと思います」と振り返っている。

工場の技師長である横川孟をはじめとして、日本人留用者は経済復興のため、東北人民政府により優遇されていたという。当時は紙幣用、新聞紙用の紙とパルプを生産していたが、新聞用紙の需要が増加し、増産運動が展開された。その運動のなかで日本人技術者の果たした役割は大きく、例えば松の代わりに柳を原料として使う技術を開発した。また紙パルプを作るには亜硫酸が必要だが、原料の硫黄は満洲国時期の在庫品を使っていたため、無くなる前に新たに調達する必要があった。そこで硫化鉄鉱石から硫黄を抽出する装置を開発し、満鉄中央試験場で留用された技術者たちが石峴に派遣されて装置が制作された。このような技術的な貢献が認められ、政府から表彰されることもあったという。中国政府は日本人留用者が帰国した後のことを考え、若い労働者を上海や黒龍江などから石峴に転勤させ、その技術を学ばせたという(38)。

以上のように、石峴を含め全国において東北の製紙業は突出した生産量を誇っていたが、七大工場のほとんどがもとは日本人により設立された製紙会社を母体としていた。前述の印刷工場のほか、この日本人の残した製紙業を継承することにより、共産党は新聞、雑誌、書籍などの紙媒体を発行し得たと言える。

第三節　新聞

（一）共産党の新聞

中央党機関紙の歴史的過程

洋の東西を問わず、新聞は近代以降、政党や結社が政治主張をする際に盛んに用いられてきた。新聞の長所としては、複雑な内容を整理して伝えるという点で、音声や映像媒体よりも優れている。ラジオやテレビが内容とともに抑揚や手振り、表情といった印象を伝達するのに比べ、新聞は純粋に内容を正確に伝えることができる。また文字媒体は、口頭による伝達よりも紙として残るため、媒体としての永続性に優れている。ラジオやテレビは、録音、録画機器を用いないかぎり何度も視聴することはできないが、新聞記事は後で繰り返し参照することができる。そして編集人員の統制や検閲をすることによって、内容のコントロールも容易である。そしてなにより、新聞はメディアの中で最も原始的な技術を用いており、簡易的なものであれば謄写版（ガリ版）など誰にでも利用することができる。

共産党も、結党当初から党機関紙を発行していた。中華ソビエト共和国臨時政府の機関紙としては、前述したように一九三一年一二月に創刊された『紅色中華』がある。『紅色中華』が改称した『新中華報』と新華社が編輯する『今日新聞』を合併し、一九四一年五月に延安の中共中央の党機関紙として創刊されたのが『解放日報』である。毛沢東の政治秘書であり、共産党のメディアを指導した胡喬木によれば、抗戦時期に『解放日報』の創刊を決定した直接の原因は、一九四一年一月の皖南事変以後、『新中華報』が紙幅や発行回数の面で需要の増大に適応できなくなり、党の宣伝任務を全うすることができなくなったからである。国府統治区の重慶で発行していた『新華日報』は、国民党当局に厳しく監視されていたので、宣伝内容と宣伝対象が制限され出版発行が困難になった。各根拠地が分散状態にあることもあり、各地の新聞雑誌、通信社の宣伝報道は、往々にして党中央の方針政策から乖離する状況が発生した。よって党中央や毛沢東は、大型の新聞を創刊することにより、全党を統一し、さらに力強く宣伝政策を推進するよう決定したとされる(39)。

中国共産党がこのように党の活動において新聞を重視したのには、前述したようにソ連共産党の経験、とりわけ新聞を「集団的組織者」とするレーニンの理論が背景として存在する。共産党はソ連の経験にならい、新聞網の形成を通じて地方における党の組織化をも図ったものと考えられる。

宣伝における新聞の位置

新聞は最も利用しやすいメディアであるが、新聞によって直接広範な大衆に宣伝し得たと考えるのは危険である。なぜなら、共産党の支配地域は概して交通の便の悪い辺境地帯が多く、そのような交通網が未発達、あるいは輸送が困難である地域では、新聞や雑誌を発行したとしても読者に送り届けることは容易なことではないからである。

例えば、延安が位置する陝甘寧辺区の交通・輸送状況は非常に悪く、下層の党組織へ新聞を送り届けることは容易ではなかった。陝甘寧辺区では、国民政府の中華郵政の他に、独自の辺区通訊站という郵政網を運営していた。辺区内に地方郵便局である站を配置し、站と站の間を配達員が人力で郵便物を運んでいた。イメージとしては、映画『山の郵便配達』で描かれたような配達の状況だったであろう。

配達員に対する待遇が悪かったことや、人員の削減などにより、通訊站による輸送は慢性的に遅延や紛失などの問題が起きていた。例えば「理屈では二日半で届くのだが、常に七、八日かかっている。なぜならこの線はリレー配達しているが、ある站の配達員が病気になり、それが全線に影響を与え、数日遅延させているからである。延安から慶陽まで歩いて八日で着くところが、文書では一五日かかる。中央から遠い県の同志は、一ヶ月たってようやく上級が発した指示文献を受け取っている」、「総站が毎日受け取っている文書（公文書・手紙・新聞・雑誌などを含む）は平均約二〇〇斤にのぼるが、毎日一人か二人の配達員が出発できるのみで、一日に一〇〇斤の文書が滞って発出されない」といった状況であった(40)。

とくに最も基層レベルの郷には、なかなか新聞雑誌が届かないことが多く、区の幹部が新聞を携え直接郷へと新聞を届けることも多かった(41)。例えば甘泉県では、一九四二年の段階で『解放日報』は全県でたった八部、三つの区に一部あるだけであった(42)。一九四五年に新正県一区では、県から『群衆報』三五部、『関中報』四〇部、『解放日報』二部を支給され、新聞は毎期区で一部保存し、その他は各郷政府、各読報組などに送っていた(43)。この例で言えば、『解放日報』は区で一部保存するのであるから、郷以下へは事実上送られないに均しいと言えるのである。

このようなケースを見ると、新聞は情報伝達の上で、速報性をほとんど有していなかったことがうかがわれる。ゆえに「新聞が延安以外の読者の手に送られても、『新聞』はすでに旧聞になっている」(44)というような皮肉な表現を使われて批判されることもあった。したがって上級の党組織であればともかく、下級の党組織に対し新聞を通じてリアルタイムに情報を伝えることは、ほとんど不可能であったと言える。

また当時の中国における識字率は非常に低く、とりわけ末端の農村に文字の読める人間が非常に少なかったことは、活字メディアの浸透を妨げていた。このような識字率のなかで、新聞を活用するために党が利用した組織が読報組である。読報組とは、大衆を組織して、文字の読める者が新聞を読み聞かせる組織である。集団で講読することによって、村に新聞が一部しかなくとも皆が読むことができる。また仮に新聞が十分な部数あったとしても、大衆のほとんどは非識字者であり自分では読むことはできないし、新聞の内容は主に共産党軍の戦況や辺区の政治・経済に関するニュースであるため、多少教養がある者であっても、娯楽性の乏しい党紙を自ら積極的に講読しようとはしない。

読報組には大きく分けて二つの段階がある。第一段階は、識字者を集めて新聞記事を読み解き、彼らに正確に党の方針を伝えることである。次に、彼らを一人の読報組長として非識字者の大衆へ読み聞かせることが第二段階である。この読報組を通して新聞の講読を行うことにより、党の意志を末端まで正確に伝えようと図ったのである。

例えば第一段階の例では、まず村の全ての識字者を読報組小組へと編入し、各新聞記事を甲乙丙丁などの等級に分けて番号順に回覧させる。皆が新聞をさらに深く理解するよう七日に一度座談会を開き、重要な問題について討論を進め、その後これらの読報組員により大衆に宣伝させる、という方法で行われていた。[45]また以下のような例もある。①まず新聞上の大見出しを音読し、それから重要なニュースを選んでゆっくりと読んで解釈し、最後に皆に意見を出させる。②毎回の読報では点呼をとり、読み終わった後で組長が「読報録」を書き、皆が出した意見を市委員会に送る。③読報の後、組員が代わる代わる人に伝える。[46]これらの例では、読報組に参加する者は、ある程度教養があり自分で新聞記事を読むことができるので、読報組は新聞記事の解釈を正確に伝えることが主たる目的となる。そして、各組員をさらに一人の読報組長として非識字者の大衆へ宣伝させた。いわば識字者を強制的に動員して党の宣伝者とする政策と言って良いだろう。

第二段階では、対象が非識字者の大衆であるため、共産党は民間の伝統文化や生活のリズムに気を配りながら読報組を実効あるものにしようとしていた。一般に文化水準の低い大衆に対し、情報を伝達し、宣伝活動を行うことは容易なことではない。共産党は例えば大衆劇団を組織して秧歌劇を演じたり、廟会や集市などで様々な活動を行ったりして、大衆の伝統的な文化や価値観を利用していた。[47] 人口の少ない農村が散在する状況の下では、共産党が政治権力を持って強制的に人を集めようとしても、現実的には難しい。そこで、民間の伝統的な活動である廟会や騾馬会（定期市）に大衆が集まるのを利用して、臨時読報組などを開いていた。[48] 時にはカトリック教会の活動さえ利用していた。[49]

陝甘寧辺区において、「読報」運動が大々的に展開されたのは一九四四年のことである。米脂県印闘区では、「報紙下郷村」（新聞を郷村へ）のスローガンのもと読報組を組織したが、形式的な組織に留まっていて、新聞が区や郷政府弁公室の机の上に放置されていて誰も読んでいなかったという。そこで以下のように対策が定められた。①区委員会宣伝科は、正式に招聘状を送って一八人の農村の識字者を読報組長として招き、毎月区委員会に活動と大衆の意見に関して報告させる。②五つの通訊小組を組織し、郷文書が組長を担任して毎月一度小組の会議を開き、宣伝科は郷長文書聯席会議で小組長の活動を検査する。[50]

一九四四年一一月に陝甘寧辺区政府が発した決議は、読報運動の発展を評価しながらも、「まだ読報を進めていない識字組・変工隊・合作社・婦紡組は、可能な条件の下で、読報を組織しなければならない。各地の郷幹部・小学教師・活動人員及び全ての文化活動者は、みな積極的にこの活動を組織しなければならない」、「読報活動と、大衆の生産・衛生・識字・娯楽及び各種の日常問題の解決を互いに連携させ、大衆の中で積極分子を養成することに注意し、もって読報組を永続的な大衆を団結させ活動を推進する核心にしなければならない」[51]としている。ちなみにこの時期には全辺区に三三一一組の読報識字組があり、人口に照らせば四五〇人に一組であった。[52]

新聞組織による情報の収集

新聞に記事を執筆し、それを通じて各レベルの情報を党に提供していたのが通信員である。通信員とは、政府、党機関内部で活動する非職業的記者であり、各々が活動するなかで得た経験などについて記事を書いた。

陝甘寧辺区の場合、通信員には、県に置かれ通信活動を取り仕切る通信幹事、県委員会宣伝部長などが努める「特約」通信員、区宣伝科長や教養のある幹部が担当する「基幹」通信員[53]、活動にそれほど熟達していない幹部が担当する「普通」通信員、労農出身幹部の「工農」通信員などの区別がある[54]。工農通信員は、工農とはいっても大衆のなかの労働者や農民ではなく、党・政府組織の労農幹部である[55]。

陝甘寧辺区では、各分区党委員会及び県委員会の宣伝部長が『解放日報』通信員を担任し、新聞社と直接の関係を築いてその所管地区内の通信員工作を組織すること、また区幹部のなかで最低限執筆能力のある同志を選んで通信員とするよう指示した[56]。これにより、例えば『解放日報』の一九四四年二月二〇日の記事「定辺は執筆競争を発動した」では、県委員会宣伝部は全ての原稿の審査・整理・修正に責任を負い、問題のある書けない者と書ける者との協力」では、県委員会宣伝部は全ての原稿の審査・整理・修正に責任を負い、問題のある原稿はその欠点を示して差し戻すよう指示している[57]。

中共中央は『解放日報』の発行を契機として、多くの政策通知を出して新聞を中心とするメディアの改革に乗り出していた。一九四三年三月二〇日の「『解放日報』の幾つかの問題に関する中共中央西北局の通知」は、その後の通信員政策を規定した重要な通知の一つである。この通知は、まず現在の通信員が玉石混交で正規の審査を経ていないことを批判し、通信員の条件を明示している。これによると、党員であるかは問わず、政治上で問題がなく、最低限の執筆能力を有していることとされ、逆に政治的に問題のある者は、あらかじめ選考から除くよう指示されている。そして全ての区に最低一人の通信員を配置し、五月三〇日までにその経過と通信員の名簿を提出するよう求めている[58]。

この時点における通信員の人数は、『解放日報』の記事によれば約四〇〇人で、多くの地方組織はまだ通信組織を有していなかったことがうかがえる[59]。その後一九四四年二月の時点で六〇〇人[60]、七月には一〇二〇人に増加している[61]。

中央の指示により一九四三年から四四年にかけて通信員が大幅に拡充されたのである。太行の『新華日報』では、一九四五年五月には一五五一の通信員が二一五一篇の記事を書いたが、そのうち工農通信員が書いたものが三分の一を占めていた。(62)

（二）東北における新聞の利用——『東北日報』を中心に

『東北日報』の成立過程

東北において中国共産党東北局が発行していたのが『東北日報』である。『東北日報』は一九四五年一一月一日に党機関紙として瀋陽で創刊され、東北大行政区の廃止とともに一九五四年八月三一日に停刊し、『遼寧日報』へと改められた。

一九四五年九月に東北局が瀋陽で成立すると、すぐさま党機関紙の発行が決定された。当時のスローガンは「二万の幹部、一〇万の兵、一つの新聞によって工作を始める」(63)であり、党中央としても新聞の発行を重視していたことがうかがえる。それは新聞により党組織間の方針の統一性を保つことや、機関紙の発行活動によって党組織の形成や連携を強化する狙いがあったものと考えられる。創刊当時の東北日報社の社長は李常青、副社長に廖井丹、総編集に李荒という陣容であった。

東北局は機関紙の創刊にあたって『解放日報東北版』と『東北日報』のどちらの名称が適切か、中央の任弼時に問い合わせている。そして中央の回答に従い『東北日報』が正式な名称となった。(64)この中央の判断には、以下で述べるように、ソ連に配慮し極力共産色を出さないようにするという意図のほかにも、東北の在地社会と親密な関係を築こうという党の方針があったのではないかと考える。

創刊当初、東北日報社の所在地は山海関と記されていたが、実際には東北局のある瀋陽で発行していた。これはソ連が国府と中ソ友好同盟条約を締結したことによって、共産党が建前上瀋陽で公に活動できなくなったためである。(65)しかし一九四五年一一月一一日の第一一期から、『東北日報』上の住所から山海関の名が消え、一一月一五日からは「瀋陽市」と記載されるようになった。瀋陽に駐留するソ連軍との交渉により、正式に瀋陽で出版することに同意を得たという。(66)ソ連に対する配慮や、国府による取締まりを避けるため、東北日報社はこの時期看板は掛けず、場所は秘匿されていた。(67)新聞の印刷も一定の場所で行うことができず、満洲日日新聞社の印刷所や『盛京時報』(68)の印刷所、本渓の印刷所などを利用して印刷していたという。(69)当時の東北日報社の所在地は、もともと日本人が経営していた星野印刷所を接収し、施設を使用していた。(70)

戦後の東北において、共産党の支配地域は、外交や内戦の戦局によって頻繁に伸縮を繰り返しており、党中央の東北局の所在地も、それに合わせて移転している。当然ながら東北局の機関紙である『東北日報』も同様である。一九四五年一一月二三日、ソ連軍の要請により、共産党は瀋陽から撤退した。『東北日報』はこの一一月二三日を最後に一時休刊し、東北局に従い本渓に移転し、一九四五年一二月五日に本渓で復刊している。この日の一面には、印刷所が移転して新たな設備が稼働していないため、しばらくの間、通常の四頁から二頁に減らされることが公示されている。

本渓に移転した後は、用紙の調達が非常に困難であったという。瀋陽から携帯した用紙はすぐに使い果たしたため、幹部が変装して瀋陽に赴き、中ソ友好協会を通して調達することもあったという。(71)東北日報社経理部副経理の王大任によれば、彼らは紙の調達のため二度変装して瀋陽へ潜入した。一度はソ連軍政治部の中国籍士官を通して、二度目は中ソ友好協会印刷所所長を通して、車三〇台あまりの巻紙と印刷機材を調達したという。(72)

一九四六年一月、国府軍が瀋陽に進駐し本渓が危うくなったため、『東北日報』は再び東北局に従って海竜に移転した。この影響で『東北日報』は二月三日から六日の間は発行されていない。二月七日に復刊した『東北日報』は、四月二二日まで海竜で発行された。いぜんとして紙不足は深刻であり、『東北日報』の一面には、二月二〇日から数日の間、用紙と印刷の条件が困難であるため、二日に一回の発行に変更することが公示された。そして実際に二月二八日まで二日に一回に減らされている。

『東北日報簡史』によれば、海竜に移った『東北日報』は四つの点で新たな変化があった。第一に、従来は東北局書記の彭真が指導していたのが、東北局宣伝部部長の凱豊が指導することになったことである。宣伝部は一九四五年九月に東北局が成立した際に、その主要な機関として設置され、一九四八年八月まで凱豊が部長を担当した。第二に、延安、晋綏、晋察冀、山東などの関内から、多くの幹部が到着し工作に加わったことである。そのなかには、先に新華社東北総分社の設立に関わった穆青なども含まれる。第三に、編集部が本格的な規模を備えるようになり、「新聞部」、「通採部」、「副刊部」などが組織された。第四に、三月二四日から二頁目を地方ニュース専門とすることが始まり、以降紙面では、東北各地の地方ニュースが増加したことである[73]。

一九四六年四月に共産党軍が長春を占領したことにより、『東北日報』は四月二八日から長春で発行された[74]。しかし長春が短期間の内に失陥したことにより、その期間はわずか一ヶ月に満たない。五月二三日を最後に、『東北日報』はハルビンへと移転し五月二八日に発行を再開した。共和国建国以前においては、このハルビンでの発行が最も長く、一九四八年一二月一一日まで約二年半の間発行されている。

通信員と読報組

内戦初期の不安定な時期において、『東北日報』の通信網は系統的に組織されていなかった。『東北日報』の通信員数について確認できるのは、一九四七年一月が初めてのことであるが、この時にはまだ全東北で僅かに一〇二人であった。そのうち松江省が四四人、東北日報社の所在地であるハルビン市が三七人、その他の地域が二一人であった。[75]通信員の数が少なかったことは、共産党の支配地域が北満に限定されていたことも大きな要因である。その後一九四八年九月には二三七人とやや増加し、[76]一九四九年五月には一〇六八人に急増している。[77]一九四八年後半から四九年にかけて大幅に増加している要因は、一九四八年一〇月から一一月にかけて、共産党が遼瀋戦役に勝利して長春、瀋陽を占領し、東北全土を共産党が支配するようになったことが最大の要因である。

また一九四八年九月、東北局は通信網の拡大を図るため、『東北日報』の通信工作に関して重要な通知を発布している。この通知は、まず大都市を中心とする現代的な交通と新たな工業によって、東北に広大な解放区が形成され、現在の工作が多方面に及んでいると指摘した。したがってまとまりのない原始的な工作方法や指導方法では、今日の工作の規模には適さないとして、大々的に通信網を整備するよう指示したのである。『東北日報』は東北局の機関紙であり、東北局が状況を理解し工作を指導する重要な道具であるため、党紙の通信工作を「余計な負担」と見なし「できてもできなくても良い」と考えるような、「全党が新聞をやる方針」に違背する誤った思想は糾さなければならないと批判した。このような指摘があるということは、当時通信活動が軽視されるような風潮があり、必ずしも上手くいっていなかったことがうかがわれる。通知は、前線の部隊と各省に無線電を設け新華総分社と連絡をつけたほか、その他の各省、各軍区、東北局直属の各機関の通信組織と通信工作に関し、以下のように規定した。

各省の党報委員会は、同時にその省の報道委員会でもあり、省、県は毎月少なくとも『東北日報』に対して一篇の文章を供給することを義務とする。各市、各県委員会は、宣伝部長や書記を『東北日報』の特約通信員に指定し、『東北日報』の通知に基づき、所属地区の幹部が『東北日報』へ定期的に定量の投稿をするよう指導する。各工場、鉱山、機関等は、『東北日報』や通信幹事の協力のもとで通信小組を組織し、通信員一、二名を指定して『東北日報』に定期的に定量の投稿をするようにする。(78)

このように、東北全土の支配を視野に入れた一九四八年九月、共産党は基層組織の状況を把握し、統一的に指導するため、通信網のさらなる拡大と組織化を図ったのである。

『東北日報』も基本的には『解放日報』と同じく、基幹通信員、普通通信員、工農通信員、特約通信員の区別がある。ただ前述したように、東北が内戦の渦中にあり不安定であったためか、通信網の構築は遅れていた。『東北日報』において基幹通信員が組織されるようになるのは、一九四七年八月のことである。この日通信員のための副刊「新聞通訊第十四期」は「本紙は第一陣の基幹通信員を招聘する」と題し、三七人の幹部を基幹通信員として招聘し、今後第二、第三と基幹通信員を招請することを予告した。(79)基幹通信員は現場において実際の工作を監督し中心となる通信員である。原稿が不採用の場合意見を提起できたり、原稿用紙の補助を受けたりする権利がある一方で、毎月三篇の原稿が掲載されることを義務とされたほか、新聞社に状況や経験を報告する義務を負っていた。(80)

延安の『解放日報』と比べた場合、『東北日報』や東北地域の特徴は、近代的工場が多く存在していたことである。延安の陝甘寧辺区は、交通が不便で辺鄙な場所に位置していたため、工農通信員とはいっても、実際にはほとんどが「農」の通信員であり、「工」、すなわち労働者の通信員は存在しなかった。しかし東北の場合、満洲国時代に日本によって建設された工場が多数存在したため、『東北日報』は工場や産業、近代的経済に関するニュースをとりわけ重んじた。一九四五年一一月一八日に『東北日報』が通信員たちに求めた記事は、以下のようなものであった。

①反内戦について。「反動的な破壊分子」が日本と結託して人民を殺害し、内戦を挑発したりする陰謀活動を暴露するもの。また広範な人民の平和の要求を反映し、「反動派」が和平を破壊し、内戦を発動することに対する不安と反対の意見。

②漢奸などについて。「悪覇」、漢奸、特務分子の罪悪を徹底して暴露し、各地の人民の漢奸や特務に対する闘争の成果を報道する。大衆のために政府が害を取り除こうとする決心とその方法について宣伝する。

③東北の自治について。東北人民の自治に関する切実な要求と声を伝えるもの。東北各級人民自治政府の施政方針と民主的措置について報道し、過去の民主自治がなかった時期や、故郷と家を失った人民の苦しみと災厄について説明する。また民主政府が人民のために服務する状況や、人民の政府に対する愛情と擁護について報道する。

④経済について。日本の工場の接収、管理、修復の状況に関する経験と教訓を伝えるもの。工商業の復興、学校の再開、交通の回復、物価の安定、人民の生活の安定について。(81)

以上からも分かる通り、共産党の党機関紙であるがゆえに、当然ながら『東北日報』が求めた記事の内容は、客観的な事実ではなく、党が宣伝の重点とする内容である。④の工場の接収・管理や工商業の復興などは、日本が残した工商業が国府、共産党、ソ連の争奪になった東北地域の特徴であろう。

東北では「工人」が重視されたため、一九四八年二月前後、ハルビン市に「城市工人通訊部」が成立し、工場や発電所などに通信員が確保された。一九四八年五月一五日に『東北日報』が伝えるところでは、ハルビン市の鉄道、電車工場、自動車工場、電報電話局、郵電局、電業局、軍需処各工場、炭砿、第二電力区などに「工人」通信員が確保され、記事が供給されていた。(82) 一九四九年五月の時点では、一〇六八人の通信員のうち、工業組二九三人、都市経済組（鉄道、交通を含む）二一二人、農村組三八七人、文教組三三人、工人通信組一四三人となっていた。(83) 工業や都市の経済関係が約六割を占めていることが分かる。一九四九年三月には、工人通信員は三五七名に増え、全通信員の三〇%を占めるほどになったという(84)。

一九四八年一二月一二日、『東北日報』は占領した瀋陽に移転した。この日『東北日報』は今後の報道の重点について、以下のように指示している。新聞の宣伝報道は、都市の状況に適応しなければならず、「いぜんとして存在している農村で新聞をやるという古い観点と古い習慣、古いやり方は、当時においては適切であったが、現在ではすでに時代遅れ」であり、「工人通信網は、過去において大々的に打ち立てることはできなかった。現在は大規模な産業、大工場が非常に集中し、労働者は多く、また一定の文化水準を持っており、彼らの中の先進的な者を通信員とし、彼らを通して労働者大衆の生活、生産、各種の活動を伝えることが必要」であるとして、工業や労働者に関する報道が最優先であると指示した(85)。

ただし、当時において工人通信員や通信網を重視するのは、必ずしも東北だけの特徴でなかったことは留意する必要がある。一九四八年一二月三一日と一九四九年一月五日に、新華社本社は大都市の占領後、労働者の存在が大きくなっている一方で、労働者に関するニュースが不足していることを反省し、工場、鉱山、鉄道などを取材して記事を書くほか、労働者のなかで通信網を組織するよう指示している(86)。つまり『天津日報』、『人民日報』、『中原日報』などにおいても、工人通信網をいかに組織するかが重大な課題とされていたのである(87)。ただ東北の場合、一九四五年から共産党は一部の工場を含む都市を支配し、また東北が他の地域と比べて、日本が設立した工場や、開発した鉱山が非常に多く残されていたため、とりわけ工場や労働者における通信網の構築が早くから重視されていたのである。

次に、読報組について見てみよう。東北においても新聞を利用して大衆に宣伝するため、読報組が利用された。東北は陝甘寧辺区などに比べて、交通の便、紙の供給、識字率の面で有利な条件が整っていた。例えば、東北においては満洲国期に教育を受けた者が多く、非識字者は比較的少なかった。『東北日報』によれば、東北の農村の識字者は比較的多く、婦女でも二、三年の教育を受けた者も少なくないほどであった[88]。ハルビン、瀋陽、長春、大連など大都市が多く、少なくとも都市住民のなかには教養のある者が少なくなかった。

これは満洲国の統計からも明らかである。民生部の一九四〇年の統計では、「満人」(中国人、満洲人)の初等教育普及率は四六・五%、朝鮮人が七七・四%、モンゴル人が三〇・三%、ロシア人八二・九%、平均四七・三%であった[89]。したがって満洲国政府が捕捉している限りにおいて、日本人をのぞいても約半数が初等教育を受けていたと言える。

しかし実際には、農村では新聞の読めない者はやはり多く、交通事情により新聞自体が村まで届いていないことも多かった。合江省党委員会の機関紙『合江日報』は、一九四七年三月に以下のように伝えている。『合江日報』、『東北日報』を問わず、発行数は多いと言えない。それゆえ農民たちの要求を満足させるには、一つには読報組を組織すること、あるいは黒板報をする必要があった[90]。また当時、東北軍政大学合江分校には、省の各地から約四〇〇人の農民幹部が学習に来ていた。彼らの新聞購読状況を調査したところ、わずかに『農民報』を読んだことのある者が一一人で、みな『合江日報』を読んだことがなかった。新聞は、機関や幹部の手のなかにあって、大衆が目にする機会は全くなかったという[91]。

もちろん同じ合江省でも地域によって状況は異なるので一概には言えないが、少なくとも新聞が農村や農民に必ずしも浸透していたわけではないことが分かる。したがって東北、とりわけ農村においては、やはり読報組が重要な媒介組織として利用されたのである。

吉林省東豊県の民衆教育館は、各区で読報小組を組織した。記事の執筆当時は、四つの区で五八の読報小組が組織され、各組は約一〇人で構成されていた[92]。ただこの例では、労働者、商人、知識分子、職員などが中心であり、農民が参加しているかは不明である。鐘山村では名称は「閲報小組」としているが、『東北日報』や『牡丹江日報』が村に届くたびに、読報組を組織し、重要な情勢、最新のニュースを選んで読み聞かせていた[93]。

黒河市自平村では、「大衆が識字や読報学習を希望」したため、農会を中心に冬学を組織した。冬学とは冬の農閑期に学習することであり、冬の長い東北ではよく行われ、読報組やその他の文化活動は冬学と連動して行われることが多かった。村幹部と学校教員の全員が参加し、大衆の政治文化常識を向上させ、皆に普通の文字を分からせるため、読報、手紙の執筆、書き付けの書き方、算盤、時事の理解について学習した[94]。大衆が希望して行われたと伝えられているが、実際にはプロパガンダのために党が組織したものであろう。富錦県では東北書店の分店が設立されたことを契機とし、職員が農村に赴き、文化宣伝に従事した。書店職員らは農村で時事ニュースを紹介したり、新聞を販売したりし、各村が読報小組を組織し、冬学を始めることを援助した[95]。

読報組は、イデオロギーや政策を大衆へと注入するための教育政策においても、重視されていた。一九四七年八月、東北解放区第一次教育会議が開催された。この会議の総括報告では、読報組について以下のように触れている。大衆を発動し、自分で自分を教育することは、国民教育上の大衆路線である。大衆が自分で村学をやり、小学教育を推し進めるよう啓発しなければならない。冬学の基礎の上に、識字組、夜校、読報組、黒板報などをやり、広範な大衆を自衛戦争の支援に動員し、土地改革を貫徹し、積極的に生産を発展させ、民主建設に努力させなければならない[96]、と。読報組が大衆を共産党の政策へと動員する一つのツールとして利用されていたことが分かる。

（三）東北における各新聞

東北では『東北日報』だけでなく、大連市委員会の『人民呼声』、ハルビン市委員会の『哈爾濱日報』など党機関の各レベルごとに実に多くの新聞を発行している。それらは省委員会、市委員会、各地方党組織、中ソ友好協会などの外郭団体などが発行する新聞に分けられる。ただ、東北の各地域は、内戦によって頻繁に国共の支配権が移り変わったため、共産党が安定的に、継続的に支配した地域は少ない。ゆえに共産党の各党組織が発行した機関紙も、発行期間がきわめて短いものや実態が不明なものが多く、その全てを網羅することは不可能である。したがってここでは、ハルビン、瀋陽、長春などの各地域で発行された新聞について、代表的なものを取り上げたい。

まずハルビン市では、戦後にソ連軍が進駐して駐ハルビン衛戍司令部を組織した。『哈爾濱日報』で記者を務めていた李俊によれば、共産党は当初ソ連軍と共同で新聞を発行していた。李俊はソ連軍衛戍司令部で中国人幹部の劉亜楼と面会し、新聞の発行について相談した。劉はまずソ連軍とともに『塔斯（タス）社新聞』をやり、徐々に『哈爾濱日報』へと移行するようアドバイスした。おそらくは、はじめから独自の新聞を発行しようとしても、ソ連軍が許可しないと判断したのであろう。そこでソ連軍の同意の下で、ハルビンにあった大北新報社を接収した。李は『大北新報』[97]の日本人を武装解除して解散させた後、一九四五年九月に新たな新聞『情報』を発行した。『情報』は単にソ連のタス社のニュースを中国語に翻訳して掲載する新聞であり、共産党の主張を記事にすることはなかった[98]。一〇月、共産党の濱江地区工作委員会が鐘子雲を書記に、李兆麟などを委員として成立すると、『情報』は『松江新報』と改名し、機関紙として一一月一四日に創刊された。『松江新報』はハルビンにおける初の共産党機関紙であり、『情報』とは異なり、新華社電信稿や共産党の主張が掲載されるようになる。

しかし前述したように、一一月下旬にソ連軍は共産党に都市から撤退するよう要求し、それにはハルビンも含まれていた。北満分局は、政府、軍の機関をハルビンから濱県に移転し、ハルビンは地下活動の状態となった。そして国民政府による弾圧を恐れ、『松江新報』は一一月二三日に停刊した。共産党は、代わりに唐景陽を社長とし、一一月二五日に唐の個人的な名義で『哈爾濱日報』を創刊した。ただし『哈爾濱日報』はハルビン市委員会の党機関紙であり、創刊号には「中国共産党ハルビン市委員会の全市人民に告げる書」が掲載された。[99]

多くの地方新聞と同じく、『哈爾濱日報』の工作員も当初は一〇数名しかおらず、情報ソースが非常に限定されていたため、独自の記事はそれほど多くはなかった。一九四五年一一月から一二月にかけての記事は、新華社の電信稿か、抗日聯軍幹部の回想録などであり、地域のニュースは多くなかった。[100]『東北日報』のような根拠地の中央レベルの機関紙であればともかく、地域レベルの機関紙では、新聞工作に経験のある幹部も少なく、情報網もないため、新聞を運営するのは非常に難しかったと言える。そのような場合に新聞記事に情報を提供していたのが、新華社本社や東北総分社のニュースであった。

さて『哈爾濱日報』は、『東北日報』が東北局とともにハルビンに移転したため、『東北日報』と合併し一九四六年五月二八日に停刊した。しかしハルビン市委員会の機関紙が再び必要とされ、一九四七年七月一五日に復刊している。その後一九四九年に松江省と合江省が合併し、『哈爾濱日報』と『合江日報』が『松江日報』に合併されたため、同年六月一五日に再び停刊したのである。

ハルビン市には、いま一つの事実上の機関紙として『北光日報』が存在した。『北光日報』は、ハルビン中ソ友好協会の機関紙であり、建前上は共産党の新聞ではない。「無党派の民主人士」である馬英林を社長兼発行人とし、発刊の詞においても「我々はいずれの主義、党派にも属さず、中ソ友好同盟の精神と信念を重視し、中ソ二大民族の団結を促進し、中ソ二大民族間の理解と認識を強化する。我々は中国の政治的民主化、党派の平等化を求め、全国の和平、民主、団結を推進する。我々は両党が共同で独立、自由、幸福な新たな中国を建設し、永遠に内戦を起こさないことを希望する」と宣言している。しかしこのなかで政治的民主化、党派の平等化、和平などは、全て共産党側の主張であった。実際に、共産党員であり中ソ友好協会会長であった李兆麟が指導し、編集員の多くも共産党員であった。[101]

ただし、『北光日報』は建前上無党派の中ソ友好協会の機関紙であったため、ソ連軍は国府との外交関係から、国府を直接批判することを許さなかった。ソ連は『北光日報』に対して、国共合作を主張し、新華社のニュース原稿を採用するだけでなく、国民党の中央社のニュース原稿も掲載するよう要求したのである。[102] したがって『北光日報』は、ソ連軍が許可する範囲のなかで、蔣介石や国府を抽象的に批判する工夫をしなければならなかった。しかし第四章で後述するように、『北光日報』を指導していた李兆麟が一九四六年三月九日に暗殺されると、『北光日報』は直接的に名前は出さなかったものの、国府や蔣介石の反動性を激しく批判した。そして四月二九日に『北光日報』は停刊した。その理由は良く分かっていないが、李兆麟の死も大きく関わっていたものと考えられる。

合江では、一九四五年一一月にジャムスを中心に合江省が成立すると、合江省宣伝部の葉方が『康徳新聞』ジャムス支社を接収し、『人民日報』を創刊した。当時『康徳新聞』ジャムス支社では、元編集長楊之明が設備と旧職員を使って国民党市党部の機関紙『佳木斯民報』を発行していた。接収した際に、葉方は①地方のニュースのほか、国内・国際ニュースは一律に新華社の電信を採用すること、②社説と重要な評論は、省委員会の幹部と新聞社社長が執筆すること、③毎日の新聞の校正刷りは、社長が審査して署名してから印刷する、という規則を発表し、当初は留用人員を用いて新聞を発行していた。一九四六年二月、延安『解放日報』で工作していた陳元直がジャムスに到着し、葉方と代わり社長に就任した。そして同紙は一九四六年七月一日に『合江日報』へと改名したのである。

東北における共産党の支配地域は、遼瀋戦役で勝利するまで北満が中心であり、なかでもジャムスはハルビンの後方地域として重視され、共産党の革命文化が発展し「東北の小延安」とも言われた。共産党が安定的に支配した地域であったため、一九四五年一一月の『人民日報』の創刊から一九四九年五月に『合江日報』が停刊するまで、党機関紙は安定的に発行された。発行部数は当初約二〇〇〇部、一九四九年には五〇〇〇から六〇〇〇部であったという。一九四九年五月に合江省が松江省に編入され、省都がハルビンに移ったことにより、『合江日報』は五月一五日に停刊し、前述したように『哈爾濱日報』とともに『松江日報』へ合併された。(103)

『西満日報』は、チチハルを中心とする西満分局の機関紙である。西満分局は一九四五年末に成立し、嫩江、黒龍江、遼吉、興安の四つの省を管轄した。西満分局の党委員会は、一九四六年四月から五月にかけてチチハルに移転した。当時チチハルには、報道機関として新華社西満分社と新聞社である新嫩江報社、ラジオのチチハル新華広播電台が存在するのみであった。『西満日報』の機構は、新華社西満分社と新嫩江報社が合併して成立したものである。一九四六年一一月一日に創刊された『西満日報』の社長に就任した。一九四七年九月に西満分局が解消されたことにより、九月一八日を最後に停刊した。(104)東北局宣伝部で工作にあたっていた王蘭西が、『西満日報』の社長に就任した。

『黒龍江日報』は、黒龍江省委員会の機関紙である。一九四五年一一月一五日、延安から侯野烽、章子尚などの新聞工作に経験のある幹部が、黒龍江省委員会の所在地である北安に到着した。省委員会は侯野烽、章子尚に機関紙の創刊を命じ、両名は『康徳新聞』北安支社を接収した。そして一二月一日に『黒龍江日報』の前身である『時事新聞』を創刊し、一九四六年二月一日に『黒龍江日報』と改名された。一九四七年四月に『新黒龍江』、一二月二六日に『新黒龍江報』と相次いで改名し、一九四九年六月一日、『嫩江新報』、『嫩江農民』、『斉市新聞』、『新黒龍江報』が合併し、チチハルで改めて『黒龍江日報』が創刊された。(105)

以上で紹介した新聞は、北満や西満地域が中心である。その理由は、これらの地域は共産党が安定的に支配できた地域であり、それゆえ比較的安定して発行を継続できたからである。これに対して、瀋陽や長春は東北の大都市であるが、国民党が東北に進出してから遼瀋戦役で共産党が勝利するまで、長く国民党が支配した都市である。それゆえ共産党は瀋陽や長春ではごく短い期間しか党機関紙を発行できなかった。

瀋陽では前述したように、『東北日報』が創刊されたが、すぐにソ連軍の要請により撤退せざるを得なかった。党組織の撤退にさきがけて、東北局宣伝部は魯企風と遼寧中ソ友好協会の鄭文らに、遼寧中ソ友好協会の名義で『文化導報』を創刊するよう命じた(106)。『東北日報』が一九四五年一一月二三日に停刊し、『文化導報』が一一月二四日の創刊であるから、共産党は瀋陽から撤退することはやむを得ないとしても、共産党系の新聞がなくなり、宣伝媒体が消滅することを危惧したものと考えられる。『文化導報』は、もともと『東北日報』が使用していた旧盛京時報社の建物を使って発行していた。当初電信の送受信機がなかったため、『文化導報』は古いラジオ受信機を使って延安や張家口の放送を聞いたり、幹部が持ち込んだ新聞資料を使って新聞記事を執筆していたという。

また当時共産党中央が『新華日報』を上海、南京、武漢など各地方で発行することを検討していたのに対応し、東北局宣伝部は一九四六年二月、瀋陽において『新華日報』瀋陽版を創刊するよう決定した。宣伝部長の凱豊は、『文化導報』の紀雲竜らに『新華日報』瀋陽版を創設するため「瀋陽には、ソ連軍側を熟知している魯企風がいるので協力して欲しい。後に王輯や華君武も派遣する」と告げたという。紀雲竜らは魯企風を通じてソ連軍衛戍司令部の大尉と交渉し、ソ連軍が駐留する鉄道局の建物を使用し、必要な新聞用紙をソ連軍から供給を受けることで合意した。しかしそれから間もなく国府軍が瀋陽に進駐し、ソ連軍が三月一二日に撤退すると、国府により『文化導報』は停刊処分となり、瀋陽新華日報準備処は摘発されてついに創刊されずに終わった。

長春でも共産党は公に活動することができなかった。そのため一九四五年一一月一五日に個人の名義で『長春新報』を発行したが、これが共産党系唯一の新聞であった。(107)『長春新報』は三日に一回の発行で、わずか一〇期発行したところで共産党組織の撤退により一二月下旬に停刊した。その後一九四六年二月二五日に復刊するものの、以後停刊と復刊を繰り返し長く維持することはできなかった。

以上のように瀋陽や長春では、共産党は合法的な地位を確立できず、内戦の過程で党組織を維持できなかったことから、新聞を始めとするメディアの運営もきわめて不安定であった。したがって特殊な環境下にあった旅大を除き、メディアの中心は北満にあったのである。

その旅大、すなわち旅順と大連は、ソ連軍が駐留し続け、共産党がその保護下で安定的に統治できたという点で、東北のなかできわめて特殊な位置にあった。旅大の新聞の発行については、鄭成の研究に詳しい。(108)旅大における中国語の主要新聞は、『大連日報』、『関東日報』、『実話報』であった。『大連日報』は共産党大連市委員会の機関紙であり、一九四五年一一月に創刊された機関紙『人民呼声』が前身となり、一九四六年六月一日に『大連日報』と改名された。『人民呼声』創刊当時の発行部数は四〇〇部ほどであったが、一九四六年四月に一万部に達し、一九四九年三月には五万部に達したという。

『関東日報』は、大連市政府機関紙『新生時報』と旅順市委員会機関紙『民衆報』が合併して一九四七年五月に創刊された関東公署の機関紙である。(109)発行部数は約二万部であり、一九四九年三月まで発行された。『実話報』は、ソ連軍が大連で発行した中国語新聞であって中国共産党が発行した新聞ではない。しかしその発行工作については、中国共産党から人材の面で多くの協力があったことが明らかにされている。ソ連軍の新聞ゆえに、その報道はソ連の宣伝方針にしたがっており、現地の共産党幹部には不満を持つ者が少なくなかったという。(110)

これら各地方の新聞社では、『東北日報』に比べてさらに人材が不足していた。初期の新聞工作を担当したのは多くの場合、延安、冀魯豫、晋察冀、山東などから来た新聞工作の経験がある幹部であり、現地の幹部を用いることができなければ人手不足となるのは当然であった。『黒龍江日報』、『合江日報』では、一九四六年前期の時期には編集部は僅かに六～七人ほどであったという。その人材不足を解消するため、『西満日報』などでは西満新聞幹部学校を創始し、社長の王蘭西が校長を兼任して、人材の育成に努めたという。[111]

（四）その後の『東北日報』

さて、一九四八年一一月に共産党が瀋陽を占領すると、一二月一二日に東北日報社は瀋陽に移転し発行を続けた。[112]これ以後、一九五四年八月三一日に東北大行政区の廃止とともに停刊するまで、『東北日報』は約六年の間瀋陽で発行された。もともとハルビンにあった東北日報社であるが、廖井丹が幹部を率いて瀋陽に移動し、先に到着していた遼東分局の機関紙『遼東日報』の幹部を合わせて、瀋陽の東北日報社が組織された。社長は廖井丹、副社長に李荒、陳楚、総編輯は李荒が兼任した。廖井丹は当時東北局宣伝部副部長を兼任していた人物である。

一九四九年四月、東北日報社はその廖井丹を責任者として関内の『長江日報』に人員を派遣した。『長江日報』の創刊に携わった黎辛の回想によれば、五月二三日の創刊から一週間後に、廖井丹に率いられた三〇人の東北日報社の幹部が到着した。廖井丹は新たに華中局宣伝部副部長と『長江日報』社長を兼任することになり、『長江日報』を指導することになったのである。[113]なお『長江日報』は華中局（後の中南局）の機関紙である。

建国後、『東北日報』は東北大行政区の機関紙として、東北の各新聞の指導的立場を担った。工業の先進地域という東北の地域的特徴ゆえに、『東北日報』は工業生産や経済回復の報道が中心的任務となった。一九五〇年に朝鮮戦争が勃発すると、東北がその後方基地となったため、『東北日報』も戦時体制をとり、時事宣伝組を組織して朝鮮戦争を集中的に報道した。このような戦時体制は、北朝鮮軍、人民志願軍による一九五一年一月の平壌占領と南下により、解かれたという。[114]

このように建国後まもない時期の東北では、経済回復工作と戦時体制の樹立が重なることにより、社会を引き締めるために、幹部や民間企業の不正を摘発する三反五反運動が全国に先駆けて行われた。三反五反運動は大衆運動を起こすことによって社会への締め付けを強めようとする意図があり、他の大衆運動と同じく寃罪が多かった。[115]『東北日報』は、この運動をリードした高崗の講話や運動による摘発の成果を次々に掲載した。高崗は当時東北行政委員会主席にして、朝鮮戦争における後方支援の責任者に任じられており、東北社会の高度な動員を進めたものと考えられる。

一九五四年、高崗・饒漱石事件により高崗が失脚し、東北は一地域として中央に組み込まれることになった。『東北日報』は、一九五四年八月の東北大行政区の廃止とともに廃刊し、代わって遼寧省党委員会の機関紙『遼寧日報』として再スタートした。これは『東北日報』が中国の一省の新聞として再編成されたことを意味する。

第四節　書店

（一）東北書店

東北において共産党は、出版機構として東北書店[116]を組織した。東北書店は一九四五年一一月一四日、瀋陽の馬路湾に成立した。この日の『東北日報』の広告欄には、東北書店の開業と、各種の「進歩的」書籍を販売することが告知され、「当代の名著」として毛沢東の『論聯合政府』、朱徳の『論解放区戦場』を紹介している(117)。

東北書店は、満洲国時期の満洲図書株式会社跡を利用して設立された。社長は『東北日報』発行部主任の向叔保、副社長は史修徳と史堪が務めた(118)。史修徳によれば、いち早く瀋陽に到着した史に『東北日報』社長の李常青が書店の設立をもちかけ、東北書店が設立されたという(119)。当初東北書店は独自に書籍を出版していたわけではなく、『東北日報』や、標語、画報などを発行し、各機関や部隊に届けていた(120)。東北書店は『東北日報』の指導を受けていたが、これは文化方面の幹部が絶対的に不足していたことと、物資の不足から独立して経営することができなかったことによる。社長の李常青は東方局宣伝部の秘書長でもあり、『東北日報』の第二印刷所に書店の出版物を専門に扱うよう計らい、また『東北日報』の製紙工場に書店にも紙を供給するよう指示したとされる(121)。

東北書店が瀋陽にあった時期は一ヶ月もなく、書店は『東北日報』とともに本渓に撤退し、日本の金融合作社の建物を接収した。そして安東方面から来た多くの書籍により、小売部門を開設した。東北書店は代理販売店や発行網を組織し、清源、新賓、山城鎮、梅河口、朝陽、輝南、東車、西安、伊通、吉林などの地に分店と支店を設けていった。

東北書店の任務は、戦後の東北地域において共産党の置かれた状況と大きな関わりがある。つまり前述したように、共産党の東北における基本的な宣伝方針は、東北において国府を正統とする観念を打破し、共産党のイデオロギーや政策を浸透させ、共産党の力をアピールすることであった。共産党の認識では、抗日戦争における共産党の貢献や、国府の「売国的」政策を知らないため、東北の大衆は国府を正統としているのであった。したがって東北書店の任務は、党の方針に従い、東北における共産党の貢献をアピールすることと、国府の売国性を宣伝することにあった。東北書店が発行した『「九・一八」から「七・七」へ(従〝九・一八〟到〝七・七〟)』は、満洲事変において蔣介石らが東北を日本に売り渡し、日本の侵略を招いていく過程が描かれた。

一九四六年三月にソ連が東北から撤退を開始すると、共産党は長春を占領し、東北書店も長春へと移転した。ただ長春で営業した時間も非常に短く、国府軍の進攻により、ジャムスへと撤退した。ジャムスは東北局所在地のハルビンの後方地域として、共産党の文化の中心地となっていた。すでに述べたように、長春や他所で解体し輸送された印刷機材によってジャムス印刷工場が成立し、内戦末期まで東北における中心的な印刷所となった。ジャムス印刷工場の工場長は王大任、副工場長は林徳光であり、当時全廠で一七〇人ほどの職員がいたという。(122)ジャムス印刷工場は、毎月二〇〇万字の植字能力を保有していたとされ、一九四七年には二〇七〇万字の植字をし、書籍・雑誌を三三一種、計四七五万八〇〇〇冊を出版した。その内訳は、大衆読物、幹部理論物、時事物が二七九種二三六万六〇〇〇冊、教科書は四八種二二二万冊、雑誌四種一七万二〇〇〇冊を発行したという。(123)

ジャムスに移転した当初の東北書店は、非常に小規模なものであったらしい。当時の幹部が回想するところでは、ジャムスの東北書店は、本店とはいえ大きなものではなく、小売部門に至っては、初めは建物の地下で何冊かの本を置き、二、三人の幹部が順番に店番をする程度のものであった。書籍の種類もせいぜい七、八〇種類ほどで販売数も少なかった。(124)これはハルビンをはじめとする他の地域でも、同様の状況であったようである。ハルビンでの小売は大通りで営業する露天商のようなもので、牡丹江では小売店は非常に小さく、当然読者も少なかった。幹部を除けば、一般の大衆はほとんどいなかったという。(125)東北書店は、一九四六年一一月までの間に、書籍、雑誌を一五八種九〇万三〇〇〇冊発行した。また別の統計では、一九四六年末までに一六八種一〇五万七五〇〇冊とあるので大きな差はない。(126)そのうちジャムス本店は、一九四六年八月から一一月の四ヶ月間で二九万六七九七冊を販売したとあるので、三割程度が本店による販売であった。(127)

当時東北書店の本店はジャムスにあったが、東北局や党の諸機関はハルビンにあった。そこで東北書店は、幹部の盧鳴谷をハルビンに派遣し、一九四六年一〇月に東北書店ハルビン分店を正式に開業した。ここで分店と支店の違いについて述べておくと、分店は各大都市、省、地域の中心に置かれるものであり、支店は比較的狭い範囲の地域を管轄するものである。ハルビンは共産党にとって非常に重要な都市であったため、東北書店の通信処がハルビン道里地区の「地段街」に置かれ、ジャムスの本店に準じる扱いを受けていた。[128] この地段街は、ハルビンのメディア機構が集中していた地域として知られる。東北書店の向かいには光華書店が存在し、光華書店のすぐ右隣には兆麟書店があった。兆麟書店は第四章で詳しく検討する李兆麟を記念して、一九四六年五月三一日に設立された書店である。さらに兆麟書店の上層階には東北画報社が入り、『東北日報』もすぐ近くに位置していた。

また西満地域にも分店が建設された。西満分局の所在地チチハルには書店がなかったため、一九四七年三月にジャムスの本店は史修徳らを派遣し、チチハルに分店を設立した。周保昌は当時西満日報社で工作していたため、その経緯について詳しい。西満分店はチチハル分店とも言われ、黒龍江、遼北、内蒙古の書店工作を管轄した。最も売れた本は『党員課本』、『党章教材』、『党章』、『怎様分析階級』、『論自我批評』、『青年文娯手冊』、『中国名歌選』であった。[129] 読者の割合は、機関の幹部が五〇％、労働者・農民・兵士が二五％、学生が二〇％、その他が五％であったとされる。書籍名を見てみても、多くが幹部向けであったことが分かる。

西満分局管轄下の内蒙古地区では内蒙書店が成立し、その下にハイラル書店、通遼の東北書店などの代理販売店が置かれた。これら内蒙古における東北書店出版書籍の販売は、一月六一七三冊、二月五一二〇冊、三月二万三一五三冊、四月二万七一八〇冊、五月四一〇七冊、六月五一五七冊、合計七万八九〇冊であった。光華書店出版書籍は計二一四〇冊となっている。[130]

さて、当時東北書店が発行していた雑誌の代表的なものとして、『知識』と『翻身楽』がある。『知識』は舒群が主編を務めた月刊誌であり、一九四六年五月に長春で創刊された。学生と知識人を主な対象とし、多岐にわたる問題を扱う総合雑誌であった。原稿執筆者には著名な文芸幹部である穆青、張庚、王大化などがいる。『知識』は発行部数が創刊時に三〇〇〇部あり、[131]一九四八年には四万部に達した東北書店を代表する雑誌であった。[132]『翻身楽』は、一九四八年三月一日に徐今明を主編として出版された。半月刊であり、全二四期出版された後、一九四九年七月五日に『新農村』と改められた。発行数は約二万部ほどであった。[133]主たる読者の対象は、文字通り「翻身」[134]した農民であり、土地改革や農村での党建設に携わる区・村幹部に対しても配慮された。

一九四七年七月、東北書店本店は、ジャムスからハルビンへと移転した。当時すでに共産党は全面的な反攻、いわゆる夏季攻勢を展開しており、その戦局の進展に対応したものと考えられる。メディアの集中する地段街に店を構え、建物の上部に「東北書店」の看板が、中間に毛沢東と朱徳の肖像画が掲げられ、その下に毛沢東直筆とされる「為人民服務」が表示されていた。以上のような外観が、東北書店の統一的なスタイルとなっていった。

従来『東北日報』の指導下にあった東北書店は、一九四八年一月に東北局宣伝部の直接指導の下に置かれ、各書店を統一することが課題としてあがった。一九四七年末の段階における各省の分店、社長、所属支店の状況は以下の通りであった。熱河、内蒙古、遼東、大連に関しては統計資料がないため不明となっている。[135]

合江省分店　一〇の支店。
牡丹江省分店　五つの支店。
西満分店　一六の支店。
黒龍江省分店　一一の支店。
遼北省分店　七の支店。

吉林省分店　一〇の支店。

ハルビンが存在する松江省の下には一四の支店が置かれた。

以上のように、一九四七年の段階では、六つの分店、七七の支店が存在した。東北における支配の拡大とともに、共産党は統治するために多くの幹部が必要となり、各地方で在地の人間を採用していた。しかしそこには共産党にとって好ましからざる人物も混ざっている可能性があり、それゆえ幹部や大衆の思想教育が重視された。書籍はそのような幹部教育の参考資料として必要とされたのである。

東北書店本店の組織機構も改められ、編集部、出版部、発行部、経理部の下に各科が置かれた。編集部下に編集、『知識』雑誌、『翻身楽』雑誌、資料室が置かれた。出版部は社長の李文が兼任して管理し、その下にジャムス印刷工場、ハルビン印刷工場、出版推広科が置かれた。発行部は副社長の周保昌が兼任して管理した。[136] 東北書店は組織を拡大し、統一的に指導するために、一九四八年一月一五日に『業務通訊』を発行した。業務通訊は第一六期から『出版与発行』と改名した後、さらに『発行業務』と改名し、第四四期まで継続して発行された。

この一月一五日、各地の分店と支店の代表者を集め、ハルビンで東北書店の第一期分支店会議が開催された。この分支店会議の後、書店工作においては農村での販売や指導に重点が置かれた。一九四八年の春節元旦に、本店は三二人の幹部に翻身年画を持たせて農村に派遣した。書店幹部らは村に着くと、すぐに大会を開いて階級を区分し、地元の農会に書籍と年画の販売を委託したという。[137] 翻身年画とは、中国の伝統的な年画ではなく、共産党イデオロギーや解放区の実情を反映した新年画である。

董俊という幹部の回想によると、東北書店富錦支店は一九四六年八月に設立され、日常的に農村に入って書籍を販売していた。同年一二月には、全店の五人の幹部から三人を選び、各区の村で二〇日間巡回販売し、『東北日報』、

『合江日報』、『農民報』を全部で二五八部売り、農民が読報組を組織するよう指導した。一九四七年末に富錦の農村で激しい土地改革運動が起こった際、富錦支店は土地改革に合わせて、土地改革の文献、党の建設、整党に関する読物、冬季学習の教科書、前線支援、生産発展に関する書籍を重点的に発行した。一九四九年春には、各区所在地の農村に入って書籍を販売し、村に小型の図書室を作ったほか、八つの代理販売所を設置した。また貧雇農大会に赴き、年画一六万九千元分、『抓地主』、『文学課本』、『翻身楽』などの出版物を三二〇冊販売したという(138)。

表－3　書籍発行数統計

	1946年（1945年11－12月を含む）		1947年		1948年	
	種類	冊数	種類	冊数	種類	冊数
一般書籍	148	960000	279	2366000	202	2845000
教科書	17	59000	48	2220000	56	6060000
雑誌	3	38000	4	172000	3	499000
総計	168	1057500	331	4758000	261	9404000

（出典：周保昌『東北解放区出版発行工作的回顧』遼寧人民出版社、1988年、119頁より作成）

東北の農村における工作では、冬が長く厳しいため、とくに冬季学習が重視された。幹部たちに土地改革文献、識字教科書、劇本、農暦、年画を持たせ、村々に派遣した。こうした村での工作では、農民の生活に密着した秧歌劇などの利用も効果的であった。

東北書店の発行網の拡大や書店店員による農村での移動販売などの結果、東北書店の発行数は年々増加した。表－3は一九四五年一一月から一九四八年一一月までの三年間の発行数の推移である。この間東北書店は瀋陽で創業し、本渓、梅河口、長春と南満の都市を転々としていたが、一九四六年三月にジャムスに移転して以降、ジャムス、ハルビン、チチハルなど北満地域を中心に活動した。三年間の合計は七六〇種一五二一万九五〇〇冊である。比率で見れば、一九四七年には一九四六年と比べ冊数で四倍強も増加している。

一九四八年九月一二日より、瀋陽、長春をめぐる遼瀋戦役が勃発すると、東北局都市工作部長であった王稼祥の下で、戦後の都市の接収・管理に関する会議が開催された。この会議で映画、報道、放送、出版などの単位に対する接収部隊も編成され、東北書店からは周保昌、王大任が接収人員を率いることになった。共産党が一〇月二一日に長春を占領すると、周保昌らは国民党の書店である正中書局を接収した後、中国文化服務社なども合わせて接収した。そして一九四八年一一月、遼瀋戦役に勝利し瀋陽を占領すると、東北書店は盧鳴谷を派遣し、正中書局が使用していた馬路湾の建物など瀋陽の出版機構を接収した。この正中書局は、陳立夫を中心として一九三一年南京に設立された国民党中央執行委員会が経営する党の出版機構であった。[139]

遼瀋戦役の後、共産党の次なる戦場は平津戦役であった。東北局宣伝部と東北書店本店は、盧鳴谷と史修徳など三〇余名を第四野戦軍とともに関内へ派遣した。一九四九年一月に天津最大の正中書局が戦闘で焼けたため、中国農民銀行の建物を利用して天津新華書店が一月一九日に開業した。そして天津の私営書店が新華書店の供給する書籍を代理販売するようになった。

続いて一月三一日、共産党は北平を占領することになり、二月一日に接収部隊が入城し、二月六日に正中書局、独立出版社、印刷工場などを接収した。正中書局の印刷工場は、一部破壊されていたが、それでもなお五〇台あまりの機器があり、修理した後はジャムスやハルビンの印刷工場と同等の規模であったという。[140] そして二月一〇日、盧鳴谷等によって北平新華書店の第一店頭販売部が開業した。北平新華書店は、以上のような東北書店の幹部による組織と、華北新華書店の幹部によるものがあり、後者は二月一五日に北平新華書店第二店頭販売部を開業した。そして五月一〇日、中共中央宣伝部の批准を経て、正式に新華書店北平分店が成立したのである。[141] このように天津、北平における出版機構の接収と開業には、東北書店の幹部たちが深く関わっていた。

一九四九年三月五日、中共中央七期二中全会で従来の農村から都市を包囲する方針から、都市を中心とする経済建設の重視へと方針が転換されると、東北局宣伝部は、書店の工作について、工業区域では都市を中心とし、そうでない地域でも都市と農村双方を重視するよう指示した。

そして七月一日に、東北書店の本店および分支店は、全て東北新華書店と名称を改められた。もともと新華書店は、一九三七年延安で共産党の出版機関として成立し、晋察冀、晋綏、山東など各解放区が成立するなかで、それぞれ新華書店晋察冀分社などの分社が成立した。ただ東北に関しては、新華書店の名称を用いず東北書店と称していたのであった。この名称の改称は、東北独自の書店経営から、中共中央の統一的な全国統治の下へと書店組織が組み込まれていったことを象徴するものであろう。

(二) その他の書店

東北における共産党系の出版社は、東北書店の他に、大連の大衆書店（一九四五年九月設立）、安東の建国書社（一九四五年一一月設立）、通化の光明書店（一九四五年一二月設立）、牡丹江の牡丹江書店（一九四六年三月設立）、遼西の勝利書店（一九四六年五月設立）などが設立された。これらの書店は一九四五年から四六年までの間に集中的に建設されたが、東北の場合共産党の支配が安定していなかったため、他のメディアと同じく、各地の出版組織は統一的に運営されていたわけではなく、それぞれが独自に経営されていた。

安東では、一九四六年一〇月に国府軍が占領するまでの間、建国書社を拠点として書籍を発行していた。安東は朝鮮と鴨緑江を隔てた向かいに位置し、比較的国民党の脅威を受けずにいた。そして、山東から海を渡り東北へと入る軍の経由地となっていた。それゆえ、安東で活動した出版関係の幹部には、山東大衆日報社の史屏や膠東大衆報社の姜信之など山東から来た幹部が多い(142)。一九四五年九月、安東に駐留する遼東軍区は、安東日報社と建国書社の設立を決定した。安東日報社と建国書社は安東の印刷工場と製紙工場を接収し、建国書社は一一月に開業した。社長には史屏が、副社長には趙明が就任し、創業当時の工作人員は一〇人ほどであったという。一九四六年春に日本の印刷所であった精美館を接収し、本社ビルとして利用するとともに工作人員も大幅に増えたという。建国書社は一八県に支店と代理販売店を設立し、販売網を拡大していった。しかし一九四六年一〇月の国府軍の進攻によって建国書社は撤退することとなり、印刷機材を保持しつつ、安東から後方へと移転した。(143)

光華書店も東北において、大連、ジャムス、ハルビン、チチハルなどに発行網を築いた有力な書店である。周保昌が光華書店を三聯書店の東北における仮名とするように、(144)三聯書店の系列に連なる書店である。(145)抗日戦争の終結後、生活書店、読書書店、新知書店は合併することを検討していた。一九四六年、生活書店で工作していた邵公文は、南京に書店を建設するよう命じられたが、蔣介石との対立関係上困難となり、任務は取り消しとなった。そしてまず山東の煙台で光華書店が設立され、その後東北のいずれかの都市で書店を建設することが決定された。そこで邵公文と孫家林が派遣され、邵公文が一九四六年一一月一五日に大連に、孫家林が一九四六年八月安東に光華書店を設立した。(146)この両名の回想によれば、一九四六年一〇月、国府軍が安東に迫ったため、孫家林らは朝鮮の新義州に撤退した後、平壌、朝鮮東都を経て、図們市に至った。さらにハルビンへと移動した際に、東北局宣伝部長の凱豊から、ハルビンが危険であるため後方のジャムスに書店を建設するよう指示され、ジャムスにも光華書店を建設したという。(147)

大連には、ソ連軍による占領後、地下工作員であった白全武、車長寛などが一九四五年八月二五日に個人資本により大衆書店を設立した。同年一〇月に白全武らが共産党に入党し、書店に党支部が成立された。一九四五年末までに出版した書籍は一〇数種程度であったが、大連を安定して支配できたことから、幹部も集まり書店も大きく発展した。(148)大衆書店は大連市委員会書記韓光の同意を得て、中ソ友好協会の名義で日本の大阪屋号書店と鮎川洋行紙店を接収して小売部門を設立した。一九四七年一月に市党委員会が大衆書店を接収し、個人資本による経営から正式に党の書店へと変わり、旅大の書店を統一指導することになった。一九四九年四月、東北書店が東北の各書店を統一指導することになり、四月一日に大衆書店は東北書店大連分店に改名し、東北書店本店が指導する分店の一つに組み込まれた。そして四九年七月一日、本店が東北新華書店へと改名したのに従い、東北新華書店大連分店へと改められたのである。(149)

●注

(1) ガンサー・スタイン『延安』(みすず書房、一九六二年)、一五七頁。

(2) スタインによれば、国民党の検閲や報道管制に対し不満を持っていた外国人記者数人とともに、蔣介石に対して共産党地区への取材を申し込んだという。スタインの訪問は蔣介石の許可により実現した公式な訪問である。

(3) 例えば、現在利用できる史料集として新華社新聞研究部編『新華社文献資料選編』第一輯～第三輯(出版社、出版年不明)がある。

(4) 新華社は、組織の上で、「総社(本社)」、「総分社」、「分社」、「支社」に分かれている。総分社は各根拠地を統括する最も上位の支社である。以下「分社」、「支社」となる。図－7を参照。

(5) Chinese Soviet Radio の略。

(6) 後にこれがさらに『解放日報』と改名され、共産党の中央党機関紙となる。なお『紅色中華』に関する記述は、藤田正典編『中国共産党新聞雑誌研究』(アジア経済研究所、一九七六年)の解題による。

(7) この『解放日報』創刊の経緯については、一九四一年五月一五日「中共中央関于出版『解放日報』等問題的通知」(中国社会科学院新聞研究所『中国共産党新聞工作文献彙編』上巻、新華出版社、一九八〇年)、九七頁参照。

(8) 二〇〇六年にハーバード・燕京図書館が所蔵する一九四四年六月二日から一九四五年一一月四日までの『参考消息』は、解放日報新華社編『参考消息』(広西師範大学出版社、二〇〇六年)として出版された。該書は四巻本の影印本で、当時の『参考消息』が容易に参照できるようになった。

(9) 劉雲莱『新華社史話』(新華出版社、一九八八年)、一〇頁。

(10) 一九四五年八月二九日「中央関与迅速進入東北控制広大郷村和中小城市的指示」(前掲『中共中央文献選集』第一五冊、二二五七頁)。

(11) 中国の代表的な新聞記者として知られる。延安魯迅芸術学院で学び、一九四二年より中共中央機関紙『解放日報』の工作に従事した。

(12) 前掲『新華社史話』、一七七頁。

(13)「中央書記署関于建立新華分社問題給東北局的指示」(中共中央宣伝部弁公庁、中央档案館編研部『中国共産党宣伝工作文献選編 一九三七~一九四九』、学習出版社、一九九六年、五九四頁)。

(14) 山本有造「国民政府統治下における東北経済」(江夏由樹・中見立夫・西村成雄・山本有造編『近代中国東北地域史研究の新視覚』、山川出版社、二〇〇五年、二四三~二七三頁)。

(15) 朱建華主編『東北解放区財政経済史稿』(黒龍江人民出版社、一九八七年)、三二〇頁。

(16) 同上、三二三頁。

(17) 戦後、国府や共産党は、日本人の各分野の専門家を戦後の建設に利用した。これを留用という。留用には自願によるものと、強制によるものとがあり、後者は帰国を許されず徴用された。

(18) 姜桂林『新華社十二年』(正聲広播公司、一九六二年)、四六頁。

(19) 前掲『新華社史話』、六九頁。

(20) 前掲『新華社史話』、一一〇頁。

(21) 前掲『新華社史話』、一一一頁

(22) 前掲『新華社史話』、一一三頁

(23) 共産党中央機関紙の『解放日報』は、紙不足のため『新中華報』と新華社が編輯する『今日新聞』を合併し、一九四一年五月に創刊された。

(24) 一九〇七年に大連で創刊された満鉄の機関紙。一九二七年に大連の有力紙『遼東新報』と合併し『満洲日報』と改称、一九三五年に再び『満洲日日新聞』に戻すとともに、日本の、言論統制強化の下で国策新聞としての性格を強めた。李相哲『満州における日本人経営新聞の歴史』(凱風社、二〇〇〇年)、八二～一一九頁を参照。

(25) 満洲図書株式会社は、一九三七年に設立された国策会社であり、主に教科書用図書の出版、流通を事業目的としていた。岡本敬二『満洲出版史』(吉川弘文館、二〇一二年)、五四～五五頁を参照。

(26) 一九三二年新京に日本の帝国地行政学会の支社として設立された満洲国の主要な印刷会社。満洲国政府各部局の指示により印刷発行を担当し、独自の印刷工場を保有していた。前掲『満洲出版史』、八六頁。

(27) 周保昌『東北解放区出版発行工作的回顧』(遼寧人民出版社、一九八八年)、一六頁。

(28) 満洲事変後に関東軍の意を受け、奉天財政庁印刷局を母体として奉天に設立された印刷会社。一九三六年頃から売上を伸ばし、三七年には奉天鉄西区に大工場を建設した。前掲『満洲出版史』、四三～四四頁。

(29) 前掲『東北解放区出版発行工作的回顧』、一六頁。

(30)『東北日報』一九四九年五月一九日「東北工業介紹　国営造紙工業概貌」。記事によれば、七大製紙工場の他に、錦州、開源、敦化にも製紙工場が存在した。満洲国時期の生産量に関しては、須永徳武の研究によれば、一九四三年の主要パルプ工場の生産量は約二万三六〇〇トン、一九四二年の主要製紙工場の生産量は約四万トンであるから、満洲国時期に関しては過大に見積もられているようである。須永徳武「満洲の化学工業（上）」(『立教経済学研究』第五九巻第四号、二〇〇六年)、図表一八を参照。

(31) 朱建華主編『東北解放区財政経済史稿』(黒龍江人民出版社、一九八七年)、二四〇～二四一頁。

(32) 志方益三「満洲国並に北支の製紙及びパルプ事業に対する一私見」(京都帝国大学科学研究所『化学研究所講演集』第九輯、一九三九年五月)。

(33) 東北の七つの製紙工場については「造紙工業〝八・一五〟及解放前後概況」(東北解放区財政経済史編写組編『東北解

放区財政経済史資料選編』第二輯、黒龍江人民出版社、一九八八年、一五二〜一五六頁)、前掲「満洲の化学工業(上)」、鈴木邦夫編著『満洲企業史研究』(日本経済評論社、二〇〇七年)を参照。

(34) 繊維のレーヨンを指す。

(35) 東洋パルプに関しては「満洲のパルプ工業を視る(一〜六)」(『満洲日日新聞』、一九三八年五月一三日〜五月一九日)を参照。

(36) 以上の東洋パルプの製紙については、日本毛織百年史編纂室編『日本毛織百年史』(日本毛織、一九九七年)、二五〇〜二五二、三四四〜三四七頁。

(37) 遼寧日報社編『東北日報簡史』(出版社不明、一九八八年)、一四頁。

(38) 「増産と技術伝授に打ち込む――東北第一製紙工場の日本人技術者たち」(中国中日関係史学会編『続　新中国に貢献した日本人たち』日本僑報社、二〇〇五年、一九四〜二〇二頁)。

(39) 胡喬木『胡喬木回憶毛沢東』(人民出版社、一九九四年)、四四六頁。

(40) 『解放日報』一九四二年八月七日「加強通訊交通」。

(41) 『解放日報』一九四四年四月一七日「綏徳専署発出通知　提唱大家読党報」。

(42) 『解放日報』一九四二年六月一九日「区級幹部怎様学習?甘泉決定克服困難弁法」。

(43) 『解放日報』一九四五年一月二四日「用報紙教育群衆、新正一区重視読報」。

(44) 『解放日報』一九四一年一一月一〇日「対辺区参議会意見　加強通訊站工作」。「新聞」は「報紙」の意味ではなくニュースの意。本来はニュースと訳すべきであるが、原文のニュアンスを伝えるために、ここではあえて「新聞」と訳出した。

(45) 『解放日報』一九四三年九月一二日「北嶽群衆熱愛報紙、読報工作普遍展開」。

(46) 『解放日報』一九四四年四月一七日「綏徳専署発出通知　提唱大家読党報」。

(47) 陝甘寧辺区における共産党の政策と大衆文化との関係については、丸田孝志「陝甘寧辺区の記念日活動と新暦・農暦の時間」(『史學研究』二二一号、一九九八年)を参照。

(48)『解放日報』一九四四年四月一七日「延家川党世元 経常読報経常投稿」、一九四四年一〇月六日「対于民間旧組織形式的利用」など。
(49)『解放日報』一九四四年一〇月六日「対于民間旧組織形式的利用」。
(50)『解放日報』一九四四年五月一八日「米脂印闘区検討読報与通訊工作　糾正形式主義与自流現象」。
(51)「陝甘寧辺区文教大会関于発展群衆読報弁法与通訊工作的決議」(中国社会科学院新聞研究所『中国共産党新聞工作文献彙編』上巻、新華出版社、一九八〇年、一六八〜一六九頁)。
(52)『解放日報』一九四四年一一月一六日「辺区文教工作的陣容」
(53)骨幹通信員ともいう。「基幹」とは基本、中心の意。
(54)「工農」は労働者、農民の意。なお本稿では、「基幹」、「工農」などについては、中国語の原文で表記することにする。
(55)晋綏辺区における通信員政策を概観したものに、李俊「中国共産党党報通訊員制度的歴史演変」(『新聞研究資料』一九九〇年第一期、六六〜八二頁)がある。
(56)前掲『中国共産党新聞工作文献彙編』上巻、一三二〜一三四頁。
(57)『解放日報』一九四四年二月二〇日「定辺発動写稿競賽　不会写的与会写的合作」。
(58)一九四三年三月二〇日「中共中央西北局関于『解放日報』幾個問題的通知」(前掲『中国共産党新聞工作文献彙編』上巻、一四一〜一四四頁)。
(59)『解放日報』一九四三年四月八日「新聞通訊第四期—把組織通訊員的工作弁好」。
(60)『解放日報』一九四四年二月一五日「本刊創刊一千期」。
(61)『解放日報』一九四四年七月二三日「本報辺区通訊員分布図」。
(62)『解放日報』一九四五年七月五日「太行新華日報的通訊工作」。
(63)前掲『東北日報簡史』、二頁。
(64)『彭真伝』編写組『彭真年譜』(中央文献出版社、二〇〇二年)、二九八頁。

(65)『東北日報』は一九四五年一一月一一日の第一一期より、社の住所から山海関の名が消えている。
(66)呉支安「解放戦争時期的『東北日報』」(省文化庁文化志編集部編『東北革命文化史料選編』第三輯、一九九三年、二三七～二四一頁)。
(67)前掲『東北日報簡史』、三頁。
(68)一九〇六年に日本人中島真雄が奉天で創刊した漢語新聞。一九二五年に満鉄に売却されてその傘下に入った。
(69)前掲『東北日報簡史』、四頁。
(70)前掲「解放戦争時期的『東北日報』」。
(71)前掲『東北日報簡史』、五頁。
(72)前掲『東北解放区出版発行工作的回顧』、一六頁。
(73)以上『東北日報』に関しては、前掲『東北日報簡史』六頁。
(74)『東北日報』一九四六年四月二八日「本報啓事」。
(75)『東北日報』一九四七年一月一五日「新聞通訊第二期」。
(76)『東北日報』一九四八年九月一日「新聞通訊第二八期」。
(77)『東北日報』一九四九年五月二六日「新聞通訊第三四期」。
(78)『東北日報』一九四八年九月一日「中共中央東北局関与展開東北日報通訊工作的通知」。
(79)『東北日報』一九四七年八月八日「新聞通訊第十四期　本報聘請第一批基幹通訊員」。
(80)『東北日報』一九四七年八月一九日「新聞通訊第十五期　基幹通訊員的権利与義務」。
(81)『東北日報』一九四五年一一月一八日「本報最近採訪要項」。
(82)『東北日報』一九四八年五月一五日「新聞通訊第二五期」。
(83)『東北日報』一九四九年五月二六日「新聞通訊第三四期」。
(84)黒龍江日報報業集団『黒龍江日報六十年』(黒龍江人民出版社、二〇〇五年)、二一一頁。

(85)『東北日報』一九四八年九月一日「中共中央東北局関与展開東北日報通訊工作的通知」。
(86)『東北日報』一九四九年二月二五日「新聞通訊第三一期　新華総社関与加強与工人報道指示」。
(87)『東北日報』一九四九年二月二五日「新聞通訊第三一期　如何搞好工人通訊」。
(88)『東北日報』一九四七年六月二一日「組織農村通訊員星点経験」。
(89)満洲帝国民生部『第四次民生年鑑』（一九四三年）。
(90)『合江日報』一九四七年三月二五日「建立農村黒板報」。
(91)『合江日報』一九四七年三月二七日「把報紙発到群衆手里！」。
(92)『東北日報』一九四六年四月二〇日「幇助老百姓瞭解国家大事　東豊組織読報小組」。
(93)『合江日報』一九四六年一一月二四日「鐘山村工農通訊員　組織読報群衆歓迎」。
(94)『合江日報』一九四六年一二月二四日「為解除不識字的苦処　自平村成立冬学班」。
(95)『合江日報』一九四六年一二月二四日「富錦東北書店分店幇助促進当地文化」。
(96)『東北日報』一九四七年一〇月三日「関於東北解放区教育工作的総結（下）」。
(97)『大北新報』は、一九二二年一〇月一日、中島真雄により瀋陽『盛京時報』の北満版として創刊された。中島真雄は中国、満洲において多くの日本語新聞を発行した人物として知られ、他に『満洲日報』、『順天時報』などを発行している。中島真雄については李相哲『満州における日本人経営新聞の歴史』（凱風社、二〇〇〇年）、六四～六九頁を参照。
(98)李俊「回憶〝九・三〟後創弁『哈爾濱日報』」（羅玉琳・艾国忱『東北根拠地戦略後方報業簡史』中共黒龍江省委党史研究所・黒龍江省新聞研究所、一九八七年）。
(99)以上の『松江新報』と『哈爾濱日報』に関しては、前掲『東北根拠地戦略後方報業簡史』六～七頁を参照。
(100)前掲「回憶〝九・三〟後創弁『哈爾濱日報』」。
(101)羅玉琳「在特殊環境中戦闘的『北光日報』」（前掲『東北根拠地戦略後方報業簡史』、一三八～一五〇頁）。
(102)同上。

(103)『合江日報』の部分に関しては、黒龍江日報報業集団『黒龍江日報的六〇年　一九四五〜二〇〇五』第一巻（黒龍江人民出版社、二〇〇五年）四〜五頁、李夢麟「抗日戦争勝利後的『合江日報』」（『新聞研究資料』一九八六年二期、二〇三頁）を参照。

(104)『西満日報』に関しては、方言、範克「在『西満日報』工作」（前掲『東北根拠地戦略後方報業簡史』一〇六〜一一二頁）。

(105)前掲『黒龍江日報的六〇年　一九四五〜二〇〇五』第一巻、三〜一三頁。

(106)『文化導報』と『新華月報』瀋陽準備処に関しては、紀雲竜「記文化導報和新華日報瀋陽準備処」（『新聞研究資料』一九八六年第二期、二二三〜三〇頁）を参照。

(107)『長春新報』に関しては、方漢奇『中国新聞事業通史』第二巻（中央人民大学出版社、一九九六年）一〇六四〜一〇六五頁。

(108)鄭成『国共内戦期の中共・ソ連関係——旅順・大連地区を中心に』（御茶の水書房、二〇一二年）、一六五〜二二二頁。

(109)関東公署はソ連軍の主導で組織された、大連市、旅順市、大連県、金県を統括する行政機関である。

(110)以上の大連の各新聞については、前掲『国共内戦期の中共・ソ連関係——旅順・大連地区を中心に』一六五〜二二二頁。

(111)前掲『黒龍江日報的六〇年　一九四五〜二〇〇五』第一巻、六〜七頁。

(112)『東北日報』一九四八年一二月一二日「本報移瀋出版」。

(113)東北日報社では、廖井丹が去ったことにより、李荒が代わって社長に就任した。

(114)前掲『東北日報簡史』、七四〜七五頁。

(115)今野純「建国初期中国社会における政治動員と大衆運動——『三反』運動と上海社会（一九五一〜五二年）」（『アジア研究』第五一巻第三号、二〇〇五年）。

(116)この東北書店に関する記述の多くは、副社長を務めた周保昌の回想である前掲『東北解放区出版発行工作的回顧』によっている。
(117)『東北日報』一九四五年一一月一四日。
(118)太行の『新華日報』で発行工作に携わり、後に延安の中央党校で学習した。
(119)前掲『東北解放区出版発行工作的回顧』五頁。
(120)程剛楓の回想。前掲『東北解放区出版発行工作的回顧』、六～七頁。
(121)前掲『東北解放区出版発行工作的回顧』、五頁。
(122)前掲『東北解放区出版発行工作的回顧』、一七頁。
(123)前掲『東北解放区出版発行工作的回顧』、三一頁。
(124)前掲『東北解放区出版発行工作的回顧』、二一頁。
(125)前掲『東北解放区出版発行工作的回顧』、二二頁。
(126)前掲『東北解放区出版発行工作的回顧』、一七頁。
(127)『合江日報』一九四六年一二月二七日「東北書店的供献」。
(128)『東北日報』一九四六年一〇月一〇日。
(129)前掲『東北解放区出版発行工作的回顧』、三七頁。
(130)前掲『東北解放区出版発行工作的回顧』、三七頁。
(131)前掲『東北解放区出版発行工作的回顧』、三三頁。
(132)孫含光「東北地区建国前後的雑誌発行」（新華書店総店編『書店工作史料』第四巻、中国書店、一九九〇年、二四八～二五〇頁）。
(133)『翻身楽』に関しては、同上を参照。
(134)「翻身」は共産党用語であり、封建的搾取や抑圧に無自覚な農民などが、階級意識に「目覚める」ことを言う。
(135)前掲『東北解放区出版発行工作的回顧』、五〇頁。

(136) 前掲『東北解放区出版発行工作的回顧』、四九～五〇頁。
(137) 前掲『東北解放区出版発行工作的回顧』、六四頁。
(138) 董俊「憶土改時的図書下郷活動」(前掲『書店工作史料』第四巻、一八三～一八五頁)。
(139) 抗日戦争終結後、正中書局は東北において分局を建設するため、閻伊生を特派員として東北に派遣した。閻はまず一九四六年四月、瀋陽馬路湾のビルを接収し、正中書局瀋陽分局を設立した。この馬路湾は、初期の東北書店が瀋陽で設立された場所であり、瀋陽の中心街である。閻は郊外にある日本の製紙工場を接収して紙の供給を確保し、市内の各書店に書籍を供給した。一方長春分局は、閻が一九四六年六月に武樹潘を派遣して設立させた。武と同郷であり、東北大学の同窓でもあった国府の長春市政府の曹延亭が社長を務め、日本の千代田ビルを接収して成立した。以上の正中書局については、孫含光「正中書局瀋陽、長春分局始末」(前掲『書店工作史料』第四巻、一六一～一六四頁)を参照。
(140) 前掲『東北解放区出版発行工作的回顧』、一一一～一一二頁。
(141) 鄭士徳編『新華書店五十春秋』(新華書店総店、一九八七年)、二一二頁。
(142) 前掲『東北解放区出版発行工作的回顧』、一一〇頁。
(143) 前掲『東北三省革命文化史』、二四一頁。
(144) 上海の生活書店、新知書店、読書出版社が合併して成立した書店。
(145) 前掲『東北解放区出版発行工作的回顧』、七六頁。
(146) 邵公文「一片新奇的聖土――憶大連光華書店」(『党史縦横』一九九三年四期、二九～三一頁)。
(147) 朱暁光、孫家林「憶北満光華書店」(前掲『書店工作史料』第四巻、一七六～一八二頁)。
(148) 一九〇五年に濱井松之助が営口に開業したのに始まる。一九〇八年に営口から大連に本店を移し、日本と満洲国内の書籍を販売した。岡村敬二『満洲国出版史』(吉川公文館、二〇一二年)、一〇二～一〇三頁。
(149) 前掲『東北三省革命文化史』、二三九～二四〇頁。

第三章　視聴覚メディアの整備過程

第一節　ラジオ

ラジオはメディア研究や歴史学全体からすれば、研究対象としてとくに目新しいものではないが、日本を含めた東アジア地域史においては、従来充分に研究されているとは言い難い。近年ようやくラジオにも研究的関心が向けられるようになってきており、国家や党がラジオを通じて社会の幅広い層へプロパガンダを行い、「国民」としての一体性を創出し、ラジオが近代国民国家、あるいは「帝国」の成立を促したという面に焦点が当てられている。このような視点から、二〇〇六年には貴志俊彦・川島真・孫安石編『戦争・ラジオ・記憶』（勉誠出版、二〇〇六年）が出版され、日本、満洲国、国府、朝鮮半島などを対象とし、東アジアにおけるラジオの同時代的な広がりが明らかにされた。

共産党がラジオ放送を始めた一九四〇年当時、ラジオは最も新しいメディアであった。その特徴は、活字媒体とは異なり、非識字者にも情報と宣伝を伝達することができること、また電波によって届けられるため郵送の必要がないことである。この二つの特徴は、中国ではきわめて大きな利点であったと言える。なぜなら、中国では大衆の多くが非識字者であったし、交通網の整備も限定的で、地域によっては輸送が非常に困難であったからである。とくに共産党の支配地域は、陝甘寧辺区など総じて交通や郵送が困難な辺鄙な地域であり、くわえて国府によって包囲・封鎖されていたことから、共産党がラジオにかける期待も小さなものではなかったのである。

（一）共産党のラジオ放送の展開

ラジオ放送は、世界的に見れば一九二〇年代頃より盛んになる。それは第一次世界大戦の塹壕線により無線通信技術が向上し、それがラジオへと転用されたためである。また一九二〇年代にアメリカが大量生産・大量消費社会となり、広告媒体が必要となったこととも結びついている。そして一九三〇年代に入り、ラジオは黄金期を迎えていた。日本では一九二五年に東京、大阪、名古屋に放送協会が成立し、一九二六年にこれらを統合して社団法人日本放送協会が成立した。また外地では、一九二五年に台湾総督府や関東庁逓信局でラジオの試験放送が始まった。そして一九二八年、東京に東アジア最大級の一〇ｋｗ放送局が設置され、帝国支配のなかで放送ネットワークが強化されていった。朝鮮半島では一九三二年に朝鮮放送協会が発足し、前年に設置された京城放送局の出力が増強され、満洲では一九三四年首都の新京に一〇〇ｋｗの放送局が新設された(1)。

中国では、まず租界のある上海でラジオ放送が始まった。一九二二年にアメリカ人E.G. OBSONが無線電会社を設立しラジオ放送が始まると、一九二四年にはやはりアメリカのケロッグ社が一〇〇ｗの放送局を設立し、広告やレコードによる放送を開始した(2)。

国府は一九三二年に中央放送無線局管理処を設置し、南京に七五ｋｗという高出力の放送局を設置してラジオ放送を開始した。当時の東京の放送局が一〇ｋｗであったのと比較すれば、その出力の大きさが分かるだろう。一九三五年までの間に、雲南、江西、山東、河南など各地で省政府による公営放送が始まり、また上海を中心として民営放送局による放送も始まっていった。そして一九三六年、戦争の機運が高まるなかで、陳果夫を委員長とする中央放送事業指導委員会による統制が強まり、番組内容が規制されるとともに、中央放送局の放送を中継することが義務づけられた。こうして国府においても放送事業のネットワーク化が進められていったのである。[3]

東アジアのラジオ放送を取り巻く状況は、おおよそ以上のように一九二〇年代から三〇年代にかけて政府による公営放送が強化され、社会の組織化に利用されていたことが分かる。しかし共産党がラジオ放送を始めたのは、それよりもかなり遅れ一九四〇年のことであった。共産党は以前よりラジオの持つ可能性を高く評価していたが、機器が手に入らなかったため、独自の放送を始めるには至っていなかったのである。

この一九四〇年、周恩来が病気療養のため訪ソしていた際に、任弼時がコミンテルン書記長であったディミトロフと交渉し、コミンテルンからラジオ放送機一機を援助されることが決定した。[4] これを受けて共産党は広播委員会を組織し、ラジオ放送局設立に向けて動き出した。この広播委員会のメンバーには、主任に周恩来、委員には中央軍事委員会第三局局長王諍、[5] 新華社社長向仲華などがいた。周恩来はすぐに重慶へと移動したため、その後の建設活動は王諍と中央軍事委員会が主管し、軍事的色彩の強いものとなった。

電力供給の面では、車のエンジンを用いて十分な電力を供給できるようになり、晋冀魯豫、晋察冀、山東など各地域で聴取できるようになった。[6] この成功を受けて、一九四〇年一二月三〇日に延安新華広播電台として正式な試験放送を開始したが、これが共産党初のラジオ放送である。コールサインはＸＮＣＲ、[7] 放送出力は三〇〇ｗであった。当時東京放送局が一〇ｋｗ、南京放送局が七五ｋｗ、内地移転後の重慶放送が一〇ｋｗであったことからすれば、非常に小規模な放送局であった。

試験放送は手探りで開始した段階であり、聴取者もさほど多くはなかったと考えられる。放送内容は、主に『解放日報』の社説、ニュース、党の政策文献、指導者層の文献などであった。この時期の新聞とラジオとの関係は、ラジオがまだ試行された段階であったため新聞が主とされていた。すなわち重要なニュース、告示、社説などの文章は、まず『解放日報』で発表され、その後新華社が再編集しラジオで放送していた。(8)

共産党は当初、ラジオを対外的な宣伝に活用し、その一環として日本語放送が始められていたことは、水谷尚子の研究で夙に知られている。日本語放送は敵軍工作部が中心となり、対日工作に従事していた野坂参三らが原稿を編輯し、「延安ローズ」の原清子がアナウンサーを務めていた。放送内容は戦況報道、共産党の対日本軍政策、日本人反戦同盟の活動などであった。(9)

ただ延安のラジオは、安定的に放送を継続できたわけではなかった。一九四〇年末から始まった延安のラジオは、その後一九四三年にラジオ器機が故障したことにより一時停止を余儀なくされた。放送の再開が決定されたのは、日本が降伏する前夜、一九四五年八月のことである。一九四五年九月一一日の『解放日報』は、延安のラジオ放送の再開を次のように報じている。「延安新華広播電台は、即日中国国語放送を開始する……時間は毎日一一時三〇分から一二時三〇分と、一八時三〇分から一九時三〇分（上海時間）である。放送する番組には、時事ニュース、解放区のニュース、時事評論及び有名人の講演等がある。なお各地が書き写せるように記録ニュースがあるので、各地は注意して聴いて欲しい」と。(10)

日本が降伏したまさにその時、延安のラジオが再開されたのは偶然ではない。延安のラジオで主編を務めた温済沢によれば、以下のような事情であった。日本が無条件降伏を表明した八月一四日、国府中央放送局は通常の番組を変更して蔣介石の「命令」を発布した。共産党に対しては「その場で命を待つように」と命令を下したのであるが、そ

表-4　ラジオ放送局分布表

1948年3月	東北(7)	東北広播電台(ジャムス)、西満(チチハル)、延吉、臨江、ハルビン、安東、牡丹江
	その他(3)	陝北(中央)、邯鄲、晋察冀
1949年7月	東北(15)	瀋陽、ハルビン、長春、チチハル、延吉、吉林、安東、牡丹江、錦州、四平、鞍山、営口、通化、承徳、撫順
	その他(19)	華北(6)、華東(10)、華中(2)、西北(1)

(出典:「解放区広播電台介紹（1)(2)」(中央人民広播電台研究室・北京広播学院新聞系『解放区広播歴史資料選編（1940～1949)』中国広播電視出版社、1985年、85～99頁より作成)

の意図は共産党が独自に動いて戦後の果実を奪われないようにするためであった。この放送を聴いた共産党幹部たちは憤慨したという。温済沢が新華社社長の博古のもとへ相談に行ったところ、党中央はすでにこのような状況が起こることを予測しており、王諍に命じてラジオを再開するよう準備させている、とのことであった[11]。以上のような経過から見るに、延安ラジオは国民党との対立や、宣伝戦の開始という新たな局面に対応するため再開されたと考えられる。

以後延安では、一九四七年三月に国府軍により延安が陥落するまで放送が続けられた。延安ラジオは共産党の中央放送局として、全解放区のラジオ放送を指導し、放送すべきニュース原稿を供給した。当時延安以外の共産党の放送局としては、東北を除けば邯鄲と晋察冀に放送局があるのみであった。その東北では、満洲国のラジオ放送局を接収することにより、共産党は多くの地方放送局を保有することになったのである。

(二)　東北におけるラジオ放送

ラジオをとりまく環境

東北地域は旧満洲国の統治下でラジオの普及が進んでいた先進地域であり、日本の敗戦後に、残された多くの放送局を接収することによって、共産党のラジオ放送は飛躍的な発展を遂げた。これは放送局の分布からも明らかである。表-4で示したように、共産党のラジオ放送局は一九四八年三月時点で全一〇ヶ所あったが、そのうちの七ヶ所が

表－5　満洲国放送局施設表

（1944年10月１日現在）

放送局	出力	放送局	出力
大連中央	不明	撫順	10w
	不明	本渓湖	10w
奉天中央	不明	新京	50kw
	不明		10kw
安東	50w	哈爾濱	3 kw
	50w		1 kw
錦県（州）	100w		250w
	100w	チチハル	1 kw
営口	50w		50w
	50w	承徳	1 kw
通化	50w		50w
	10w	吉林	50w
鞍山	10w		50w

（出典：「満洲放送施設一覧」満洲電信電話株式会社『満洲放送年鑑』第１巻、緑蔭書房、1997年、37-42頁より作成）

東北であった。内戦が共産党の勝利へと傾き支配地域を拡大していた一九四九年七月時点においても、全三四ヶ所のうち一五ヶ所を東北が占めていた。これらの放送局のほとんどは共産党が自前で建設したものではなく、旧満洲国時代に日本が設立し残した放送局を接収したものである。

東北のラジオ放送の歴史は、日本が一九二五年八月九日に大連放送局で実験放送を開始したことに始まる。中国側では、一九二六年に張作霖政権のハルビン放送局が誕生した。満洲事変の後、日本は満洲国で新京（長春）を中心として、東北に二五ヶ所の放送局を建設し、本国と満洲国との一体性を維持するため、また諸民族を日本人へと同化するためにラジオの普及に努めた[12]。漢人や満洲人など、いわゆる「満人」の識字率が低いため、声によって情報を伝えられるラジオが重視された面もある。

満洲国の放送では、第一放送が日本語、第二放送が「満語」（中国語）で放送された。宣伝を浸透させるためには、当然ながら住民の使用言語に配慮する必要があり、外国語放送も重視されていたのである。中国語のほかには、地域的な民族分布の差異から、朝鮮系の多い延吉では朝鮮語、モンゴル系が多いハイラルではモンゴル語による放送が行われた[13]。後に述べるように、共産党は初の多言語放送として延吉で朝鮮語による放送を始めるが、その前史として満洲国の朝鮮語放送があったのである。

一九四五年に日本が降伏すると、ソ連軍と共産党の抗日聯軍・八路軍冀熱遼部隊は、日本占領地へと素早く進攻し、日本が破壊したものを除き、一五ヶ所の放送局を接収した。共産党は国府が東北に軍や接収人員を派遣していないことに乗じ、またソ連軍の存在を利用して、東北において宣伝の主導権を握ったのである。[14]なお表－5は、共産党が接収した放送局の一九四四年当時の施設である。厳密に言えば日本が撤退時に破壊したり、ソ連軍が戦利品として本国へ持ち帰ったりしたものもあって、この全てを共産党が手に入れたわけではない。しかし一九四五年当時の共産党が、どの程度の放送器機を接収することができたかの目安にはなろう。

旧満洲国地域は受信機の普及も突出しており、共産党側の史料によれば、満洲国時期の最盛期には七、八〇万台、一九四九年当時で二、三〇万台の受信機が民間に所有されていた。[15]日本側の『満洲放送年鑑』にも、一九四五年度の聴取契約数七〇万（推定）とあることから、ほぼ正確な数字であろう。[16]ここで満洲国時期の受信機の数が問題となるのは、日本降伏後に中国人が日本人住民から受信機を奪ったり、共産党が東北に進駐した際に日本人や民間人が保有していた受信機を接収したと考えられるからである。

表－6　1950年度東北地区ラジオ受信機統計表

地区	台数
黒龍江	11035
松江	46108
吉林	9151
熱河	1560
遼東	14728
遼西	11390
瀋陽	68472
旅大	33725
長春	17694
鞍山	4622
撫順	9379
本渓	1517
内蒙古	1510
延辺	2440
総計	233331

（出典：呉少琦『東北人民広播史』遼寧人民出版社、1991年、179頁表(3)より作成）
原表註１　この表は1950年東北区収音機登記資料統計に基づいている
原表註２　松江以外は、放送局所在地以外の各県の数字は含んでいない

各都市が保有していたラジオ台数に関しては、一九四五年以降の完全な統計はない。各史料から断片的な数字を挙げると、一九四七年末のハルビン市には、約一万台のラジオがあったとされる。[17]ジャムスでは一九四六年に、国民党のラジオを聴かないように大衆から受信機を取り上げ登記したが、その数は三〇〇〇台であった。[18]通化でも二、三千台の受信機を登記させたという。[19]大連はなかでも非常に数が多く、受信機が六万台、登記された視聴

戸は三万二千だったとされる。[20] 建国後一九五〇年の受信機の登記数は、東北全体で二三万三三三一台であり、各地域の数は表－6の通りである。この一九五〇年時点では、瀋陽の数が突出して多いことが分かる。

ラジオの聴取を妨げる一つの重要な要因は、受信機が高価なため、一般の大衆に普及しないことである。これは延安や晋察冀でも同様であった。ただ、東北の場合は上述のように日本時代に受信機が普及しており、満洲国統治下で富裕な中国人家庭は受信機を持っていたし、満洲国崩壊後に日本人から奪った受信機が相当程度存在していたと考えられる。聴取者数にしても、一九四〇年末には満系の聴取者が日系聴取者を上回り、ある程度は中国系住民にも普及していた。[21] したがって共産党のラジオ放送が聴取され、効果を上げるポテンシャルは高かったと言える。

また当時ラジオ放送局の運営で一つのハードルとなるのは電力供給であったが、日本は満洲に世界的規模の発電所を建設し、超高圧送電網を整備していた。このような電力設備は、多くが化学工場などとともに戦後ソ連によって戦利品として持ち去られるか、あるいは破壊された。[22] しかしながら、延安や常に戦争状態に置かれていた晋察冀などと比べるなら、東北の電力事情は格段に良かったと言える。延安において車のエンジンを用いて電力を供給するなど、電力不足に悩んできた共産党からすれば、東北は進んだ地域であり、二四の大中都市、一五三の県（旗）、その他八六の町に安定して電力が供給されていた。[23]

共産党が東北に進出して以降、大連やハルビンなど多くの都市でラジオ放送局の接収が行われた。これらの放送局は東北の戦局の変化により、共産党と国民党の争奪の対象となり、共産党は撤退に際して、できる限り放送機器を保持して退いた。共産党にとって、ラジオ器機は非常に貴重なものだったのである。

以上のように、放送局の存在、受信機の普及、電力の供給など、物質的な条件が整っていたことが、東北においてラジオ放送が発展した最大の要因の一つである。しかしいま一つの要因として、東北が国共内戦の前線であり、まさに内戦の焦点となっていたことが挙げられる。それゆえにその豊富な設備を利用して、国府軍や国府統治区に対して宣伝することが義務づけられたのである。一九四八年六月に東北局が各地方に発した指示では、「戦争の進展により、革命運動は都市に深く入り、我が党の対外宣伝の重要性はさらに大きくなっている。このような時、戦争の特殊な制約によって、一般の新聞・雑誌などの宣伝は客観的に若干の困難があり、ラジオは、世界や国府統治区の大都市に対して宣伝する最も迅速で効果的な道具となっている」として、ラジオによる対外宣伝を重視するよう啓発している。(24) 遠く離れた地域に、迅速に宣伝を行うための手段として、ラジオが重視され、その効果に期待していたことが分かる。

各放送局の接収過程と放送の展開

大連では、康敏庄が中心となり満洲国時代の放送局の接収が行われた。もともと康敏庄は、青島で機関紙を発行するよう党から命じられていたが、青島が内戦の渦中にあったため東北へと派遣された。そして大連において、満洲国時代の大連中央放送局を接収するよう指示されたのである。大連中央放送局では、満洲国崩壊後、日本人職員が関連文書、資料を焼却したため、後に放送を再開する障害となったという。これは満洲国時期の資料が共産党の放送でも必要とされたことを示唆している。機器に関しては、ソ連軍の進駐が早かったため破壊されずに残されており、康敏庄らが接収した際に一ｋｗの中波放送設備を接収することができた。

一九四五年一二月、康敏庄らは大連市政府の名義で、ソ連の軍事管制下にあった放送局を接収した。日本人局員に対しては、日本語のできる白全武が本国へ送還されるまでの間協力するよう要請した。大連中央放送局最後の日本人局長となった広瀬登は、放送局の設備や財産などを調査して冊子に纏め、一二月一九日に正式に共産党側へと引き渡した。こうして康敏庄が大連広播電台の初代放送局長に就任し、放送再開に向けて工作を始めた。接収した後も中国人技術者が不足していたため、技術部門はほとんど全員が留用した日本人であった。放送を開始した一九四六年一月当時、五〇数人いた局員のうち約五分の三が日本人であった。(25) これらの留用人員に対しては、一律に元の職、元の給料を保証した。例えば元技術科長はそのまま科長に留任された。放送局には四つの科が置かれたが、そのうちの一つである技術科の科長が日本人だったわけである。

放送の再開が難しかった理由の一つに、放送に使用する資料の不足があった。日本が残した文書は共産党から見ればほとんどが「反動的」であり、共産党の宣伝放送には利用できない。残された中国のレコードは三〇〇枚にもならないとされるが、レコードに関してはそれなりの数が残されていたと言えよう。康敏庄は、山東の胶東大衆報社と聯合書店に救援を求め、多くの書籍、雑誌、資料、解放区の新聞の合訂本などが送られてきた。他に、大連の党機関紙『人民呼声』、ソ連軍が大連で発行した『実話報』もソ連を紹介する多くの原稿を提供したという。

こうして一九四六年一月一六日に、大連広播電台は放送を開始した。毎日放送するニュース原稿は、新華社の電信稿を中心に約一万字、その他は毎日約四〇〇〇字であった。主な番組は、「ニュース」、「時事ニュース」、「青年番組」、「著名人の講演」、「日本語の時間」、「ソ連の紹介」、「音楽」、「国楽」、「遊芸番組」などであった。他に、モスクワ放送の中国語番組とロシア語番組の中継も行われた。(26)

通化では一九四五年九月二〇日に共産党軍が到着した。張東と丁新は、通化の新聞と放送局の接収工作を配分された。まず新聞社を接収して丁新が社長となり、続けて放送局と電報電話局を接収して張東が放送局長となった。通化でもやはり、放送局の運営には日本人技術者が必要となり、わざわざ日本人技術者を探し出して留用したという。そして一〇月末に放送を開始した。放送局には、二台の五〇wの中波送信機、二台の一〇wの機器、また三台のアメリカ製の中継放送用の受信機があった。これに電報電話局の二〇〇wの送受信機を用い、主に延安広播電台の放送を中継した。中継が終わった後に、『遼吉日報』(後の『通化日報』)の記事を放送するなど、通化独自の番組を放送した。新聞社には電信受信機があったため、新華社の電信稿を受け取ったほか、延安広播電台の「記録ニュース」を書き写し、放送用に供したという。放送用に広東音楽、軽音楽、京劇などの大量のレコードも収集し、放送の終わりには広東音楽を流したという。一九四六年一一月に国府軍が通化に進攻したため、通化広播電台は、張東が設備を保持したまま朝鮮の中江鎮へと撤退した(27)。

吉林では、戦後ソ連軍が「吉林放送局」を接収して吉林広播電台となり、ソ連空軍の誘導に使用された。一九四五年一〇月、吉林『人民日報』社長の李之白がソ連軍から放送局を接収し、一一月二一日から放送を開始した。民主聯軍の周保中の援助によりアメリカ製受信機を導入し、中継放送の質を高めたという。五月に国府軍が吉林に進攻したため、民主聯軍とともに広播電台も機材を保持して延吉へと撤退した(28)。そして共産党は延吉で延吉放送局を接収し、放送を継続したのである。

その延吉広播電台は、戦後やはりソ連軍に接収されていたが、ソ連軍は四月下旬に撤退した。漢人と朝鮮人の職員が数名いるだけであったが、六月に試験放送を開始した。延吉では朝鮮人住民が多いという地域的特性から、中国語、朝鮮語の二つの言語で放送した。これは共産党のラジオ史上、最初の少数民族言語による放送とされる(29)。ただしその前史には、満洲国の延吉放送局でやはり朝鮮語放送が行われていたことに留意する必要がある。延吉広播電台には数名の朝鮮語アナウンサーがいたが、彼らが満洲国の延吉放送局でもアナウンサーを務めていたかは残念ながら不明である。

延吉広播電台は省の放送局を担うには放送機器の出力が弱かったため、一九四七年五月に五〇ｗの放送機を一ｋｗに改造し、華北や朝鮮でも放送を聴くことができるようになったという。一九四八年三月に共産党が吉林市を占領すると、放送局を接収し省の放送局は再び吉林に移った[30]。

当時の吉林広播電台の中心的な任務は、党中央の放送、つまり陝北新華広播電台の番組を中継放送することであった。東北の戦局は共産党に傾き、前線での勝利のニュースが頻々と届いていた。劉福令らの回想によれば、吉林新華分社が戦勝の電信を受け取ると、すぐに放送局へと送られ、「長春解放」や「瀋陽解放」がラジオにより広く宣伝された。劉によると、共産党軍が重要都市を占領したという知らせを受け取ると、すぐにラジオ宣伝カーをくりだした。車には常に拡声器、メガホン、銅鑼と太鼓が準備してあった。編輯人員やアナウンサーは、『吉林日報』が出した号外や、自身で編輯した宣伝原稿を持ち、車を吉林市の大通りや路地へと走らせた。一九四九年四月二三日、共産党軍が南京を占領すると、二四日に吉林省委員会により祝賀会が開かれたが、その会場で太原の占領の報せが届けられた。すぐに宣伝カーが吉林市の主要な道を走り、勝利のニュースを知らせたという[31]。

日本人技術者が活躍した例では、錦州広播電台がある。酒井重作は錦州広播電台の放送機材を輸送し、承徳広播電台を開設したことに多大な貢献をした人物である。酒井はもともと満洲電業の阜新放送事業課に勤務し、敗戦後は留用され、北票の冀察熱遼軍区通信科が管理する放送局に配属された。共産党は一九四五年末に錦州の放送局を接収したが、国府軍が東北に進出してきたため、放送設備を承徳に輸送することが決定された。機器を分解し梱包する技術を持っていたのは、酒井の他一名だけであったため、酒井が責任者となった。一行は困難を乗り越え、一九四六年一月に承徳に到着し、無事任務を達成した。酒井はその後もチチハルへの撤退、そして再度の承徳への帰還にも大きく貢献をしている。酒井は貴重な技術者として、施設の設計から機器の修理まで幅広く活躍し、中国語の教材『無線読本』を執筆し、中国人技術者の養成にも貢献したという[32]。

チチハルでは、一九四六年四月二三日に民主聯軍が進攻した。翌日これを占領すると、旧満洲国の「斉斉哈爾中央放送局」を接収し、チチハル広播電台と改称した。国府の旧放送局長が共産党の進攻を知り、放送機器を隠していたので、接収した際には設備はほとんど残されていなかったという。川西機器製作所が作成した一九四三年製の一kw の放送機を他所から都合したほか、旧放送局長を探し出し、マイク一〇個、レコードプレーヤー四台、拡声器一台、アメリカ製RCA十二管受信機一台などを手に入れた。(33)

五月に放送を開始したが、七月一五日から西満軍区の指導下に入り、西満新華広播電台と改められた。当時主に活動していた職員は九人おり、アメリカ製受信機を用いて陝北新華広播電台の番組を聴き、中継放送していた。特筆すべきことに、西満では初の有線放送が試みられた。東北では受信機が関内よりも普及しているとはいえ、一般の大衆が広く所有しているわけでもない。それゆえ電話線を利用して主要な道路に放送ラッパを設置し、多くの聴衆に聴かせるよう提案があったのである。一九四八年夏、放送局からチチハルの解放門大街にかけて、電柱五本から一〇本ごとに一つのラッパを設置し、数度の試験を経て初の有線放送が始まった。一〇月二〇日、有線放送を利用して長春から「東北の名城長春が完全に解放され、鄭同国が部隊とともに解放軍に降伏した」との急電が放送された。(34)

ハルビンでは、以下のように接収が行われた。(35) 一九四五年八月一八日、ソ連赤軍とともに抗日聯軍の劉亜楼が進駐し、共産党を代表し満洲国の「哈爾濱中央放送局」を接収した。このハルビン広播電台は、共産党にとって記念すべき初の地方放送局となった。ハルビン広播電台では、ソ連軍の少佐が放送局長となり、趙乃喬が副放送局長を担任した。趙乃喬はもともと「哈爾濱中央放送局」のアナウンサーであったが、そのまま留用されたのである。後にハルビンを指導する李兆麟と出会い、李の紹介で共産党員となっている。

表－5の通り、一kw、三kw、二五〇wの三台の放送機を所有していたが、最も性能のよい三kwの放送機はソ連が航空管制に利用しており、共産党は一kwのものを使用していた。残りの二五〇wの放送機はモスクワの放送を中継していた。一九四六年四月二三日、ソ連軍が撤退を開始し、三ｋｗの放送機を戦利品として本国へと持ち帰った。[36]これにより、趙乃喬が放送局長を務めることになり、趙は東北新華広播電台となった後も放送局長を務め、長くハルビンの放送局を指導した。

先に見たように、一九四八年三月の時点で、共産党は東北に西満（チチハル）、東北電台（ジャムス）、延吉、臨江、ハルビン、安東、牡丹江の七箇所の放送局を確保している。そして一九四九年七月には瀋陽、ハルビン、長春、チチハル、延吉、吉林、安東、牡丹江、錦州、四平、鞍山、営口、通化、承徳、撫順の一五箇所の放送局を所有していた。共産党は各放送局を接収するとともに、民間に普及していたラジオ受信機を管理・把握しようと図った。すでに見たように、東北では民間にも多くの受信機が普及していた。満洲国時期に一部の中国人住民はラジオ受信機を所有していたし、戦後の混乱のなかで、日本人が所有していた受信機の一部が中国人住民の手に渡ったことも想定される。ラジオ受信機は、共産党の放送を聞くことができると同時に、国府のラジオや日本など海外のラジオ放送も聴くことができる。つまり、共産党にとって有害な情報が流入する恐れもあったのである。

それゆえ、共産党としては、民間の受信機を登記して各地域の受信機を把握しておく必要があり、その際に聴取料を徴収することもあった。通化では、民間の受信機の管理方法は満洲国時期の方法が踏襲された。つまり各戸の受信機を持参させて登記し、受信機に通し番号をつけたほか、聴取料も納めさせたという。登記した数は二、三千台であった。[37]ジャムスでは一九四六年に、国府のラジオを聴かないように大衆から受信機を取り上げ登記したが、その数は三〇〇〇台であった。[38]

東北におけるラジオ事業の展開について総じて言えることは、全ての放送局が満洲国の放送局を接収して成立していることである。使用する機材も、満洲国の放送局が使用していた機器を接収したものであった。戦後の混乱のなかで機器が破壊された場合には、その復旧は困難であった。このような機器の修理や日常の放送の運営には、高度な技術を習得した技術者が必要であったが、当時の共産党幹部のなかに、ラジオ技術に精通した幹部はほとんど存在しなかった。したがって共産党は旧放送局の日本人職員、とりわけ技術者を好待遇で留用したのである。

大連広播電台では、放送局の高級幹部である技術科の科長が、留用日本人であった。留用者はいずれ日本に送還されるにしろ、差し当たり放送を行うためには日本人技術者の協力が不可欠であった。日本人留用者だけでなく、ハルビン広播電台の趙乃喬のように、中国人の留用者も存在した。満洲国期にアナウンサーを務めていた趙乃喬は、共産党に留用され、最終的にはハルビン広播電台の放送局長を担当するまでになったのである。また次代の中国人技術者に対して、日本人技術者を介して技術の継承も行われた。例えば大連では四回にわたる訓練班を組織したが、日本人技術者によるところが大きかった[39]。以上のように、満洲国期に放送局で経験を積んだ日中の人材が、戦後東北のラジオ放送では重要な役割を担ったのである。

次に一部の中心的な放送局を除き、独自の番組を制作し放送することは、やはり地方局にとって困難であったことである。国内や国外、そして当該地域の最新のニュースを収集することは、東北においても負担が大きかった。そこで党中央の放送局である延安や陝北新華広播電台の放送を中継放送したり、後述する「記録ニュース」を書き写してニュース原稿を作成することが普遍的に行われていた。すなわち直接、間接的に延安の声が、東北でも流れていたのである。この点は、中央と地方との情報の共有がある程度保たれていたことを物語っている。

東北新華広播電台

東北のラジオ放送局の指導的放送局として設立されたのが東北新華広播電台（以下、東北電台と略）であった。共産党は、東北電台の下でラジオ放送網の組織化を進め、東北に統一的な放送網を構築しようと歩み出していた。

内戦が勃発し、一九四六年四月から五月に国府が瀋陽や長春などを占領すると、共産党の各放送局は、国府の手に渡らないよう器機を保持しつつ後方へと撤退した。東北電台の母体となったハルビン広播電台も例外ではなく、五月二八日に東北局の決定によりジャムスへ退き、そこで新たに東北電台を設立した。東北電台は名称からも分かる通り、東北地域の中心的放送局として設立された。その設立には多くの日本人留用者が協力しており、共産党は再三にわたって彼らを説得し、半ば強制的に日本人技術者をジャムスへと派遣したという。(40) こうした日本人技術者の協力もあり、一九四六年九月二三日に東北電台は正式に放送を開始した。

根拠地全体における東北ラジオ放送の位置をうかがい知ることができるのは、一九四八年一一月二〇日に共産党中央が発した新解放区の放送局と人員の処理に関する指示である。この指示によると、新たに占領した都市では迅速に放送局を接収し、放送を再開させなければならないが、その際には必ず中央の陝北新華広播電台か東北電台の放送を中継するように指示されていた。(41) つまり党内において、東北ラジオは中央につぐ存在と位置づけられていたのである。それは東北電台の機器が優れており、当時他の主要な放送局であった陝北、邯鄲、晋察冀の放送局と比べて出力が高かったことにもよる。出力が高ければ、それだけ遠くの地域でも聴取できるわけである。

このような東北の高性能な機器は、共産党党内の情報網を構築するのにも利用されていた。まず延安の中央から東北へと情報が送られ、さらに東北から幅広い地域へと情報が伝達されるのである。こうした党内の情報網の一環として放送されていたのが、後述の「記録ニュース」や「対野戦軍放送」である。新華社本社は一九四八年一一月一一日、東北電台ほか二つの放送局に対し、「記録ニュース」を書き写して現地で放送するように注意している。(42)

ハルビンを奪還した共産党は、東北電台をハルビンに戻した。一九四八年七月九日、東北局は東北電台が全東北解放区の放送局を統一的に指導し管理すると定めた(43)。共産党は東北電台の下で組織化を進め、東北に統一的なラジオネットワークを構築しようと歩み出していたのである。そして一九四九年三月一日、東北電台は東北の各放送局に対し、五月一日から全て「人民広播電台」と改称するよう指示した。東北電台自らは五月一日に瀋陽新華広播電台と改称し、各人民広播電台を指導することになった。

ただし共産党が全国を統治し北平が首都となることにより、旧東北電台の地位は相対的に低下することになった。七月二〇日、瀋陽新華広播電台は日本語放送と広東語放送を停止し、これ以後対外放送は北平新華広播電台が統一的に放送することになったのである。こうして東北のラジオネットワークも、中華人民共和国の全国的なメディア組織のなかに組み込まれていったのである。

番組の種類

本小節では、東北地域で放送されていたラジオの番組について、その主要なものをいくつか取り上げて紹介したい。

多言語放送

前述したように、東北では満洲国を日本が実質的に支配していたこともあり、早くから日本語放送が行われていたほか、中国語、朝鮮語、モンゴル語などによる多言語放送が行われていた。満洲国が崩壊した一九四五年以降も、東北に残留した日本人や日本本国への宣伝を目的として、東北各地で日本語番組が放送された。例えば表－4のように、一九四六年の長春では、モスクワの日本語ニュース番組を中継していたほか、三〇分の日本語番組を放送していた。大連では、放送開始当初から「日語時間」という日本語番組が存在した。この番組は日本語のできる白全武が主宰し、

表-7　東北広播電台番組表（1948年8月15日）

11：25－11：30	開始の曲、予告番組
11：30－12：00	本市の番組
12：00－12：30	文化娯楽番組
12：30－12：45	簡明ニュース
12：45－13：00	本誌のニュース
13：00－13：30	工商業の広告
18：55－19：00	開始の曲、予告番組
19：00－20：00	陝北新華広播電台の番組の中継放送
20：00－20：20	蔣介石軍に対する放送番組
20：20－20：40	東北ニュース
20：40－21：00	論評報道
21：00－21：30	文化娯楽活動
21：30－21：45	ハルビンの番組
21：45－22：00	簡明なニュース
22：00－22：20	英語ニュース
22：20－22：40	日本語ニュース
22：40－23：00	広東語ニュース
23：00－23：30	明日の予告番組と記録ニュース

（出典：『東北日報』1948年8月15日）

留用者の麻生錬太郎が編輯、翻訳作業を担当したものである。新華社のニュースを翻訳して伝えたほか、大連地区のニュース、日本人に対する政策や指示などを伝えた[44]。

東北電台では一九四八年七月に放送が開始された（表-7）。番組の制作にはやはり日本人が携わっており、東北電影製片廠にも務めていた八木寛[45]が編輯を務め、小松次郎、宮暁珊、児玉洋子、児玉綾子[46]らがアナウンサーを務めていた[47]。放送の対象は、旧関東軍の将兵や、残留日本人であった。日本人のなかでも、とくに八木寛は東北や人民共和国の日本語放送に深く関わった。八木はもともと満洲映画協会で脚本を書いていたが、戦後に留用され、一九四八年八月に東北電台に転属して日本語放送の編集を務めた。党中央は、一九四九年に北平で対外的なラジオ放送の準備を始め、その代わりに東北電台の日本語放送を停止した。一九四九年六月二〇日に北京広播電台で日本語放送が始まったが、当初人員はわずかに三人しかいなかったという。八木は一〇月に北京広播電台に転属となり、一九五〇年代には日本語班の班長となって翻訳、執筆、編集、アナウンサーの養成に貢献した[48]。

戦後の東北においてソ連軍の存在はきわめて大きく、ソ連との協力関係を背景として東北各地でロシア語放送が早くから放送されていた。ロシア語放送に関しては、共産党が独自にロシア語番組を制作していたのではなく、全てモスクワからの中継放送であった。

ソ連軍が駐留しその強い影響下にあった大連では、一九四六年一月の番組表によると、一日に三回モスクワからのロシア語中継放送があった。一日の放送時間五〇〇分のうち一〇五分であったから、実に放送時間の五分の一を占めていたことになる。(49)また長春でも一九四六年五月の番組表では、一日に二回の中継放送が行われていた。その放送対象は、主として大連や東北各地に駐留するソ連軍であった。ただし、大連、長春のどちらも一九四九年の番組表では中継放送がなくなっていることから、中継放送の有無には、東北からの撤退により東北におけるソ連軍の影響力が低下したことと関係があると考えられる。

ロシア系住民の多かったハルビンでも、ロシア語放送が行われていた。ただその放送がモスクワの中継放送であったのか、あるいは独自の放送であったのかは不明である。放送の対象は大連や長春のような軍ではなく、ハルビンに居住するロシア系住民であろう。(50)

次に英語放送である。共産党は、国際情勢を決定しうるアメリカに対して当然無関心ではあり得なかった。これは国民党も同様であり、第二次世界大戦中に宋美齢による英語放送がアメリカの世論に大きな影響を与えたことは、よく知られている。(51)共産党では、東北電台が一九四八年五月に英語放送を開始した。東北局宣伝部は、英語放送を行うためにイギリス共産党員のアラン・ウエニントンを招請した。(52)ウエニントンはイギリス共産党機関紙『Daily Worker』の記者であり、一九四八年にイギリス共産党から中国へ派遣された人物である。ウエニントンは新華社本社で英語放送の原稿編集に携わり、その後に東北で英語放送を主宰したとされる。(53)

朝鮮語放送は、先に触れたように、共産党にとって初めての少数民族言語による放送となった。東北には多くの朝鮮人が居住しており、とりわけ延辺では人口の三分の二が朝鮮人であった。朝鮮語番組は、一九四六年に吉林放送局が延吉で放送を開始した。対象は延辺地区や東北各地に在住する朝鮮人であった。[54] 朝鮮語放送の内容は、中国語放送の原稿をそのまま朝鮮語に翻訳したものであり、その点で独自に番組が編成された日本語や英語放送、モスクワの中継放送であるロシア語放送とは性格が異なる。一時的な滞在者である日本人や多くのロシア人と比べ、朝鮮人は住民として認識されていたからであろう。

中国語の放送では、方言による放送もある。広東語の放送である。東北でなぜ広東語放送があるのかと言えば、それは国府が全国各地から東北へと兵力を送り込んでいたこと、国府軍の高級将校に広東出身者が多かったことによる。つまりその対象は国府軍、国府統治下の広東人、海外華僑などであった。[55] 東北電台では、広東語放送が一九四八年七月に開始された（表－7）。

こうした多言語放送による対外宣伝に関して、一九四九年一月、新華社本社は東北局と東北電台に対して以下のように指示した。東北電台が負っている国際宣伝の任務は、外国語や無線電によって新華社のニュースや文章を伝えることであり、日本語放送は引き続き東北電台が責任を負って放送しなければならない。中国語、ロシア語、英語、日本語の放送は、東北電台の一五ｋｗの短波放送局の大出力を用いて、最大の効果を発揮させるべきである。目下の具体的な任務は、①東北で英語記録ニュースを設立し、南洋方面で受信できるように夜中に放送すること、②東北電台の日本語、広東語などの番組を各地が中継すること、③陝北新華広播電台のニュース、評論、都市報道、解放区の紹介などの番組を中継すること、④ラジオ放送が終わった後、新華社本社の英語文字放送を中継放送し、かつ呉文燾と相談してヨーロッパで受信できる波長にすること。[56]

この指示から、東北のラジオや無線電による放送が、国際宣伝に利用され、その役割を担うことが期待されていた

表-8　陝北新華広播電台番組表

17：00－17：30	蔣介石軍に対する放送
17：30－18：00	ニュース
18：00－18：20	評論
18：20－18：45	通訊（ニュース）、物語、歌謡など
18：45－19：00	簡明なニュース
19：00－19：40	記録ニュース
19：40－20：00	英語ニュース

1948年3月

12：00－15：00	野戦軍に対する放送
17：00－17：30	開始の曲（兄妹開荒）
17：30－18：45	記録ニュース
18：45－19：00	簡明なニュース
19：00－19：30	国民党に対する放送
19：30－20：00	ニュース
20：00－20：15	評論
20：15－20：30	解放区の都市の通訊（ニュース）
20：30－20：45	戦争と農村の通訊（ニュース）
20：45－21：00	総合報道、労働者の創作
21：00－21：15	最後の記録ニュース
21：15－21：40	英語ニュース

1949年3月

（出典：中央人民広播電台研究室・北京広播学院新聞系『解放区広播歴史資料選編（1940-1949)』中国広播電視出版社、1985年、85-99頁「解放区広播電台介紹(1)」、「解放区広播電台介紹(2)」より作成）

ことが分かる。東北のラジオ放送局を用いて、南洋やヨーロッパにまでも宣伝を拡大しようと図っていたことは、内戦の目処がたった共産党がさらに対外宣伝に力を入れようとしていたことを物語っている。こうした共産党全体の電波による宣伝網において、東北は鍵となる位置を占めていたのである。

対野戦軍放送

共産党はもともとラジオを党内連絡手段として位置づけていたが、その性格をよく表しているのがこの対野戦軍放送である。これは軍の劉伯承や鄧小平らが放送局を視察に訪れた際に要求したとされる。全国的反攻作戦のなかで、部隊は遠く前線へと移動しており、情報はラジオのニュースや記録ニュース（次項を参照）に依存していた。部隊は毎日中央の陝北新華広播電台の記録ニュースを書き写して油印し配布していた。[57]このような状況を背景として、鄧小平らは軍に対する情報供給を重視するよう要求したのである。[58]

表-8は一九四八年から四九年の陝北新華放送局の番組表である。一九四九年三月の時点では一二時から一五時にかけて野戦軍

図-9　中継放送、記録ニュースを通した情報伝達のルート

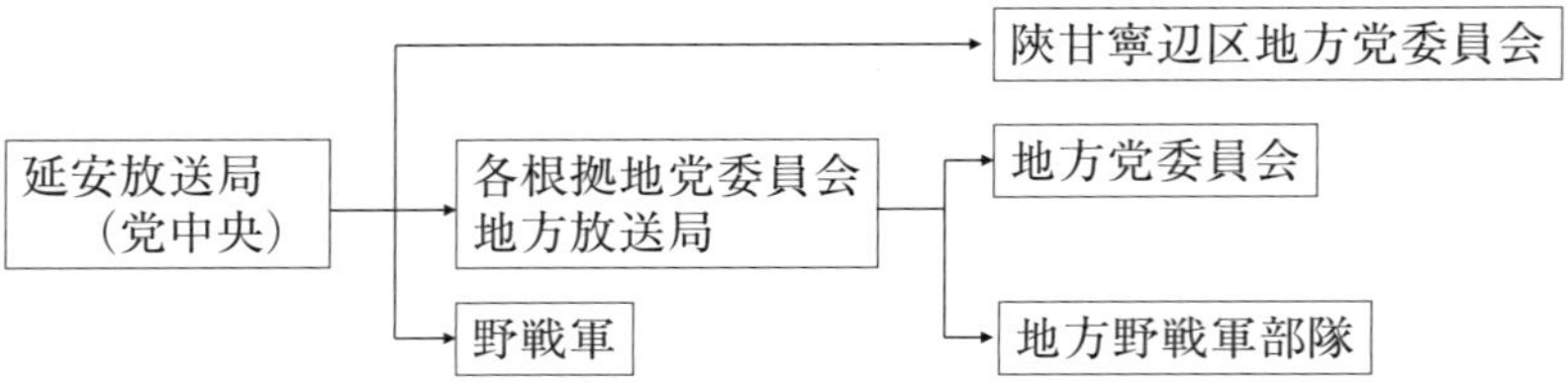

（著者作成）

に対して放送が行われている。もちろんラジオ放送は敵軍も聴くことができるので、軍事機密が流されるわけではない。内容は主に、後方での軍隊への支持や軍人家族への優遇に関する情報、家族からの手紙、慰問の手紙など軍の士気を鼓舞するものや、一般的なニュースであった。

東北では次項で述べる記録ニュースが野戦軍で筆写されたほか、とくに第四野戦軍（東北方面軍）に対しての放送が行われた。東北電台では一九四九年一月二七日に放送が始まり、第四野戦軍が関内に南下して聴取できなくなったことから六月二四日に停止した[59]。また瀋陽広播電台でも「対第四野戦軍特別番組」が早朝に放送された。

記録ニュース

対野戦軍放送と並び、党内連絡手段として活用されていたのが、この記録ニュースである。各地方で新聞やラジオ放送が運営されていたが、知識人の不足もあり番組を全て自前で製作するのは困難であった。そこで中央の放送局がニュース原稿を記録ニュースとして放送し、それを各地が書き写して、それぞれの新聞記事やラジオのニュースとして使用していた。またこの放送には、宣伝と報道において、中央と地方の統一性を保ちたいという中央の狙いも含まれていた。

図-9は、記録ニュースを通じた情報の伝達ルートを図式化したものである。延安（陝北）新華広播電台が党中央の意志を反映した記録ニュースを放送し、それは陝甘寧

辺区地方委員会のほか、他の根拠地や野戦軍に伝達された。自前の放送局を所有する地方はそれを書き写し、さらに自己の記録ニュースとして再度放送する。その記録ニュースは、域内の末端の地方委員会や部隊に聴取され、結果として延安が伝えた情報が地方の末端まで届くことになる。内蒙古で新華社の記者をしていた甘惜分は、延安ラジオのニュースを毎日書き写し、それを『今日新聞』と称する新聞にして、区党委員会の幹部や各部門に送っていたという(60)。ただ、これはあくまでも理想的な情報の流れを示したに過ぎず、現実にはそれほど容易に上から下へと伝達されたわけではない。当時の延安ラジオの出力は小さく、東北など遠くの地方が聴取するには困難がともなった。各地方放送局は高性能なアメリカ製ラジオを使用するなどして対応していたという(61)。

またこれらの党内向けの情報は、多くがラジオだけでなく無線電信によっても送信されていた。ラジオのほとんどのニュースは、新華社の無線電信稿を編輯したものであった(62)。とくに機密性を要する党内指示などの連絡は、無線電信で行われていた。前節で見たように、党中央と各根拠地、軍部隊間での無線電信の本格的な活用は、ラジオ放送の開始よりも若干早く、一九三〇年代から見られる。

西満新華広播電台では、陝北新華広播電台が重要な消息を発布した時には、新聞社と電台の指導幹部は記録ニュースを書き写して放送室に送り、西満新華広播電台の記録ニュース番組で再度放送したという。

東北におけるラジオ放送の意義

以上のように、建国以前の中国のラジオ放送において、東北は多くの放送局が集中するきわめて重要な拠点となっていた。一九四八年三月の時点で、延安と東北を除けば、共産党の放送局は邯鄲と晋察冀の二つの電台があるのみであった。そして満洲国期に日本が使用した放送局であったため、機器の性能も、延安などの自力更生で改造を施した機器に比べれば、格段に優れていた。東北のラジオ放送機の出力が高かったため、はるか遠くの人々に共産党の宣伝を伝えることができたのである。

東北地域は、共産党がラジオによって宣伝する際に二つの利点を有していた。第一に、東北社会にラジオ受信機がある程度普及していたことである。受信機がなければ、いかなる放送も効果を上げることはできないため、受信機の所有者が多いことは重要であった。また東北には、日本が満洲国期に整備した有線放送網も存在した。先に見たように、西満新華広播電台では、街頭に放送用のラッパを備え付け、先駆的に有線放送が実施された。後に一九五〇年代以降になると、とくに農村においては、この有線放送が効果的に宣伝に利用されることになる。

第二に、ラジオ放送で一般に使用される普通話の普及である。延安やどのラジオ放送局でも、一部の方言による番組を除き、アナウンサーは普通話を使用した。このため、例えば延安周辺の地域社会では、普通話を解さないため、放送を聴かない人々が多くいたと考えられる。当時の教育水準と普通話の普及状況を考えれば、普通話を理解できる地域や人々は非常に限定されていたと考えるのが妥当だろう。

東北はソ連軍が進駐したこと、そして国府軍も領土接収のため進攻したことにより、内戦の行方を占う焦点となった。それゆえソ連との関係性や、国府との内戦の展開により、ラジオ放送は決して安定的に運営できるわけではなかった。共産党は時に機器を保持したまま後方に撤退し、新たな放送局を設立した。戦局の転換のたびに放送を停止し、また再開させたわけだが、そこには放送の維持に対して一種の執念のようなものを見ることができる。対内、対外的なコミュニケーションの手段として、ラジオが高く評価されていたからであろう。

第二節　映画

映画はテレビが普及する以前において、映像により情報を伝えることができるという点で、新聞やラジオにはない特性を持っていた。新聞やラジオが大衆への浸透という面で、識字率や機器の普及状況から大きな限界があったのに対して、一揃いの機器で一度に多数の観衆に宣伝することができ、娯楽的要素が強いため大衆への強い訴求力を持っている。それゆえ、映画は新しいメディアとして、世界的に宣伝に動員された。

中国で最初に映画が上映されたのは、一八九六年八月一一日のことである。この日上海の徐園において「西洋影戯」が上映された[63]。以来租界が発達した上海では、外国人が映画館を建設して外国映画の上映が行われた。第一次世界大戦中から一九二〇年代にかけては、ハリウッド映画の輸入が急増した。中国人による映画制作の嚆矢となったのは、一九〇五年に北京の琉璃廠にあった豊泰照相館による映画の撮影である。豊泰照相館の創始者である任景豊は遼陽出身の東北人であり、若い頃に日本で写真技術を学んだ人物である。任は前門の大柵欄に映画館の大観楼影戯園も創設している[64]。

一九二〇年代には、中国人による映画活動が活発になり、商務印書館や明星影片公司などによる商業映画の制作が軌道にのる。こうした映画制作のなかで左翼系映画人の活躍も目覚ましいものがあり、例えば南国電影劇社を創設した田漢[65]や、「馬路天使」の脚本を書き監督した袁牧之などがいる。この袁牧之こそ共産党初の映画機関である延安電影団を創始し、後に東北電影公司の創始者の一人となった人物である。

東北の映画組織である東北電影公司、その後身である東北電影製片廠に関しては、すでに程季華主編『中国電影発展史』（中国電影出版社、一九八〇年、邦訳『中国映画史』）、胡昶、古泉『満映――国策映画の諸相』（パンドラ、一九九九年）という優れた先行研究のなかで言及されている。映画に関しては他のメディアに比べて回想史料が豊富なため、比較的詳細な事実を復元することができるようになっている。例えば中国側では旧満映・東北電影製片廠関係者の回想録を集めた『憶東影』(66)を始めとして、『当代電影』、『電影芸術』等の雑誌に関係者の回想が掲載されている。日本側では旧満映関係者として東影に協力した留用者の回想録がある。例えば大塚有章『未完の旅路』全六巻（三一書房、一九六〇～一九六一）、岸富美子『はばたく映画人生――満映・東影・日本映画――』（せらび書房、二〇一〇年）、内田吐夢『映画監督五十年』（三一書房、一九六八年）、持永只仁『アニメーション日中交流記』（東方書店、二〇〇六年）などがある。『中国電影発展史』や『満映――国策映画の諸相』も、このような回想史料を使って満映から東北電影公司、東北電影製片廠までの歴史を叙述しているものと考える。本書ではこれらの先行研究や当時の職員の回想を用い、できる限り東北電影公司、東北電影製片廠の成立過程や映画制作のあり方について明らかにしてみたい。

満映には日本人のほかに多くの中国人スタッフがいた。満映は一九四〇年に直属の養成所を設立し、映画人の養成を図った。第一期（一九四一～四二）から第四期（一九四三～四五）まで全四期の間に、日本人一六名、中国人二一二名の卒業生を輩出している。(67)これらの中国人卒業生は、戦後の東北電影製片廠や中華人民共和国の映画産業において中核的な役割を果たすことになる。

こうした中国人職員のなかに馬守清がいる。馬は養成所の第一期生であり、一九四四年に東京写真専門学校を卒業(68)した。戦後東北電影製片廠で制作部長を務め、人民共和国建国後は北京電影製片廠制作所副所長、中国電影科学技術研究所所長などを歴任した。馬守清も満洲国の崩壊と満映の解散に立ち会った人物であり、詳細な回想録を残している。[69] 以下彼の回想を中心に満映から東北電影製片廠の成立までの過程を追っていきたい。

（一）満洲映画協会から東北電影製片廠へ

敗戦を迎え、満洲に取り残された日本人職員たちは、緊迫した状況に置かれた。一九四五年八月一九日、満映理事長であった甘粕正彦[70]が服毒自殺すると、満映の組織や職員の今後が問題となった。馬守清ら中国人職員は、技術者の流失を阻止し、戦後の混乱のなかで設備や機材が破壊されないよう保護したという。ある日、馬守清は同僚の劉学堯[71]からソ連軍司令部工作員の劉健民と知り合ったことを伝えられた。当時満映のあった長春は、ソ連軍の軍事管制下にあり、組織を維持するためには、ソ連軍と交渉しその承認を得る必要がある。馬守清らは、劉健民を通してソ連軍と意思疎通を図ろうとしたようである。ただ劉健民は実際には共産党の地下党員であり、馬守清らはそのことを後に知ることになる。

八月下旬、馬守清と劉学堯は、劉健民と趙東黎の主宰した会議に参加した。趙東黎はやはり共産党の地下党員であった人物である。会議では、劉健民が関内、関外の共産党指導下の抗日戦争について説明したという。この会議に参加した満映関係者は張辛実、李映、江浩がおり、いずれも後に東北電影製片廠の中核をなす幹部となっている。劉健民は中国人職員が団結するだけでなく、日本人との協力が必要であると説明し、馬守清に東北電影技術工作者連盟を、江浩には東北電影芸術工作者連盟を組織させた。

こうして中国人職員を中心としたグループが組織されたが、合法的に活動するためには長春を支配するソ連軍の承認を必要とした。そこで劉健民は馬守清、張辛実らを連れてソ連軍衛戍司令部の文化部を訪問し、責任者であったシエドゥーリン（謝徳明）と面談し、正式な登記について交渉した。シェドゥーリンはウラジオストク国立極東大学東洋学部で中国語を学んだ中国通で、一九四五年九月に延安を訪問し中国共産党指導者と面会したウェイスビエフの通訳も担当している。後に大連でソ連駐留軍が『実話報』を発行した際に社長を務めた人物である。[72]

シェドゥーリンはこの要請を承諾し、馬守清らに九月三日の抗日戦争勝利大会を撮影し、ニュース映画を制作するよう依頼した。こうして馬守清らは大会に出席した。劉健民が中国共産党を代表して講話をし、旧満映職員であった凌元が映画工作者を代表して講話した。大会では旧満映の役者によって演劇「お前の鞭を置け」[73]が演じられたという。この大会を記録した映画は、中国人の手による最初のニュース映画となったが、その撮影には旧満映の日本人もたずさわっていた。旧満映の留用者たちが日本引揚げの後に開いた座談会において、高島小次郎は「その第一回目の仕事が、長春の解放記念の市民大会の記録映画でした。そのとき私にいってくれないかという話があり、気賀靖吾さんが撮影の指導、私が録音の指導という形で行ったわけです。行く前に、中国の同志たちが私たちのことを非常に心配してくれ、四万から五万ぐらいの人が集まったのですが、あなたたちの生命は私たちが身をもって保障するから、安心して行ってくれというわけで、途中で石を投げられたことはありましたけれども、ほんとうによくわれわれをカバーしてくれました」と当時の様子を伝えている。[74]

旧満映の中国人職員は、東北電影技術工作者連盟と東北電影芸術工作者連盟の二つのグループに分かれていたが、劉健民と趙東黎の指示により、二つの連盟を一つにまとめ、新たに東北電影工作者連盟が結成された。[75] 一方、満映がいぜんとして理事の和田日出吉[76]など日本人職員により運営されていたことが問題となった。

劉健民はシェドゥーリンの同意の下、馬守清らに満映を接収し東北電影公司を成立させるよう指示した。馬守清、張辛実、王啓民、江浩らは、九月一〇日頃に東北電影工作者連盟を代表して和田らと交渉を始めた。この席には、和田と関係が深いソ連軍中佐も出席していたという。馬守清らは、日本が降伏し満洲国が瓦解した以上、満映の指導権は中国人の手に移されるべきであり、中国電影工作者連盟が接収・管理すると説明した。和田はこれに対し、満映は中国に返還すべきであるが、その対象は中国政府であって東北電影工作者連盟にではないと返答した。さらに同席したソ連軍中佐が和田を擁護し、馬らの主張に反対したという。ソ連軍将校が反対したために、馬守清らの接収の試みは失敗に終わった。中国人職員にしてみれば、ソ連の軍事管制下にあるなかで、ソ連軍人との対立は避けなければならなかった。その後、張辛実が劉健民とシェドゥーリンにこの事を報告し、シェドゥーリンの計らいで解決されたという。

こうして九月二五日、東北電影工作者連盟は旧満映の中国人大会を開催した。大会では劉健民が共産党を代表し、東北電影公司の成立を宣言した（ただし正式に、対外的に宣言したのは一〇月一日）。大会は張辛実、王啓民、江浩、馬守清、傅連生、大塚有章、仁保芳男、西村竜三を中核メンバーの委員として選出した。そして張辛実が総経理、王啓民が副総経理、江浩が総務部長、傅連生が営業部長、馬守清が制作部長を担当することとなった。留用された日本人は主な者として、大塚有章、内田吐夢、木村荘十二、八木寛、仁保芳男、気賀靖吾、高島小二郎、秋山喜世志、本間鉄夫、民野吉太郎、福島宏、岸富美子、岸寛身、森川和雄、森川和代、森川淳子、持水只仁などがいる。

当初の東北電影公司は以下のような組織で構成された。制作部の下に制作処（処長：馬家驤）、その下に劇本科（科長：馬家驤が兼務）、導演科（科長：唐学坤）、演員科（科長：卒影）が置かれた。技術処（処長：王啓民が兼務）の下には、撮影科（科長：閻徳奎）、録音科（科長：呂憲昌）、洗印科（科長：文玉璞）、美工科（科長：劉学堯）が置かれた。制作部直属に総務課（科長は趙学元）を置くとともに、別に総務部の下に人事科（科長：呉英捷）、秘書科（科長：李福山）を設置した。営業部の下に宣伝科（科長：李映）、放映科（科長：盧広銓）が置かれた。

成立当初の東北電影公司の大きな問題は、職員たちの生活の維持にあった。当時公司は独自の劇映画はほとんど制作せず、映画の制作はニュース映画に限られ、他に役者が演劇の公演を行ってしのいでいた[77]。それは物資の制限があること、満映からの多くの職員を抱え、安定した収入を確保して給料を支払わなければならなかったからである。馬守清によれば、公司は以下の三つの方法で収入を得ていたという。

①満洲国時期に審査が通らなかった上海映画を放映し、放映権料を得ること。

②直属の役者が「阿Q正伝」、「過客」、「葛嫩娘殉国」、「太平天国」などの新劇を演じ、興行収入を得ること。

③ソ連遠東影片輸出公司のために映画を翻訳し、料金を得ること[78]。

③に関して補足すると、当時公司はソ連映画の「蜜蜂的生活」、「伏尓加、伏尓加（ヴォルガ、ヴォルガ）」、「伊凡雷帝（イワン雷帝）」、「快楽的人們（陽気な連中）」などの映画を中国語、日本語、朝鮮語などに翻訳して制作し、ソ連軍に提供したという。ソ連軍は東北電影公司に作成させた翻訳映画を、占領地におけるプロパガンダの道具として利用していたと考えられる。地域の住民に合わせて、中国人向け、日本人向け、朝鮮人向けに翻訳して上映したのであろう。

一一月、劉健民は公司から離れ、東北局が派遣した田方、許珂が工作を指導するようになった。田方と許珂は、舒群が率いた東北幹部団第八中隊の一員として延安から来た幹部である[79]。第八中隊は一一月二日に東北局所在地の瀋陽に到着しているが、東北局は満映の設備や機材の接収のため、田方や許珂を先行して東北電影公司に派遣したのである[80]。田方らは、政治情勢が緊迫しており、国民党がいつ強行的に接収に来るか分からないことを説明したという。田方の言うように、当時まさに東北をめぐる情勢は緊迫しており、実際に公司の職員も張辛実、王啓民、江浩、于彦夫、閻徳奎、仁保芳男、馬守清、盧広銓などが国府の警察に逮捕されている。

このような情勢の悪化に際して、東北電影公司はソ連軍を利用した。ソ連軍に翻訳映画を供給することを名目とし、ソ連遠東影片輸出公司の経理であったソ連軍少佐[81]に公司の経理となるよう依頼し、張辛実は副総経理となった。ソ連軍人が代表を務めたため、国府も容易には手が出せなくなったのである。また「ソ連軍少佐」はソ連遠東銀行から預金を引き出し、東北電影公司の資金としたため、経済問題も解決したという。こうして東北電影公司は新たな人材の募集も始め、一九四六年初めには、職員数約四百から五百人、そのうち日本人は約一〇〇人であった。実際にソ連映画の翻訳は行われており、文化映画「蜜蜂的生活」、社会劇映画「問罪無辜」、音楽喜劇映画「無憂天使」、「両個姑娘」、「空中馬車」などが翻訳され、上映された[82]。

この時期東北電影公司は、技術者の不足を補うため、三月一日に東北電影学院を設立して新たな人材の養成を始めた。学院の第一期生五七名により速成科が組織され、監督、演技、撮影、録音、現像、美術、照明、放映などの各班に分かれ、六ヶ月という短い期間で差当りの技術者を養成した。将来的には、外部から新入生を募集し、修業期限三年の本科を開設することが想定されていた[83]。

さらに経済的状況の好転により、東北電影公司は独自の映画制作に着手し始めた。一九四六年四月当時、公司は映画制作に関して以下の三つの目標を立てていた。

一　劇映画を年八作品制作する。
二　文化映画を年五作品制作する。
三　ニュース映画を月一作品制作する。

そして映画の制作に関しては、以下のテーマを重要項目として挙げている。

一　祖国愛、民族愛

二　民主思想の浸透
三　復興建設精神の高揚
四　封建思想の一掃
五　男女平等問題（婦女の解放問題を含む）
六　普遍的な科学、衛生知識
七　児童教育問題
八　労働者、農民への敬愛
九　中ソ友好
一〇　その他(84)

当時の映画の問題は、都市では見られるものの、農村ではほとんど見ることができないことであった。つまり中国映画は「大・中の都市での活動に過ぎず、小な街や村では根本的に大衆が見る機会」はなかったのである。そして「映画を見たことのある一般人の考え方」や、映画人にありがちな考え方を捨てなければならないと自己批判した。ニュース映画により村人に国際情勢を知らしめ、故事の紹介によって大衆に生活を改善するように促すこと、巫女的医療などの伝統的な中国医学と西洋医学とを比較したり、中国農村の悪習と外国の農村の良好な習慣とを比較するなどして、農民に知識を授け、映画における都市と農村の格差をなくすことが目標とされたのである。(85)内戦末期においては、むしろ農村よりも都市が重視されたが、当時はまだ「農村から都市を包囲する」ことが、共産党の方針となっていた。それゆえ、農村の感化、農民の教育、そして恐らくは映画を通した共産党イデオロギーの浸透が意図されたものと考えられる。このあたりの映画の捉え方や位置づけは、満映における文化映画、啓民映画を踏襲するものと言える。実際に映画の脚本を書き、映像を撮る者がそれほど大きく変わっていないことを考えれば、満映からの連続性を見ることができるかもしれない。

さて、一九四六年四月、ソ連軍が長春から撤退すると、四月一四日に東北民主聯軍は一時的に長春を占領することに成功した。東北局宣伝部は田方、許珂、銭筱璋を東北電影公司へと派遣した。銭筱璋は延安電影団の幹部である。時期をさかのぼるが、延安電影団の責任者呉印咸と、電影団を指導する八路軍の宣伝部長肖向栄は、銭筱璋らを先遣隊として東北へと派遣し、日本の映画機関の接収にあたらせようと考えた。肖向栄は銭筱璋に接収・管理計画を作成するよう指示し、一九四五年九月末に「東北の映画事業の接収と、我が党の映画宣伝機構の建設」[86]と題する方案が完成した。この方案では、接収した後に機材を厳重に保管し、事業が軌道に乗るのを待ち生産の必要に応じて再度機材を配置すると規定された。とくに「必ず十分な機材を党中央所在地に送り、党中央の直接指導の下で党の映画中心基地を設立することに便を図ること」とされており、東北の映画機材を東北で利用するだけでなく、他の解放区へ送り使用することが想定されていたようである。つまり、党中央としては東北に旧満洲国の映画機材が豊富にあることを認識しており、その機材を党全体の財産として共有しようとしていたのである[87]。これを受け、銭筱璋は部隊とともに東北へと到着し、一九四六年四月時点では東北局宣伝部の指揮下に入っていた[88]。

話を元に戻すと、東北電影公司に赴いた田方は、東北民主聯軍の周保中がサインした接収・管理命令を読み上げ、東北民主聯軍を代表して接収・管理を執行した。田方らは満映から東北電影公司までの状況についてヒアリングし、その報告をもとに、東北局宣伝部は袁牧之を派遣し指導にあたらせようとした。

当時袁牧之は、一九四六年二月にソ連から東北に帰国していた。東北局は、袁牧之を長として満映を接収・管理するために工作小組を組織したが、田方と許珂ももともとはこの小組の一員であった[89]。ただ袁牧之自身は任務に堪えないと周囲にもらしていたため、当時旧満洲国大陸科学院の接収にあたっていた舒群に接収・管理の命が与えられたという[90]。こうして東北電影公司は改組し、舒群が総経理に、張辛実が副総経理、袁牧之は結局顧問に就任した。当時東北電影公司は民主聯軍の指揮下にあったため、公司の印章は「東北民主聯軍総司令部東北電影公司」であったという。

一九四六年五月東北をめぐる国共の対立は決定的となり、四平街をめぐる戦いが行われていた。戦争が長春を巻き込む形勢であったため、東北局は東北電影公司の全ての機材、物資を保持してハルビンへと撤退するよう決定した。舒群は職員たちにこの命令を伝えたが、ともに行くことを強いることはなかったという。職員のなかでも日本人留用者は、ハルビンに行けばますます帰国が遠ざかるため、相当に迷っていたようである。内田吐夢、木村荘十二らは、ともに行くか、長春に留まるか馬守清と相談した。馬守清は日本人留用者が映画の制作になくてはならないと考えていたため、舒群と相談し、極力ハルビンへと同行するよう説得したという。

以上は馬守清の回想であるが、舒群の回想では少々ニュアンスが異なっている。舒群の考えでは、当時技術は主として日本人の手に握られていたが、舒群らは日本人を掌握できていなかった。舒群は東北局宣伝部長の凱豊に自分の考えを報告し、凱豊の同意を得た上で、とくに日本人留用者のための会を開いて思想教育を進め、共に行く利点と必要性を指摘し、日本人が公司について行くよう動員したという[91]。

持永只仁の娘伯子の回想によれば、舒群は「当面、日本人の皆さんに帰国の見通しはない。衣・食・住、生活のいっさいを責任持ちます。もし、安全に帰国できるようになれば、いつお帰りになっても結構です。その日までわれわれにご協力ください」と誘ったという。持永只仁は舒群の話には偽りはなく、自分の技術が役に立つのならと積極的に賛同したという[91]。なお公司は、アニメ用撮影設備を解体し、組み立てる技術を持つものがいなかったため、これを放棄しようとしたが、持永の知識と努力により無事新天地へと運ばれた(93)。

こうして五月一三日に、撮影機や録音機など、重要な設備、機材を輸送する第一隊が撤退を開始した。第一隊は袁牧之、銭筱璋が率いたものである。第二隊は許珂と馬守清に率いられハルビンへと向かった。銭筱璋によれば、撤退時の職員は、中国人一〇〇人、日本人と朝鮮人を合わせて七〇人ほどであったという(94)。

一行はハルビンに到着したが、東北局はハルビンも戦火が及ぶ可能性があることを考慮し、さらに奥地へと撤退させることを決定した。こうして最終的には炭坑で有名な鶴岡へと移動することになったのである。鶴岡に到着したのは六月初めのことであった。製作所や弁公室、職員の宿舎、撮影所などは、もともと日本軍や日本人らが使っていた施設を改修して使用した(95)。銭筱璋は鶴岡がハルビンとは異なり、荒涼として何もなかったため、皆の士気が落ちたと回想している。当時の人員のなかで、共産党員は舒群、袁牧之、田方、許珂、銭筱璋の僅か五名であった。

東北電影公司が鶴岡に移転した六月、晋察冀辺区の幹部である汪洋が、中央宣伝部の指示を持って東北電影公司を訪れた。その内容は、華北に映画の拠点を設立するため、機材と人材の援助をして欲しいとのことであった。東北局の批准を経た後、東北電影公司は大型の撮影機二台、小型撮影機二台、録音設備二揃い、現像機及び照明機一揃い、幹部として汪洋、方文、日本人留用者らを派遣し、後の華北電影隊を形成した。この経緯から見ても、満洲における映画の遺産が、戦後の東北だけでなく、戦後の中国共産党の映画組織全体に継承されたことが分かる(96)。

この後、東北電影公司には、全国から映画工作者が続々と集まってきた。例えば陳波児、周従初、八月には延安電影団を率いて呉印咸が到着した(97)。とくに共産党の映画組織の草分けであった呉印咸と延安電影団の到着は、組織を大きく拡充させた。そして一〇月一日、東北電影公司成立一周年のこの日に、舒群は東北局宣伝部の意向を受け、東北電影製片廠（以下、東影）と改名することを発表した。舒群が廠長、呉印咸、張辛実が副廠長、袁牧之が顧問、田方が秘書長、馬守清が技術部長を担当することとなった。ただし舒群は一九四六年末に東北大学副校長に転任したため、その後は袁牧之が廠長を継承した。

東影は、袁牧之、呉印咸、田方、陳波児、何世徳、許珂、王濱、銭筱璋、何林の九人、後に鐘敬之、沙蒙の二人が加わり、計一一人により管理委員会が組織され、集団で指導されていた。一九四七年五月から四九年五月までの間、第一期から第四期までの訓練班を組織し、文芸幹部六五〇名あまりを養成したとされる。(98)

東影は旧満映の日本人職員を積極的に留用したが、必ずしも効率的に日本人を利用したわけではなかった。一九四七年に内戦が激化すると、もともと経営が苦しかったこともあり、余分な人員を整理して生産に従事させることになった。当時これは「簡素化」と呼ばれていた。(99)整理されたのはほぼ日本人職員のみであり、日本人職員を二つに分け、必要なカメラマンや技術者を残し、演出家や脚本家などは当座の間は必要なしとして、鶴岡炭鉱などの労働が配分された。これは命令であって、拒否することはできなかったという。文化人であった映画関係者にとっては、鶴岡炭鉱での肉体労働は非常に過酷なものであった。木村荘十二などは、東影のこのような政策に相当な不信感を抱いていた。(100)

（二）東北占領後の東影

一九四九年春、東影は新たに映画の発行、放映を司る機関の設立を計画し、公司の駐ハルビン弁事処と発行科の人員をもとに準備組を組織した。こうして一九四九年三月一日、正式に東北影片経理公司を発足させた。この組織の任務は、東北の映画の発行業務を指導、組織するほか、東北全域の映画館の接収・管理にあった。映画館を接収し、共産党の方針に合わない「有害な」映画を禁止したため、各地の映画館では上映する映画が不足した。このため、ソ連影片輸出公司とソ連映画を代理発行する契約を結び、供給問題を部分的に解決した。

以上のような映画の発行組織の設立は、党中央の指示に基づいて行われたと考えられる。一九四八年一〇月二六日、中央は東北局宣伝部と廠長の袁牧之に対し、全国の映画館に映画を供給し、ソ連映画を解放区で放映する権利を取得する組織として、「新華影片公司」を組織するよう指示している。また同指示では、東北と華北の製片廠の統一問題に関して華北側と協議すること、幻灯機を続けて製造し関内の各軍に供給することも要請されている。[101]おそらく中央が「新華影片公司」と称したものが、結果として東北影片経理公司として成立したのではないかと推測される。

映画の不足に関しては、共産党にとって安心して輸入し放映できるソ連映画を、いかに数多く翻訳して上映するかが一つの鍵であった。袁牧之は職員の袁乃晨にソ連側と交渉して東影が翻訳を請け負うよう指示した。袁乃晨は、ソ連影片輸出公司・駐ハルビン東北総経理と交渉し、東影がソ連映画の中国語訳を行うことを提案した。ソ連側はロシア語の翻訳ができるかどうかたずね、もしできなければ、香港かインドで中国語版を制作するつもりであると述べたという。このような経緯から、ソ連軍やその組織の撤退以降、東北ではソ連映画の翻訳が途絶えていたと考えられる。交渉の結果、まずは試作して様子を見ることになり、両者は一九四八年七月に契約を交わすことになった。

ソ連側は「阿列克山徳尓・馬特洛索夫（アレクサンドル・マトロソフ）」[102]を東影に提供し、袁乃晨らは一ヶ月後に脚本を中国語に訳出した。その際、中国語版のタイトルは「普通一兵」と訳された。この「普通一兵」はソ連と正式に契約し、翻訳した上で中国語に吹き替えられた初めての映画である。一九四九年五月一六日、ハルビンのモスクワ電影院で上映され、ソ連側はその出来に満足したという。これ以後、ソ連映画の中国語版は、東影が全て制作することとなった。[103]

東北影片経理公司は、東北各地に支社、弁事処、発行組織を設立していった。一九四九年五月には、朝鮮民主主義人民共和国の平壌に、最初の映画輸出機構となる東北影片経理公司駐平壌代表処を設立し、東影が制作した映画を北朝鮮に輸出することが始まったという。[104] こうして東影は、制作、発行網を拡大していった。『東北三省革命文化史』によれば、一九四七年五月から一九四九年五月の間、東影の映画は東北で九一八九回上映され、観衆は三六三万人、巡回放映隊の上映は二八九三回、観衆は四〇〇万人とされる。[105]

一九四八年一二月、共産党中央宣伝部は、全国の映画事業の統一、北京の映画機関の接収などについて東北局宣伝部に対して指示を出している。これによると、北京、天津は近いうちに「解放」することが想定され、北京の国民党の映画機関や映画館を東影の幹部によって接収・管理することが計画されていた。そして北京、天津を占領した後は、全国的な映画機関を北京に設けること、国府との戦いのなかで各地に撮影隊を派遣し多くの記録映画を撮ること、これらの任務に東影が貢献するよう指示したのである。[106]

東影はこれに従い、北京の接収・管理に田方らを、南京、上海の映画機関に鐘敬之を派遣したほか、一八の撮影隊を関内に派遣し、従軍して平津、淮海戦役などを撮影した。[107] 撮影隊では、例えば呉本立らを淮海戦役に、劉徳源、石益民らを平津戦役の前線へ派遣し、戦争の状況を撮影した。一月三一日に北京の傅作義が降伏すると、劉徳源、石益民らは二月三日の共産党の入城式や、三月二五日には毛沢東の閲兵式を撮影した。[108]

北京の接収に向かった田方は、北平軍事管制委員会の下で映画機関の接収にあたった。北京の国民党系映画機関は、中国電影企業公司第三製片廠（「中電」三廠）[109]、中央宣伝部長春製片廠、中央電影服務処華北分所があり、ほかに国民電影院、北洋電影院などの映画館が存在した。[110] 軍事管制委員会文化接管委員会の下で、二月一日から工作を始め、田方は主に中国電影企業公司第三製片廠の接収にあたった。

接収が順調に完了したことを受け、中国電影企業公司第三製片廠を基礎として、東北電影製片廠の人員、華北の電影人員を合わせて、四月二〇日に北京電影製片廠が成立した。接収に責任を負った田方がそのまま廠長に、先に紹介した華北電影製片廠の汪洋が副廠長にそれぞれ就任した。平津戦役の撮影に派遣された劉徳源、石益民の撮影隊は、そのまま北京電影製片廠へと入り[111]、銭筱璋を指導者とする東北電影製片廠新聞組も同廠に移動となった。

四月には、映画の全国的指導機関である中央電影管理局が北京で正式に発足し、袁牧之が東影から移動し局長に就任した。著名な撮影家であり、東影で製作処長を務めていた羅光達は、やはり北平に成立した中国電影発行放映公司の経理に就任した。そしてこの四月、東北局の決定により、東北電影製片廠は鶴岡から長春へと移転した[112]。

こうして首都北京の映画制作所である北京電影製片廠、指導機関である中央電影管理局、発行を請け負う中国電影発行放映公司は、いずれも東北電影製片廠の人員を基礎として成立したのである。彼らは東北における映画制作の経験を、中華人民共和国の映画制作に継承していくことになったのである。

（三）東北電影公司、東北電影製片廠の映画

共産党の映画において、政策の実態や戦争の状況を報道するニュース映画は、映画の制作において中心的な位置を占めていた。娯楽の提供としてではなく、映画をプロパガンダとして利用する以上、ドキュメンタリー映画が利用されるのは当然と言えよう。日本の満洲映画協会でも、ニュース映画は重視されていた。満映初期には、教育映画、記録映画、宣伝映画は「文化映画」と呼ばれた[113]。甘粕が理事長に就任すると、一九四〇年には啓民映画部を設立し、文化映画は以後啓民映画と称されるようになった。劇映画が完備されたスタジオが必要なのに対し、文化映画・啓民映画はスタジオを必要としないため、設備に難がある場合でも撮影することができた。『満映通訊』、『満映時報』、『満映児童』などのニュース映画が数多く制作されている[114]。

共産党ではこのようなニュース映画を「記録映画」と呼んでいた。東影が制作したニュース映画のなかで、とくに

有名なのは「民主東北」である。「民主東北」は、一九四七年から制作が始まり、第一七輯まで制作された一連のニュース映画であり、このうち第一一輯までが人民共和国の建国以前に制作されたものである。東影は撮影隊を組織して戦争の前線や、事件の起こった地域に派遣して記録した。岸富美子によれば、第一輯の撮影には日本人も参加していたという。岸は「第一次撮影隊に参加した日本人は、私の兄と夫と気賀靖吾さんでした。中国人カメラマンも何人かいて、延安から来た李光恵さんや包傑さんがいたのを覚えています。日本人カメラマンが参加したのは一回目だけで、後は中国人だけで撮りました。『民主東北』に字幕でカメラマンの名前が出るのですが、日本人は全部中国名を使っていました」と当時を振り返っている。[115]

この「民主東北」の第一輯・第二輯の内容は、『活捉謝文東（謝文東の生け捕り）』、『民主聯軍軍営的一天』、『追悼李兆麟将軍』、『内蒙新聞』である。謝文東は東北抗日聯軍の指導者の一人でありながら満洲国に帰順した人物であり、共産党からは「土匪」とされた人物である。李兆麟は第四章で詳しく紹介するが、東北抗日聯軍の将軍として活躍し、戦後の東北の活動において指導的立場にあった人物である。共産党は「民主東北」を上映することにより、大衆に共産党の勝利、政策の正しさ、戦争の英雄の顕彰、解放区の素晴らしさなどを宣伝したのである。後述する持永只仁による「皇帝夢（皇帝の夢）」も、この「民主東北」の第四輯として、一九四七年一一月に制作された。

「民主東北」の内容は、①戦争の実況、②思想教育に関わるもの、③生産に関わるもの、④その他、に分けられる。①戦争の実況は「民主東北」の中心をなすものであり、大衆や兵士に共産党の勝利を信じさせるために必要であった。例えば第三輯の「夏季攻勢簡報」は三下江南戦役、四平街の戦いなどを描いたものであり、第九輯「解放東北最後戦役」は、遼瀋戦役を中心とする東北全域の「解放」の様子を描いている。東影はこのニュース映画の撮影のために、劉徳源ら一七名の戦地カメラマンを派遣し、軍に同行させて戦場のリアルな情景を撮影させた。

②思想教育に関わるものでは、第三輯の「農民翻身」が東北における土地改革の様子を伝え、第五輯の「留下他打老蔣（彼を残して蔣と戦わせよ）」は、大衆に蔣介石政権との対決を促す内容である。「留下他打老蔣」は短編劇となっており、解放軍の少年兵が農民の子供を誤って射殺したところからストーリーが始まる。解放軍は少年兵に死をもって償うよう命じるが、農民は大衆大会で少年兵を殺さないよう訴える。なぜなら解放軍なくして自らの「翻身」はあり得ず、幸福もないからであった。農民は「小鬼（少年の名――著者注）を殺すな！彼を蔣介石反動派と戦わせよ！」と訴えるのである。

③生産に関するものも、比較的多い。新聞の報道と同じく、東北では工業が発達しているため、工業生産を描いたものも多いことが特徴である。農村を舞台としたものでは、第四輯の「農村簡報（「做軍鞋（軍靴を作る）」、「秋収」）」、第六輯「前線炮兵助民春耕（前線の砲兵が民の春耕を助ける）」などがある。一方工業では、第五輯の「建設簡報（「安東造紙廠」、「東北毛織廠」）」、第六輯「哈爾濱工人〝五・一節〟造炮労軍（ハルビンの労働者がメーデーに大砲を作って軍をねぎらう）」」、第七輯「接収後的鞍山鋼廠」などがある。

劇映画では、共産党初の長編劇映画である「橋」が東影によって制作されたことは良く知られている。「橋」は実際に東北で起こった故事をもとにしており、ある鉄道工場が内戦の勝利のために、松花江の鉄橋を修復する様子を描いたものである。もともと共産党が農村や農民に重点を置いていたことから、従来の共産党の映画では農民を描くことが多かった。しかし東北内戦の過程では大都市を占領し支配するようになり、次第に重点が農村から都市へと移行していった。このため、映画においても労働者を主人公とする映画の制作が必要とされた経緯がある。それは多分に、ソ連映画の影響を感じさせる内容であった。「橋」は後に「白毛女」を撮影した王濱が監督した作品であるが、日本人の岸富美子が編集を務めた。岸は王濱から「安芙美」という中国名を与えられ、制作に携わった。他に勢満雄が

図-10　東北電影製片廠　左から呉印咸、袁牧之、張辛実

（出典：高維進『中国新聞記録電影史』中央文献出版社、2003年）

「世為」の名で特殊装置を担当している。[116]

（四）日本人留用者

東影が制作した映画のなかで、アニメ映画は中国最初期のアニメとしてよく知られている。持永只仁は人形アニメ「皇帝夢（皇帝の夢）」を手がけ、セルアニメ「瓮中捉鱉（甕のなかで捕えられた亀）」では「方明」の名で自ら監督を務め、「新中国のアニメの生み親」と称される。「皇帝夢」は陳波児が脚本、監督を務め、一九四七年一一月に制作された。マーシャルが武器の援助と引き換えに蒋介石から中国の主権を手に入れようとし、また蒋介石が皇帝となるためにアメリカの援助や国民代表大会を利用したものの、結局は追い詰められていく様子を風刺した内容である。「瓮中捉鱉」は朱丹が脚本を、持永只仁が監督を務め、一九四八年一二月に完成した。蒋介石がアメリカの援助の下に内戦を始めたが、人民解放軍に敗北して追い詰められ、袋のネズミになっていく経過を描いたものである。

持永は物資不足を克服し、中国人青年を後継者として養成しつつこれらの映画を世に送り出した。彼はその後一九五〇年に上海に移動し、上海電影製片廠でアニメ班を創立してアニメ制作に携わり、一九五三年に日本に引揚げた。[117]

公司とともに鶴岡に移動した日本人には監督の内田吐夢や木村荘十二、脚本家の八木寛、編集者の民野吉太郎、特撮や美術などの専門技術を担当した森川和雄、フィルムの研究、生産に携わった仁保芳男と秋山喜世志、機材の整備を担当した服部保一、編集を担当した岸富美子などがいた。後に程季華『中国電影発展史』を翻訳した森川和代の兄森川和雄は、クレジット・タイトルを専門とし、東影の看板も作成している（図－10）。東影で特殊装置を担当した勢満雄は、タイトルバックに用いられる東影のマークをデザインした。マークは工農兵が一体となったものであり、後によく似たデザインで小野沢亘が北京電影製片廠のマークを作成している。

技術者であった服部保一、尾野達男、安武龍太郎らは、戦後の中国映画を機材の面で支えたことで知られる。鶴岡では服部保一が修理科の科長を担当し、毛主席バッジの製作、カメラの改造、スライド映写機の製作、カメラの防音カバーの生産、医科大学の依頼による医療機器の生産などに従事していた。修理科は当初日本人のみであったが、次第に中国の青年を受け入れるようになり、長春に移転する際には総勢約四〇名ほどに増えていた。この東影の修理科で技術を身につけた中国人らが、後に中国各地の映画機械工場や光学測定器製造部門に配属され、中核となったとされる。

当時映写機はアメリカ製かソ連製であったが、朝鮮戦争による経済封鎖のなかでも安定的に供給するため国産映写機の製作が目指された。そこで一九五二年、南京に南京映画機械工場が設立されたが、服部は前年一二月から先発隊として南京に移動し、その設立準備に携わった。この南京映画機械工場では、尾野と安武も一六ミリ映写機の製造に加わった。そして一九五三年に中国初の国産映写機の試作に成功している[118]。

留用者のなかで、岸富美子は満映時代から戦後の東北電影製片廠までの記憶を精力的に現在に伝えている。岸はカメラマンであった兄福島宏、夫でやはりカメラマンの岸寛身とともに東北電影公司に留用された。もともと岸は夫の妻という身分で正職員ではなかったが、鶴岡移転後に編集部の人員として正式に雇用された。岸は王濱が監督を務める「橋」で編集を担当し、王濱から信頼を得た。福島宏（中国名傅宏）は「光芒万丈」、「無形的戦線（見えない戦

図-11　東影の映画ポスター　「橋」「中華女児」

（出典：趙東鳴『中国電影経典海報典藏』中国電影出版社、2006年）

線）」、「紅旗歌（紅旗の歌）」、「嘘」など五本の劇映画でカメラマンを務めた。岸寛身（中国名杜榆）は、「内蒙古人民的勝利（内モンゴル人民の勝利）」、「六号門」の二本の撮影を担当した。岸富美子自身は、「橋」の編集の後、「光芒万丈」、「白毛女」、「無形的戦線」、「紅旗歌」、「内蒙古人民的勝利」、「葡萄熟了的時候（葡萄の熟れるころ）」、「六号門」、「結婚」などで編集を務めた。とくに中国映画を一躍世界に知らしめた「白毛女」は、岸富美子の代表作と言えるが、長い間岸が編集に関わったことは公表されなかった。[119]

以上のような日本人留用者は、実際の映画制作や人材の養成において、大き役割を果たしたと言える。この東北電影製片廠が後に長春電影製片廠と改称し、以後もなお中国映画の中心地として映画を制作し続けていくことを考慮すれば、戦後の中国映画の制作に与えた影響は計り知れないと言えよう。

第三節　肖像、年画

共産党指導者の肖像は、大衆の忠誠心を獲得し、支配を確立するために共産党の象徴として利用された。とくに東北地方は、一九四五年に軍と幹部を派遣するまで、共産党はほとんど勢力を浸透させていない地域であった。したがって東北においては国府や蔣介石を正統とする意識が強く、共産党や毛沢東、朱徳らの知名度は低かった。共産党が東北において支配地域を広げ、強固な支配を確立しようとする際に、指導者の肖像は目に見える形で忠誠の対象を提示するものであった。

丸田孝志が明らかにしたように、すでに陝甘寧辺区をはじめとする関内においては、整風運動以後に毛沢東の権威が確立されるにしたがい、毛沢東の肖像が儀礼や公共の場で盛んに使用された。例えば、毛沢東の肖像が労働英雄大会などにおいて大量に頒布・販売されたのである。その際、毛沢東像は、信仰の対象である神像の代替として浸透していった。また朱徳も軍の象徴として、毛沢東に次いで、あるいは前線においてはそれ以上に崇拝の対象となっていった。(120)

東北においても、共産党の進出とともに、毛沢東像が様々なシーンで見られた。例えば、一九四六年一〇月、ジャムス近郊の湖南営において農工代表大会が開催された。大会では、精算委員会主任が漢奸に媚びへつらい職務を果たさないと告発され、「毛主席に申し訳がたつのか？」と批判された。代表三〇人が表彰され、六斤の塩と毛布、石鹼を賞品として受け取った。ある村の郷長王振林は、多くの農民の翻身を助けたことにより特別賞を受賞し、県政府から額縁に入った毛沢東像が送られた。その毛沢東像には、「永遠に毛主席について行きます！」と書いてあったという。[121]

ここで言う「翻身」とは、封建的搾取や抑圧に無自覚な農民などが、階級意識に「目覚める」ことを言う。「翻身」はまさに中国共産党のイデオロギーによって引き起こされるものであり、「毛沢東と共産党の正確な指導」によって達成された。それゆえに、農民たちは毛沢東に感謝しなければならない。商品として毛沢東像が贈られるということは、それを象徴するものである。

一九四七年ハルビンの南崗区で挙行された翻身会では、開会の冒頭、まず出席者たちは脱帽して台上の毛沢東像に叩頭した。[122] ここでも毛沢東像が公式に崇拝の対象となっていることがうかがわれる。翻身した農民を紹介する『合江日報』の記事では、土地、牛、服などは「毛主席が与えてくれたものであり、我々大衆の家にはみな毛主席の像があり、正月にはまず毛主席に新年のあいさつをする」という農民の言葉が紹介されている。[123] また、工農通信員の証明書には、毛沢東像が描かれていたらしい。いささか過剰に演出されているが、以下の王守義という人物が執筆した「熱愛毛主席」には、毛沢東崇拝が東北でも進みつつあったことを示している。

貧雇農は「工農通信員証」の毛主席の肖像を見て、みな一斉に囲んで毛主席を見ようとした。潘老人は遠くて見えず、人を押しのけて、毛沢東像を手のなかに入れ、毛主席をもっと良く見ようとした。群工会上で数人の貧雇農たちが、「工農通信員証」の毛主席像を会場に回覧した。彼らは毛主席をしっかりと胸に刻み、少しでも多く見たいと思い、多くの毛主席像を印刷するよう要求した。[124]

このシーンは共産党のプロパガンダによる虚像に満ちていると考えられるが、少なくともこのような記事を掲載することにより、共産党が大衆のなかで毛沢東への崇拝を呼び起こそうとしていたことは分かる。

指導者像は、ほかにデモ行進を行う際にもよく用いられた。一九四六年一〇月一〇日、ハルビンで双十節を記念し

図-12　共産主義指導者像（出典：『東北画報』第49期、1949年4月）

て行われたデモ行進では、様々な旗、指導者像、標語などが用いられた。なかには大きな地球儀を図像とする旗があり、孫文と毛沢東像が描かれていたという[125]。

毛沢東や朱徳の肖像画は、共産党支配下の街なみや公共の場で、一般的に使用されていた。一九四七年七月、東北書店本店が、ジャムスからハルビンへと移転した際に、建物上部の「東北書店」の看板と、毛沢東直筆の「為人民服務」に挟まれる形で、毛沢東と朱徳の肖像画が掲げられ、それが東北書店の統一的スタイルとなった[126]。したがって、毛沢東や朱徳の肖像は、街のなかで一般に目にすることができたのである。ただ関内と異なる点は、毛沢東、朱徳の肖像のほかに、レーニンやスターリンの肖像も普遍的に見られたことである。もちろん関内においても特別な式典などではレーニン、スターリンの肖像が使用されるものの、東北はかつてロシア・ソ連が支配し、また戦後ソ連軍が進駐して大きなプレゼンスを持っていた地域であり、共産党は同じ共産主義勢力としてソ連との友好関係を殊さらに強調していた。そのため、東北においてはレーニン、スターリンの肖像も広く利用されたのである（図－12）。

また東北では、毛沢東、朱徳とともに、東北民主聯軍総司令の林彪の肖像もしばしば用いられた。一九四六年七月にハルビンで挙行された「七・七」九周年記念大会では、会場の壇上に孫文、毛沢東、朱徳、林彪の巨大な像が掛けられていた[127]。図－13は一九四七年七月一日の『東北日報』に掲

図-13　毛沢東、朱徳、林彪像（出典：『東北日報』1947年7月1日）

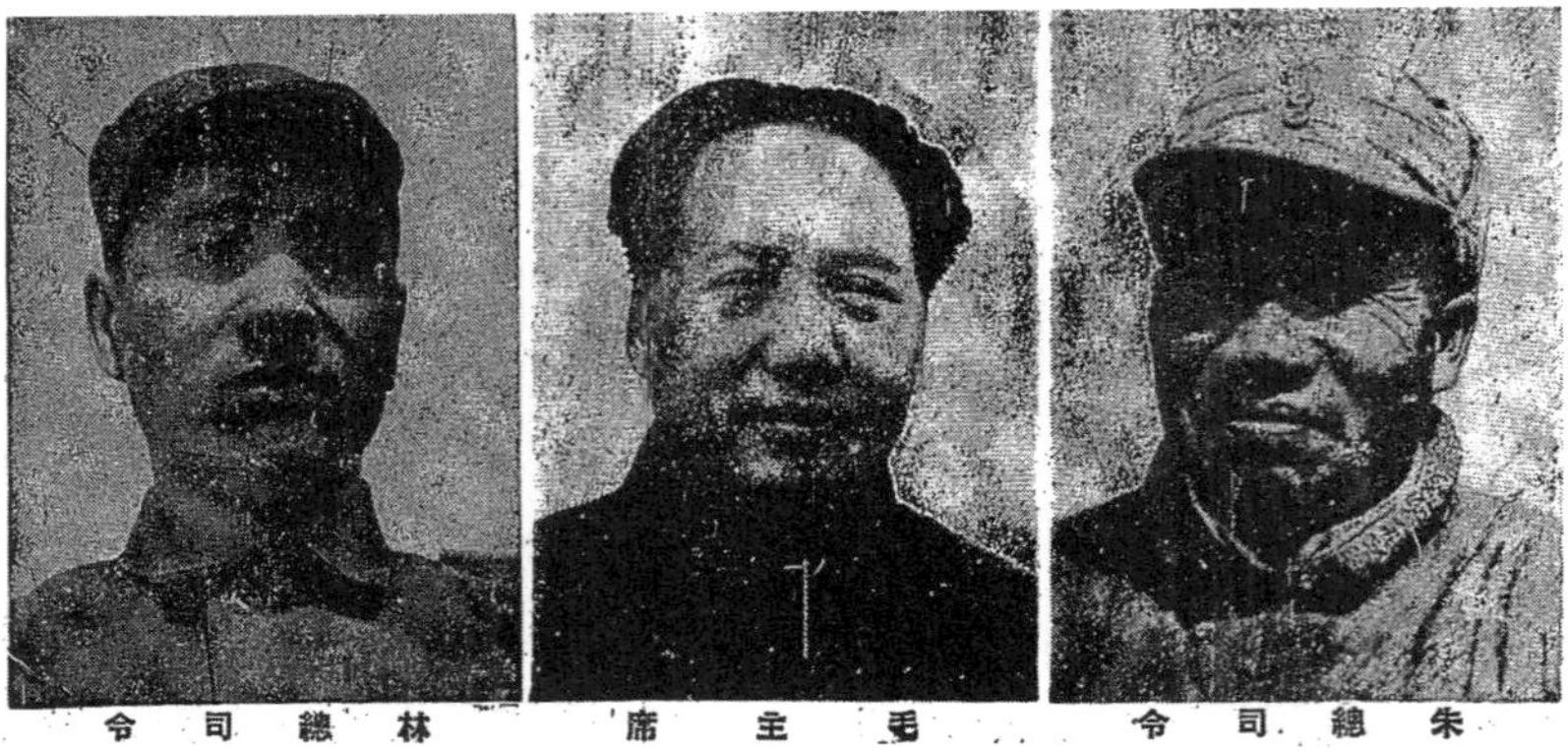

図-14　東北解放を祝うデモ行進。向かって右側が林彪の肖像

（出典：秦風『1904-1948　歳月東北』広西師範大学出版社、2007年）

載された、林彪、毛沢東、朱徳の肖像であり、中国共産党二六周年を記念する社説とともに掲載された。記事は中国共産党の歴史を振り返り、直近の東北における成果を強調するものである。つまり毛沢東や朱徳が共産党の象徴であるとすれば、林彪の肖像は東北の象徴として掲載されたと言える。また図-14は一九四八年一一月に共産党が瀋陽を占領した際に、大衆が全東北の「解放」を祝ってデモをしたとされる有名な写真である。このデモ隊も林彪、毛沢東、朱徳の写真を掲げている。

肖像の製作は、様々な文化機関が携わっているが、最も多く製作していたのは東北画報社である。実は当時の東北画報社において、留用された日本人も指導者の肖像を描いていた。旧満洲映画協会で監督を務めた木村荘十二である。木村は東北電影製片廠の人員整理により、鶴岡炭鉱の肉体労働に回された。過酷な労働に堪えなかった木村は、舒群に絵の仕事を配分してもらえるよう頼み、東北画報社に画家として雇われたのである。監督時代から映画のシーンを説明する際に絵を書いていたことから、専門的な教育を受けていないとはいえ、絵の素養があったようである。木村は「毛沢東主席や朱徳将軍、マルクス、エンゲルス、レーニン、スターリンなどの肖像がさかんに描かれていたが、どれもこれもひどい画で、偉人たちに気の毒な様なものだった」と当時を振り返り、自身の絵の才能に自信を持っていたという。

図-15　毛沢東像の広告（出典：『東北日報』1948年8月18日）

当時は大都市であるハルビンでも肖像画を描く画家が不足していたため、木村は受け入れられた。東北画報社には多くの肖像の注文があり、注文にしたがって肖像を描いていた。マルクス、エンゲルス、レーニン、スターリンの肖像を二日から三日に一枚のペースで製作していた。木村は肖像画だけでなく、次第に「労働者の前進」、「人民の団結」など、街頭に掲げる宣伝画も描くようになったという[128]。

指導者の像は、主に書店が販売していた。なかでもその中心は東北書店であり、年画とともに多くの指導者像を販売している。図-15は一九四八年八月一八日に『東北日報』に掲載された広告である。『スターリン略伝』と「毛主席像」の販売が宣伝されている。

ただ当時流通していた毛沢東、朱徳やレーニン、スターリンなどの肖像は、必ずしも共産党による審査や検閲が行われたものではなく、なかには

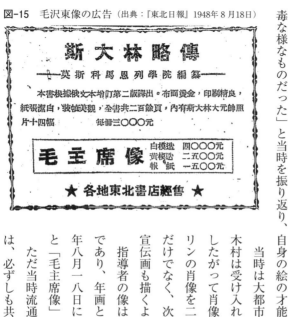

木村の回想にあるように、下手で指導者の権威を損なうようなものがあり、複数の指導者の肖像を掲げる場合の順番なども異なっていた。木村によれば、画家が不足していたため、多少絵心がある程度の幹部が描いていることが多かったからだという(129)。

そこで東北局宣伝部は、一九四九年五月二一日、指導者の肖像に関する通知を発した。通知はまず「マルクス、エンゲルス、レーニン、スターリン、毛主席、朱総司令の像を掛けたり貼ったりすることは、政治的な問題であり、自由に広めてはならない」とし、「最近大衆の集会場所、公共の場所、デモを行うところで領袖像を掲げているなかに、きわめていい加減で粗雑で粗末なものがある。ある絵は顔かたちが全く間違っていて、人々から異議が起きている」と指摘した。掛けたり貼ったりする順序も、適当でないものがあり、ある書店は審査も経ずに、マルクス、エンゲルス、レーニン、スターリン、毛沢東、朱徳の肖像を印刷し、販売していると批判した。

そこで東北局宣伝部は以下のように決定した。第一に、マルクス、エンゲルス、レーニン、スターリン、毛沢東、朱徳の写真、画像、彫刻などは、必ず東北局宣伝部の審査批准を経た後に、現像、印刷、販売しなければならない。第二に、各機関、学校、工場、クラブ、会議室などの公共の場において領袖の肖像を掲げる時、当地の党委員会が審査の責任を負う。第三に、肖像は、同一の場所に一列に掛ける場合、その大きさは同じでなければならない。そして順番は左から右へ、マルクス、エンゲルス、レーニン、スターリン、毛沢東、朱徳の順序で掛けなければならない。第四に、公共の場所に掛けてある領袖像を一度検査し、似ていないものは取り外して交換し、位置や順序が適当でないものは、調整する。第五に、東北書店は東北画報社と共同で大量に領袖像を印刷し、各地に提供する。第六に、毛主席、朱総司令の画像を商標に用いてはならない(130)。

他の解放区においても、同様の通知は一九四八年一月に太行地区などで出されているが、その対象は「毛主席・朱総司令」に限定されていた。そして同じく粗悪品の氾濫や不適切な使用を警戒し、その禁止を伝えていた。[131] 東北局の通知は、共産主義運動における指導者の序列を明確化し、掲示の順番をも厳格に定めたものであった。木村によれば、中華人民共和国成立時の慶祝大会では、デモに用いる肖像画は審査が行われ、不適格なものはデモの参加を断っていたという。そして以後は地域の文学芸術界聯合会の美術部で審査をし、その証明書がないものは販売できなくなったという。[132]

次に年画であるが、農民を主とする民衆の世界では、古くから春節に吉祥の図柄や故事を描いた年画を門や室内に貼る習慣がある。こうした民間信仰は、中国を支配するために様々な勢力が利用した。かつて日本が中国を支配した際にも、年画形式のポスターを作成しプロパガンダを行っていた。[133] 共産党も延安において、民間社会に取材した上で魯芸が中心となり、旧来の年画の形式を利用しつつ革命的要素を盛り込んだ新たな年画を制作した。これを新年画と言い、「軍民合作」、「抗日人民大団結」などの新年画が解放区で頒布された。そして抗日戦争終結後、延安の魯芸関係者が東北に派遣され、彼らが東北でも年画の制作に携わったのである。

東北の党組織も、年画や後述する秧歌劇などの普及の際に、農村に古くから存在する伝統文化やその形式には注意を払っていた。合江省では、大衆に「擁政愛民（政府を支持し人民を愛護すること）」させるためには、旧暦を改造するとともに尊重し、旧暦を効果的に利用しなければならないと注意している。なぜなら旧暦を過ごすことは、東北の大衆にとって大切な行事だからである。ただ一部には濃厚な「封建迷信」の色彩があるとされ、大衆の覚悟がいまだ一定の程度に達していない時は、このような風俗や習慣を尊重する一方で、適当な改造工作を行うべきだとした。例えば大衆に新年の対聯を書いたり、新年画を買わせたり、大衆が秧歌をやるのを援助したりすることなどである。[134]

東北の新年画の制作は、一九四六年から四七年の春節にかけて主に東北画報社が中心となって行われた。ただこの時期はまだ新年画の種類が少なく、また図柄も東北化されていなかった。例えば登場人物の服装であったり、描かれた故事を大衆が詳しく知らないというような欠点が存在したという。(135)

東北局が新年画の作成に力を入れ始めたのは、一九四六年から四八年の春節にかけてである。この取り組みには、農村における土地改革の進展と関係がある。東北局は一九四六年七月七日に、大号令をかけて農村に工作団を送り込み、土地改革に取り組んだ。一九四七年一〇月には共産党中央が「中国土地法大綱」を発布し、従来の土地改革が不徹底であることを批判し、より徹底的に展開するよう呼びかけた。そして一二月、東北局は「告農民書」や「中国土地法大綱的補充弁法」を発し、徹底的に封建勢力を消滅させ土地改革を行うよう呼びかけた。つまり一九四七年半ばから末にかけて、中央の号令に応じ、東北を含めた解放区全体で土地改革運動が盛り上がっていたのである。

この土地改革の進展に合わせて、東北局宣伝部は一九四七年九月七日、年画を組織的に制作することを検討し、風刺画でも活躍した朱丹、施展、華君武、張仃、金人ら二六人のハルビンの美術工作者や文芸工作者を招集し、年画問題座談会を開催し意見を求めた。東北画報社も、旧年画の制作者や農民の意見を聴取するなどした。そして上記の芸術工作者を中心に、新年画が制作されたのである。(136) この年画は農村における工作と深い関わりを持つため、「翻身年画」とも呼ばれ総発行数は約四二万枚を数えた。(137)

『中国年画史』によれば、この一九四七年に東北画報社が発行した年画は約二〇種である。このうち、①翻身後の農民が春節を過ごす幸せな生活を描いたものは、「合家歓慶（安林）」、「新年労軍（施展）」、「喜気臨門（張仃）」、②内戦の勝利と大衆の積極的な前線支援を描いたものは「民主聯軍大反攻（西野）」、「組織生産（陳興華）」、「参軍保田（馬驥）」、「軍民一家（陳興華）」、「児童労軍（張仃）」、「保衛勝利佳日（喬父）」、「門画（張仃）」、③土地改革運動を描いたものは「物帰原主（劉迅）」、「貧雇農大会（朱丹）」、「堅決消滅封建、徹底平分土地（王曼碩）」、「土地法大綱

（陳興華）」、④積極的な生産を描いたものは、「翻身楽（夏風）」、「興家立業（芳山）」、「男耕女織（馬驥）」、「組織起来発展生産（夏風）」、「労武結合（蘇暉）」であった[138]。括弧内の人名は、その年画の作者である。

さらに一九四八年は年画の制作が拡大した。この時期の新年画の発行に関しては周保昌の回想に詳しいが、一九四八年から四九年の春節にかけては二一種の年画が発行され、そのうちの一五種は新たな図柄であった。総発行数は一一二万六千枚と言われ、一九四七年の三倍弱である。周保昌は一九四九年三月に年画に関する報告を書いており、そのなかで年画の問題について指摘している。つまり「修江橋」、「修理機車支援前線」、「交公糧」、「四平攻堅戦」などは、年画のモチーフが大衆と関係なかったり、新年を祝うにもかかわらず戦争で人が死ぬ図柄であったため大衆から嫌われていた。また前線の戦争を描くものが多く、後方の生産を描くものが比較的少ない点も欠点として挙げている[139]。最後の点は一九四八年に

図-16　東北新年画「参軍保田」（出典：『東北日報』1948年1月18日）

図-17　東北新年画「児童労軍」（出典：『東北日報』1948年2月10日）

東北全域を支配したことにより、戦争よりも生産の回復や、前線支援に政策の重点がシフトしたことを意識したものであろう。戦後の東北において、共産党にとっては国府との内戦こそが最重要の問題であり、文化活動を内戦に動員しようとしていたものの、大衆からは必ずしも歓迎されなかったことがうかがわれる。そして共産党が年画のような宣伝品を制作する際にも、大衆の好みや心性に気を配っていたことが分かる。

以上のような指導者の肖像や年画は、公式か非公式であるかを問わず、関内と同じように東北でも様々なシーンで利用された。時には毛沢東への崇拝をうかがうことができるようなエピソードもある。農会のある会員は「皁王爺や天地爺、仏や仙人に供えものをし、正月にどの家も金を払って福の神を迎えるが、福の神は我々貧乏人が財産をつくることを保護せず、皁王爺も何もしてくれない。仏や仙人に備えても、匪賊は来る。しかし共産党が来ると、古い借金は精算され、土地は分けられ、困窮していなく、匪賊も民主聯軍が討伐してくれ、安心して過ごすことができる」と共産党に感謝した。(140) また新年画の購入によって、神や仏に対する信仰心が低下し、神像の購入が減ったという。ある者は、一九四六年に一〇〇枚の神像を買ったが、一九四七年には四〇枚になり、旧年画は一五〇枚、翻身年画は四二〇枚購入したという。(141) このような毛沢東や共産党への崇拝のエピソードが、真実のものであったかはともかくとして、少なくとも共産党がメディアにこれらのエピソードを掲載し、毛沢東や共産党を崇拝させようと試みていたことが確認できよう。

指導者の肖像、年画は、東北全域の支配とともに需要が増加した。年画の制作者の一人でもある朱丹は、以下のように回想している。全東北の解放により、みなが大きな領袖像を掛ける必要性があることから、専門的に大きな領袖像や宣伝画、年画が創作され印刷された。東北軍が南下して関内へと入り、平津戦役に参加する前に、東北画報社は画家を集め、関内の大衆に宣伝するためのポスター一〇種、四〇万部を印刷し、ほかに毛沢東と革命家の肖像を印刷し、軍とともに関内に入ったという。[142] つまり東北で制作された肖像や年画が、東北地域だけでなく、北京や天津を占領する際にも大衆への宣伝に利用されたのである。

第四節　演劇——東北文芸工作団

（一）演劇の特性

大衆に対して宣伝する場合、新聞やラジオ、映画を利用するには、その特性からそれぞれ限界がある。新聞は非識字者がほとんどである農民に情報を伝えるのが困難であり、[143] 読報組を活用するにせよ、そもそも宣伝媒体である党紙を大衆に読ませるよう動機づけることは困難だからである。またラジオは音声媒体として非識字者にも有効であったが、高価な受信機の普及が進まず、聴取者の多くは都市の富裕層であった。映画は通常の映画館で見ることができるのは富裕な都市住民に限られ、また巡回放映をするにしても、機材の不足からそれほど頻繁に遍く活用できたとは考えられない。

したがって、大衆へのプロパガンダという点において、最も重視された媒体は演劇と言えるかもしれない。演劇は特別な道具を必要とせず、どんな場所でも行うことができ、音と視覚によって情報を伝えることから、受け手の教養に依存することもない。他の媒体と比べ、エンターテイメント性もあるので、観客が積極的に観覧することも期待できる。また大衆自身が役を演じるロールプレイによって、イデオロギーや概念をより効果的に伝えることもできる。このように共産党のプロパガンダにおいて、演劇は大きな可能性を持った重要な媒体であり、共産党自身も十分に重視していた。そしてこの演劇活動を担った組織の一つが文芸工作団（以下文工団と略）である。

文工団は音楽や映画も含めた総合的な文化活動を行う組織であり、決して演劇だけを担っていたわけではないが、演劇によるプロパガンダにおいて文工団は中心的な役割を担っていた。中国文学研究者の銭理群によれば、華東野戦軍政治部の副主任が定めた文工団の任務規定では「文工団（宣伝隊）は、各種の文芸形式を用いて戦前、戦時、戦後に部隊に対して思想、時事、政策、文化の教育を進め、現場の扇動を行い、文化娯楽活動を展開する他に、戦前での動員、戦場での投降呼びかけ、捕虜などの政治工作の管理、糧秣の収集、兵站の設立、傷病人の看護などの支援の任務、農村の土地改革、都市の軍事官制の接収、社会調査宣伝などの大衆工作に参与すること」と規定されていた(144)。ここで銭理群が言うところの文工団は、軍の部隊に付属する文工団のことである。

共産党の演劇活動と文工団に関しては、さほど多くはないがいくつかの先行研究がある。牧陽一は、文工団の来歴や役割について一九二〇年代から検討を加え、文工団が単なる宣伝の担い手に留まらず、前線での土地改革や都市の接収にも関わったことに言及している。とくに農村で政権を打ち立てる際に主要な手段となった闘争大会が、文工団によって演出された可能性を示唆している点はきわめて興味深いものである(145)。ただし牧の研究は、一九四五年以前の革命根拠地全体に対して考察したものであり、また地域を限定していないため、その具体的な活動について掘り下げられていない。銭理群は、一九四八年の中国文化のあり方を検討した『天地玄横』において、前述のように文工団と革命文化について触れている(146)。

東北に対する研究としては、『東北三省革命文化史』が一九一九年から一九四九年までの東北における文化史をまとめるなかで、文工団や演劇についても触れている(147)。遼寧省、吉林省、黒龍江省の各文化庁が各省の文化史を叙述したものであり、公式党史とも言うべき研究である。公的に編纂されたため革命史の色彩が強く、支配の実績のない東北においても、文工団による宣伝が東北の大衆に容易に、進んで受け入れられたとする記述が見受けられる。

また肖振宇は文工団の足跡について概観した上で、東北の演劇の特徴について触れ、東北には日本が残した多くの工場やそれに付随する労働者が多いため、農民や軍人だけでなく、労働者の生活を描くものが多いことを挙げている点は重要である。ただし肖の研究も革命史的観点は変わらず、東北において文工団の活動が受け入れられた背景として、日本の支配から解放された東北の大衆が「翻身」し、その喜びを表現する歌や舞踏を欲していたことを挙げている[148]。本節では、以上のような東北地域における文工団の活動の実態と役割、演劇の活用のされ方について検討したい。

(一) 文工団の成立

一般によく知られている文工団は東北文芸工作団であり、この文工団には一団と二団が存在する。さらに東北大学の魯芸文学院から組織された東北魯芸文工団や、東北野戦軍に付随するもの、各地の党政治部の文工団など、各組織の各レベルに文工団、あるいは宣伝隊が組織されている[149]。ここではその全てを紹介することはできないため、東北文工団を例として、文工団の成立過程を見たい。

一九四五年八月に日本が敗戦し満洲国が崩壊すると、延安の共産党中央はただちに東北幹部団を組織し東北へと派遣した。本書の冒頭で述べたように、この東北幹部団の第八中隊が、延安魯迅芸術学院のメンバーを主とする文芸中隊であり、隊長は舒群、副隊長には沙蒙が任命された[150]。東北局の所在する瀋陽に到着したのは一一月二日のことであり、ついて間もなく、舒群は東北局宣伝部の工作に従事し、田方は満洲映画協会（以下満映と略）の接収のため団を離れた[151]。舒群の回想や『東北三省革命文化史』によれば、東北局宣伝部の指導の下、この時に東北文芸工作団が正式に成立し、沙蒙が団長に、于藍が党支部書記と副団長に就任した[152]。沙蒙や于藍はともに映画や演劇に精通した幹部である。団員には、多くの演劇を創作して「人民の芸術家」と称された王大化や、東北で多くの著名な脚本を書いた劇作家の顔一烟[154]などがいた。

一方、同じく延安青年劇院を中心とする文芸幹部により東北派遣分隊が結成された。団長に任虹、副団長に呉雪と李之華が就任し、舒群らより若干遅れ一九四六年一月に当時東北局のあった吉林省海竜に到着した。そして東北局の指示により、この分隊が東北文芸工作団二団を結成したのである。[155]沙蒙や于藍などの東北文芸工作団は、二団と区別する必要もあるため、東北文芸工作団一団と改称した。一団は主に瀋陽、本渓、鞍山、大連などの南満で活動し、二団はジャムス、ハルビンなどの北満で活動した組織である。

次に東北魯迅芸術学院文工団についても触れておきたい。一九四五年一一月、共産党中央は魯迅芸術学院を東北に移転させることを決定した。周知のように魯芸は中央根拠地の延安にあり、共産党の革命文化の担い手として活躍してきた団体である。魯芸のグループは、張家口、承徳などを経てチチハルに到着し、一九四六年六月にハルビン、九月にジャムスに移転した。ジャムスにおいて魯芸は東北大学のなかに置かれ、しばらくの間ジャムスで活動を展開することになる。東北魯芸の院長には当初蕭軍[156]が任じられ、後に呂驥、張庚が正・副院長に就任した。一九四七年五月、党は魯芸を四つの文工団、すなわち魯芸一団（牡丹江）、二団（ジャムス）、三団（ハルビン）、四団（旅大）に分け、各地域の文芸活動を担わせた。

一九四九年七月に周恩来が中華全国文芸工作者代表大会で述べたところによれば、「人民解放軍四大野戦軍直属の兵団に、五大軍区を加えれば、宣伝隊、歌詠隊を含めて、二万五千人から三万人居る。解放区の地方文芸工作者の数は、二万人以上と見積もっている。両方合わせれば、約六万人」存在した。[157]東北は激しい内戦が展開され、また党の浸透のために宣伝工作が行われたことから、文工団を含めた文芸工作者は相当な数にのぼったものと考えられる。

（三）東北文芸工作団の活動

先の劇作家顔一烟は、東北文工団一団に関して、詳細な回想を残している。顔一烟らが瀋陽に到着すると、瀋陽の街に「中国共産党遼寧省工委東北文芸工作団が近日公演する」と横断幕が掲げられた。共産党が何者であるか知らない大衆は、文工団がどのような人々で、どのような活動をするのかも分からなかった。文工団のメンバーは、すぐに街頭での宣伝活動を開始し、口頭での講話、于藍による東北史の講義のほか、王大化らは劇を演じて、九・一八とは何か、東北がなぜ失われたのか、誰が「無抵抗主義」を提起し、東北三千万の人民を葬り去ったのか、などについて伝えたという。

またソ連十月革命記念日を記念するための大掛かりな夜会を開くことになり、文工団は公演する演目を新たに創造しなければならなくなった。そして顔一烟脚本、王大化演出により、活報劇の「東北人民大翻身」が完成した。[158]「東北人民大翻身」は全三幕で描く物語であり、瀋陽の工場労働者家庭の歴史的変遷を追ったものである。この劇には東北の大衆、八路軍、ソ連赤軍、日本の官僚や兵士、そしてその「走狗」となった漢奸が登場する。第一幕の舞台は満洲国時期であり、貧しい生活のなかで主人公は食糧のコーリャンをなんとか手に入れることができたものの、子供は飢えによってすでに餓死していた。日本の手先は主人公を捕まえて労働者とし、一家は窮地に追い込まれていく。第二幕は、ソ連赤軍が来て「日本鬼子」が投降したものの、国民党特務が協和会にかわって君臨し、東北を回復しなければならないと言って庶民の心を乱れさせる。第三幕は、共産党の軍隊が来て真に人民大衆が立ちあがり、漢奸と闘争し、特務を捕え、人民はついに真の「解放」を獲得した、という筋書きである。

顔一烟によれば、東北人民の苦難の生活を演じた時、観客は涙を流して怒号し、多くの観客が怒って演台に上がり

「日本鬼子」に石を投げつけた。日本の降伏と東北の解放を演じた時には、観衆は飛び上がって熱烈に手を叩いて歓呼したという。このような回想は、演劇活動の意義を強調するあまり誇張されている可能性はあるが、観客の様子が全くの創作であるとも言えない。少なくとも、東北人民の苦難に涙し、「日本鬼子」を憎む感情は強かったと考えるのがむしろ自然であろう。このような大衆を巻き込み、大衆にも役割を演じさせることにより、演劇は宣伝に優れた効果を発揮するのである。(159)

このような暗黒の満洲国時期と「反動的」国民政府を批判する劇は、当時の共産党が演じた劇のストーリーのうちでポピュラーなものであった。例えば西満軍区で良く演じられた「幻想」は、旧満洲国の職員の若者が主人公である。日本が降伏した後、彼は国民党に対してきわめて美しい幻想を持ち、早く彼らが東北に来ないかと待ちわびていた。しかし意外にも、中央軍は軍紀が腐敗して悪事の限りを尽くした。中央軍の長官は彼の家に住むことになったが、熱烈な歓待に対して無礼にふるまったほか、若者が不在の間に美しい妻を強姦した。まさに人々が当時語り伝えていた一種のことわざ、「中央（政府が来ること）を願い、中央を待ちこがれたが、中央が来たら酷い目にあった」という有り様であった。ここに至って、この若い夫婦は真理を悟り、八方手を尽くして共産党の解放区に逃げていく、というストーリーである。以上のように、「幻想」のストーリーは、共産党が宣伝上で重視する国府を正統とする観念の打破を目的として構成されていた。

さて、文工団では舒群や田方が去った後、沙蒙、王大化、張平、何文今、張守維、李牧、于藍、李百万、李凝、顔一烟、田風ら一五名が主力となった。一二月末に瀋陽から撤退することになると、文工団は本渓へと移転した。本渓では、「兄妹開荒（兄妹荒れ地を耕す）」、「夫妻識字（夫婦の識字）」、「把眼光放遠点（眼差しをもっと遠くへ）」、「一双鞋（一足の靴）」、「粛清漢奸特務（漢奸・特務の粛清）」や、同時に新たに創作した活劇「軍民一家」などを演じた。

一九四六年三月、文工団は大連に移動し活動することになった。大連は西洋化された大都市であり、対象もこれまでのような村の農民や貧しい市民ではなかった。瀋陽で公演した際も、「山の中の演芸であり、これは芸術ではない」と文芸界から批判を受けていたため、大連では秧歌や腰太鼓をやれば田舎者と思われないか心配したという。そこで、大連ではまず音楽部が光未然作詞、冼星海作曲の『黄河大合唱』と革命歌曲を公演したという。

東北文工団二団が成立し、合江を中心に活動を始めたことから、一団は西満のチチハルへ移動した。『東北日報』の記事によれば、一九四六年一二月五日、ハルビンからチチハルに到着し、劇本、歌曲の材料を集めるために下郷工作を準備していると報じられた。(160) そして東北文工団、西満分局文工団、西満軍区文工団、青年楽団の四つの単位が「聯合秧歌隊」を組織し、春節に秧歌劇を披露した。この「聯合秧歌隊」に参加した人数は約一八〇人であり、「新年花鼓」、「農家楽」などを演じ、二万人の観衆があったと伝えられている。(161)

この後チチハルを中心として西満で活動を続け、土地改革や各種の記念大会において劇を演じた。例えば内蒙古自治区成立大会には、西満軍区と西満分局の命令によって、大会に参加し、「血泪仇（血涙の怨み）」、「豊収」、「労軍」、「挖壊根（悪い根を掘り出す）」などを演じたほか、「内蒙古民族之歌」を創作し大合唱を演出したという。また共産党二六周年記念大会では「白毛女」などを演じた。(162) そして一九四八年東北局の命令により、東北文工団一団は全員が東北電影製片廠へ移動となり解消されたのである。

（四）東北的演劇の創造

演劇を通して農民たちとコミュニケーションをとるには、農民の生活のリズムや嗜好に配慮しなければならない。これは何も東北に始まったことではなく、抗日戦争以前より、共産党が重視していたことである。陝甘寧辺区をはじめとして、人口の少ない農村が散在する状況の下では、人が自然に集まる廟会や集市などを利用せざるを得ない。[163] また高度な演劇理論は農民には伝わるべくもなく、古くから大衆に好まれていた秧歌を上手く利用しなければならなかった。

松浦恒雄の定義によれば、秧歌とは、田植えの際に太鼓を鳴らしながら歌をうたう一種の労働歌であるが、それは南方の秧歌である。これに対し北方における秧歌は、春節から元宵節にかけて通りを練り歩きながら、歌よりも踊ることに重点を置いた芸能である。練り歩いた後、広場で集団での踊りと物語性の強い歌舞が行われる。そして秧歌劇とはこの歌舞が独立したものである。[164] また『東北日報』に掲載された秧歌劇の紹介記事では、以下のように論じられている。秧歌劇は民謡、民諺、地方旧劇、話劇、音楽、舞踏を結合した一種の総合的芸術形式であり、農村や都市の街頭、広場で演じるのに適している。それは幕や背景が不要であり、ただ平地があれば演じることができ、役者と観衆の関係が最も直接的で密接なものである。人民を称え、革命戦争を称え、軍民の団結や社会の進歩の推進を表現することにより、最も良い宣伝の道具の一つとされた。[165]

農村に権力基盤を置くことを方針とした共産党は、当然この秧歌の持つ力に注目していた。とりわけ毛沢東の「文芸講話」以降、延安魯迅芸術学院で秧歌が研究され、盛んに演じられるようになった。彼らは延安付近の農民から秧歌を学び、共産党の革命イデオロギーや政策を内容とする新たな劇に創作しなおしていった。[166] このような新たな秧歌を新秧歌と呼んでいた。

東北文工団で多くの脚本を書いた顔一烟は、旧式の秧歌に対して否定的な評価を下している。つまり旧封建社会では、支配階級の圧迫の下で秧歌は正確に発展しなかった。旧秧歌は扇情的であるばかりでなく、封建道徳を歌い、地主階級に服務するものであった。したがって、旧形式を改造し新たな内容を旧形式のなかへと注入することが我々の急務であった、と回想している。(167) これは多分に共産党の公式党史的な評価であるが、否定すべき旧社会の封建迷信を打破するために、旧社会の伝統文化を利用しなければならなかった点は興味深い。

東北文工団一団の主要なメンバーであった王大化は、延安魯芸時代より数多くの新秧歌を創作し、陝甘寧辺区の文化教育面の英雄に選出された人物である。王大化はもともと南京国立戯劇専科学校で専門的に演劇を学んだエリートであり、共産党の文芸活動のなかでは木版画などの制作にも携わっていた。延安魯芸の実験劇団へ移動となり、毛沢東の「文芸講話」を受けて多くの新秧歌を創作した。代表作としては「兄妹開荒」があり、一九四四年に魯芸の最も有名な演目「白毛女」の制作にも参加している。(168) 一九四五年に第八中隊の一員として東北へ派遣され、東北文工団の演劇隊隊長として多くの劇の演出を担当した。一九四六年に東北局宣伝部により「人民芸術家」の称号を授与されている。(169)

当初東北文工団が演じていたのは、「兄妹開荒」、「擁軍花鼓」、「放下你的鞭子（お前の鞭をおけ）」など、主に関内でも演じられていた題目が中心であった。しかし農民の好みに合わせるということは、東北では東北の伝統文化に合わせなければならないということである。そこで第二段階として、東北の故事、風習、伝統芸能、方言を盛り込んだ東北独自の劇が創作された。その嚆矢となったのは前述の「東北人民大翻身」であった。顔一烟によれば、東北文工団が組織されてまもなく、王大化が脚本の創作グループを組織し、顔一烟に東北初の脚本を書くように命じたという。(170) この「東北人民大翻身」の主人公が瀋陽の工場労働者であったことは、東北地域ならではの特徴である。少なくとも陝甘寧辺区では考えられない状況設定であろう。

一九四七年二月二三日の『東北日報』の「戯劇専刊第五期」は、東北文工団二団が春節にハルビンで演じた演技について評価している。そのなかで強調されているのは、旧来の秧歌ではなく、東北の民間形式を利用していたことである。従来東北の人々が目にする新秧歌は、老解放区から「輸入」したものであり、そのまま演じているか、多少の東北的な要素を取り入れたものに過ぎなかった。しかし東北文工団の秧歌は、歩法や歌唱を問わず、濃厚な東北の郷土色と地方的情緒を持っていた。例えば秧歌の歩法の捻りかたにしても、延安のものとは違い、東北の民間の捻りを取り入れており、服装も延安の農民の服装ではなく、東北的な服装をしていた。[171]東北の旧形式を利用し、「言葉の大衆化」と「曲調の地方化」を行い、新たな内容を表現したことが評価された。[172]

東北文工団二団は、このような東北色を出すため事前に調査を行っている。東北局宣伝部の指示により、幹部を樺川、依蘭などの農村に派遣して創作の材料を収集した。また二団は民間戯劇音楽研究小組を結成し、ジャムス市の旧劇院、茶荘、農村に赴き、芸人から民謡について学習した。当時すでに収集したものには、「東北風」、「誘禍台」など八〇余りの民謡があったという。[173]また十数年秧歌をやってきた老人から、いくつもの東北の秧歌舞の歩調を学習した。[174]

以上のように共産党は農民に政策や概念を伝えるために、東北に古くから伝わっていた文化や方言に着目し、それを巧みに取り入れて東北独自の劇を創作し、宣伝効果を高めていたのである。東北における土着化という党の方針が、演劇から見ても色濃く現れていると言えよう。

(五) 農村工作と演劇活動

共産党の公式党史では、東北の大衆が文工団を進んで受け入れ、その演劇により思想的教育を受けたとされる。[175]しかし東北においてほとんど活動の実績がない共産党の文工団が、都市や農村で容易に受け入れられたとは考えにくい。まして共産党の文芸活動は、それほど洗練されているとは言い難いからである。

遼北地区で文芸活動に参加した呉時韵は、文工団が直面した現実について以下のように回想している。呉時韵は魯芸の演劇員や関内からの文芸工作者をもとにして西満軍区文工団を結成し、自らが団長に就任して宣伝活動に従事した。当初東北の青年のなかには、普遍的に「土八路」と共産党を見下し、国民党や中央軍に希望を寄せる「正統」観念が存在した。したがって文工団が積極的に彼らに近づき、感情を通わせて友誼を結ぼうと試みても、人々は文工団と言葉を交わそうとはせず、冷ややかに敬して遠ざけていたという。ある村では、青年たちが国民党の地下党員の家に集まって文芸活動を行っていた。そこで個別に青年たちと語り合い、座談会や娯楽活動に参加するよう約束し、その場を借りて共産党の主張や八路軍の優勢を宣伝しようと試みた。しかしこのような活動も何の成果も挙げなかった。西満軍区文工団は、団員を募集したが、大衆は演劇を下賤なものと見なしていたので、文芸系の学生を集めるのは難しかったという。(176)

もちろん地域や工作グループの力量によっても異なるだろうが、このように共産党を不審な目で見、警戒していた大衆も多かったはずである。共産党が農村に基層政権を建設し、浸透するために一つの手段となったのは土地改革と批判闘争大会である。土地改革とは、地主や富農の土地を没収し、貧農や雇農に配分する政策である。また批判闘争大会とは、「不当」な支配を続けてきた地主や富農の罪を告発し吊るし上げる大会である。共産党は農民たちに階級意識を植え付けるために、意図的に対立を引き起こした。もちろん建前としては、農民が「自発的」に目覚めるのをサポートするに過ぎないわけだが、このような活動において従来土地改革や階級意識に馴染みのない農民たちに、政策や概念を伝える役割を担ったのも文工団であった。

文工団は農村で演劇を行うことにより、土地改革や批判闘争大会の概念を基層社会のなかに普及させようとした。顔一烟の回想によれば、東北文工団一団は農村に行くと、まず大衆を集め、民間の故事をもとに李牧が脚本を書いた催したのである。[177]

「白眼狼」や、顔一烟の「挖壊根」などの劇を演じた。そして大衆の気持ちが盛り上がったところで、闘争大会を開催したのである。

土地改革の推進に貢献した劇として、李之華が一九四六年末に創作した活劇「反〝翻把〟闘争」がある。「翻把」とは弱っていた者が力を取り戻すことを言い、この場合は土地改革で打撃を受けた地主の復活のことを指している。舞台となるのは一九四六年の東北解放区の某村である。土地改革の推進に対して、悪覇地主の孫林閣は、農民会副主任の馬奎五と結託して陰謀をめぐらし、農民を扇動し密かに農会と自衛隊を支配しようと図る。村民は土地改革組の支持のもと、孫林閣の巻き返しの陰謀を暴露し、土地改革の成果を強固なものとするというストーリーである。[178]

李之華は東北文工団二団の副団長であり、一九四七年一月に「反〝翻把〟闘争」を創作した。同年七月一三日、東北局宣伝部は「反〝翻把〟闘争」を奨励する通知を出した。通知は「『反〝翻把〟闘争』は観衆の称賛を得て、成功した脚本である。東北の土地改革運動の現実を反映し、東北農民の特性を浮き彫りにしており、東北の広範な農民と新たな幹部に対して、深い教育的意義を持っている」として、各地の文工団に対し演じるよう指示している。[179]

東北で軍の文工団に所属していた秋松の回想は、より具体的に文工団の工作状況を描写している。一九四六年八月、秋松の部隊は、文工団や警備の兵士、偵察隊などで工作隊を組織して農村へ派遣し、土地改革、反悪覇、剿匪（匪賊の掃討）を行った。向かった先は松江省の五常県杜家郷であった。当時東北の農村では「訴苦」運動、つまり貧しい者を訪問して苦しみを聞き、大衆をして階級意識に目覚めさせる運動を展開していた。文工団が「白毛女」を演じたところ、人々は涙を流し、村の石大娘は「ここに演じられているのは我々の村の事であり、人の皮を被った張洪斌、黄世人は、多くの貧しい人を死に追いやった。私の夫は、奴に連れて行かれた」と叫んだ。彼女の息子は興奮して「打倒黄世人！」「打倒漢奸悪覇！」と叫んだ。隊長は大衆の階級闘争の覚悟がすでに喚起され、復仇の炎が燃え上がっているのを見て、劇を演じた後に、石大娘の家で会を開き、漢奸悪覇の劉子于、張洪斌の懲罰を決定した。

文工団も剿匪の隊に加わり、悪覇、匪賊の掃討を行った。村の人々は党幹部が主催する会議に参加した。会を主催した幹部は「悪覇張洪斌を告発し、公判する大会を開催する」と宣言し、会では一人一人台上に上がり、張洪斌の罪悪を告発した。石大娘は張洪斌を指さしつつも、泣いてしまって告発することができず、興奮して気を失ってしまった。工作隊は「人民の意思と願望」を代表し、張洪斌や土匪を処分した。一九四六年一二月下旬、工作隊は、杜家郷に根拠地を建設する任務を完成し、ここを離れたという(181)。

以上のようなケースは、牧陽一が指摘したように、穿った見方をするならば、文工団によって批判闘争大会が仕立てられ、「やらせ」が行われたと見ることもできる。登場人物の石大娘やその息子は、文工団の筋書き通りに行動して場を盛り上げ、文工団がその跡を引き継いで大会を進めるのである。「白毛女」などの劇は、そのための舞台装置として利用されたわけである。

顔一烟や秋松の回想から分かる通り、共産党は演劇という手段を使って、分かりやすく目に見える形で見せることにより、基層社会で共産党の重要な政策である土地改革や階級闘争の概念を伝えたのである。土地改革や階級闘争は、従来の基層社会の人間関係を大きく転換するものであり、抵抗感がある者も多く、必ずしもスムーズに展開できるわけではない。文工団の演劇によって、一種異常な興奮状態を作り出したことが、その推進の原動力の一つとなったのである。

先に紹介した東影のニュース映画「民主東北」の第三輯に「翻身年」があり、農村における文工団の演劇宣伝活動について以下のように伝えている。毛沢東像を掲げた文工団が農村へと入り、周りを取り巻く農民たちのなかで楽しげに踊った後、蔣介石批判を含意する秧歌を披露する。舞台にかけられた四本の垂れ幕には、「人民の翻身の慶祝」、図−18　文工団による農村での宣伝活動（出典：「民主東北」第３輯「翻身年」）

「中米通商条約への反対」、「政協決議の堅持」、「蒋軍の粉砕」などを訴えた標語が書かれている。文工団は紙芝居を使いながら、革命に参加することが光栄であること（「参軍革命、全家光栄」）、その結果として土地が農民のもとに還ってくること（「土地還家」）、アメリカと結託して内戦を進める蒋介石が結局は敗れること、などを宣伝している（図−18）[182]。

無論これは映画であるから、共産党の理想的な宣伝工作をイメージ化したものに過ぎない。とはいえ、こうした文工団による演劇による宣伝活動は、土地改革や批判闘争大会とともに、確かに当時の東北各地の農村で広く行われていたのである。

（六）内戦と文工団の文芸活動

すでに検討した東北文芸工作団のように、各地を巡回しつつ、地域の工作として文芸活動をする文工団のほかに、部隊とともに前線にたち、占領地で宣撫工作を行うほか、前線で心理戦を展開するための工作を担当する文工団も存在した。先に述べた華東野戦軍政治部の規定によると、部隊に付属する文工団の役割は「文芸工作活動を通して部隊、大衆を教育する目的を達すること」であり、「戦前における動員、戦場での投降呼びかけ、捕虜などの政治工作の管理、糧秣の収集、兵站の設立、傷病人の看護などの支援」など、前線において各種の心理戦を担う専門集団であった。

例えば、錦西の戦いにおいて、各部隊の印刷した宣伝品、つまり「火線伝単」、「戦闘伝単」、「槍桿詩」[183]などは、一〇月一二日から二八日の一七日間の戦闘のなかで、七一種、二万五千部に達したという。兵士たちは「順口溜」を非常に好むため、共産党軍は部隊教育や士気高揚のために「順口溜」を陣地に送っていた[184]。

東北民主聯軍の機関紙『自衛報』は、敵に対する宣伝について以下のように説明している。国府軍の将兵に対して、投降しても寛大に扱い、彼らにも土地が分配されることを宣伝して、蔣介石が遠からず滅亡すること、無用な犠牲を続けないように呼びかける。地方の小部隊など非正規軍に対しては、蔣介石が彼らを犠牲にしようとしていることを暴露し、反撃するよう呼びかける。包囲され、孤立した部隊に対しては、逃亡や反旗を翻すことにより早く活路を開くよう促し、下層の将兵の生命を親身になって同情する。このような精神に基づき、短く、通俗的で、具体的な宣伝品を制作し、敵軍のなかに散布して有力な対敵宣伝運動を展開する、というものである

対敵宣伝の主要な対象は、敵軍の中・下級の士官と下士官・兵士であり、蔣介石が起こした内戦が彼らの家庭に加えた困難と迫害を暴露し、彼らが国府軍のなかで受けた苦しみに同情し、望郷や厭戦の感情を促進し、彼らが受け入れることのできる行動を提起する。それは例えば、各種の機会を利用して逃亡するよう呼びかけたり、戦場で武器を置くよう呼びかけたりすることなどである。敵と接する周辺地区は、「敵軍逃亡将兵招待所」を設立し、敵軍将兵を心からもてなし、彼らを通して敵軍内部の具体的状況を理解し、そのなかの進歩分子をこの工作に参加させる。野戦軍の各部隊は、前線での敵に対する政治攻勢を強化し、具体的な内容の宣伝品を制作し、弓矢を用いて射たり、大砲を用いて宣伝弾を発射したり、捕虜を使って送るなどして散布する。組織的に、計画的に前線で敵に呼びかけ、とくに口が達者な「解放戦士」を選んで呼びかけることに注意し、さらに効果を大きくするよう注意する[185]。

この指示で示されている宣伝品を制作したり、前線で敵軍に呼びかけを行ったりしていたのがまさに文工団である。最後の口の達者な解放戦士とは、元国府軍の将兵で共産党側に寝返った者に呼びかけさせた方が、より効果的になるということであろう。このような対敵宣伝は、東北が内戦の焦点となったことから、東北において盛んに行われた。第四章で詳しく検討するように、ラジオもこのような活動に動員されたのである。

●注

(1) 貴志俊彦「東アジアにおける『電波戦争』の諸相」(貴志俊彦・川島真・孫安石編『戦争・ラジオ・記憶』勉誠出版、二〇〇六年、三五～五六頁)。

(2) 孫安石「日中戦争と上海の日本語放送」(前掲『戦争・ラジオ・記憶』、五七～七六頁)。

(3) 前掲、「東アジアにおける『電波戦争』の諸相」。

(4) 「関於人民広播創建状況的歴史資料」(中央人民広播電台研究室、北京広播学院新聞系『解放区広播歴史資料選編(一九四〇～一九四九)』中国広播電視出版社、一九八五年)、四～五頁。

(5) 王諍は一九〇九年江蘇省武進県出身で、黄埔軍官学校第六期通訊学科の出身である。一九三〇年共産党軍の捕虜になり、紅軍の無線電信の指導的幹部となった。王諍は軍事委員会通訊連絡局局長、一九四九年以後には電信総局局長に就任した。日本軍の使用していた暗号を研究・解読し、軍事委員会情報部や毛沢東ら指導者層の参考に供していたという。王諍は一九四〇年代までの共産党の情報活動を主管した人物であった。劉亦実「鉄骨錚錚的王諍将軍」(『文史春秋』二〇〇四年七期、四八～五一頁)。

(6) 楊兆麟、趙玉明『人民大衆的号角　延安(陝北)広播史話』(中国広播電視出版社、一九八六年)、九頁。

(7) Xは国際的に中国に割り当てられた記号で、NCRはNew Chinese Radioの頭文字である。

(8) 温済沢「回憶延安和陝北新華広播電台」北京広播学院新聞系『中国人民広播回憶録(続集)』(中国広播電視出版社、

一九八六年、四四～六九頁)。
(9)水谷尚子「生きていた『延安ローズ』」(『中央公論』一九九九年九月号、一九四～二〇七頁、一〇月号、二四二～二五四頁)。
(10)『解放日報』一九四五年九月一一日「延安広播電台即日開始広播」。
(11)前掲「回憶延安和陝北新華広播電台」。
(12)前掲「東アジアにおける『電波戦争』の諸相」。
(13)白戸健一郎「満洲電信電話株式会社の多言語放送政策」(『マス・コミュニケーション研究』第八二号、二〇一三年)。
(14)趙玉明『中国解放区広播史』(中国広播電視出版社、一九九二年)、三三頁。
(15)「東北新華広播電台一九四九年工作計画」(前掲『解放区広播歴史資料選編(一九四〇～一九四九)』、三〇五～三〇九頁)。
(16)満洲電信電話株式会『満洲放送年鑑　第一巻』(緑蔭書房、一九九七年)、三四頁。
(17)黒龍江省志地方志編纂委員会『黒龍江省志第五一巻広播電視志』(黒龍江人民出版社、一九九六年)、二四頁。
(18)周叔康「東北新華広播電台的籌建経過」(『佳木斯党史資料』第五輯、一九八八年、三三～四〇頁)。
(19)張東「通化、臨江、海竜新華広播電台的変遷」(前掲『中国人民広播回憶録(続集)』、一五九～一六四頁)。ただ張東は「通化市は当時受信機が非常に普及していたことを考えれば」、「もっと多かったかもしれない」と語っている。
(20)康敏庄「回憶大連広播電台建台初期的状況」(中共大連市党史資料征集弁公室編『解放初期的大連』中共大連市党史資料征集弁公室、一九八五年、一七六～一九一頁)。
(21)前掲「満洲電信電話株式会社の多言語放送政策」。ただし人口比率で言えば必ずしも多いとは言えないし、聴取者のほとんどは、新京、奉天、ハルビン、大連などの大都市に集中していたことに注意する必要がある。
(22)以上の満洲国時代の電力事情に関しては、峰毅「東北地域における電力網の形成」(『中国研究月報』第六〇巻第四号、二〇〇六年)を参照。

(23) 呉少琦『東北人民広播史』（遼寧人民出版社、一九九一年）緒論二頁。
(24) 「中共中央東北局宣伝部給嫩江、牡丹江、吉林、遼寧、安東、冀熱遼等各党委的信」一九四六年六月五日（遼寧省広播電視学会、遼寧省広播電視庁史志編輯室『東北区広播史資料彙編　第一輯』出版社不明、一九八七年、一～二頁）。
(25) 前掲『東北人民広播史』、二二頁。
(26) 前掲「回憶大連広播電台建台初期的状況」。
(27) 前掲「通化、臨江、海竜新華広播電台的変遷」。
(28) 前掲『東北人民広播史』、一五～一六頁。
(29) 同上、二六頁。
(30) 王建穎「延吉新華広播電台回顧」（前掲『中国人民広播回憶録（続集）』、一七一～一八二頁）。
(31) 劉福令、屠湫儀、熙崇奐、謝文復「記憶中最珍貴的一頁——吉林新華広播電台工作生活片断」（北京広播学院新聞系『中国人民広播回憶録』中国広播電視出版社、一九八三年、二〇一～二〇八頁）。
(32) 以上の酒井重作に関しては張旺棟「放送局技術者の奮闘——酒井重作氏」（中国中日関係史学会編、武吉次朗訳『続新中国に貢献した日本人たち——友情で綴る戦後史の一コマ』日本僑報社、二〇〇五年、一一六～一二四頁）を参照。
(33) 洪涛「チチハル広播電台開播記」（『中国人民広播回憶録（続集）』、一六五～一六九頁）。
(34) 「嫩江晨曲——回憶西満新華広播電台」（前掲『中国人民広播回憶録』、一七五～一八二頁）。
(35) 以下のハルビンの接収に関しては、黒龍江省志地方志編纂委員会『黒龍江省志第五一巻広播電視志』（黒龍江人民出版社、一九九六年）、哈爾濱市地方志編纂委員会『哈爾濱市志第二五巻報業広播電視』（黒龍江人民出版社、一九九四年）、趙乃喬「東北新華広播電台誕生前後」（前掲『中国人民広播回憶録』、一六〇～一六五頁）を参照。
(36) 前掲「東北新華広播電台誕生前後」、前掲『黒龍江省志第五一巻広播電視志』。
(37) 前掲「通化、臨江、海竜新華広播電台的変遷」。
(38) 周叔康「東北新華広播電台的籌建経過」（『佳木斯党史資料』第五輯、一九八八年、三三～四〇頁）。

(39) 前掲『東北人民広播史』、一〇一頁。
(40) 前掲「東北新華広播電台誕生前後」。
(41) 「中共中央対新解放城市的原広播電台及其人員的政策的決定」(中国社会科学院新聞研究所編『中国共産党新聞工作文献彙編』上巻、新華出版社、一九八〇年、一九四〜一九六頁)。
(42) 「新華総社関于応注意陝北台記録新聞的意見」(前掲『解放区広播歴史資料選編(一九四〇〜一九四九)』、三九頁)。
(43) 「中共東北局関於統一広播電台的決定」(前掲『解放区広播歴史資料選編(一九四〇〜一九四九)』、二八七〜二八八頁)。
(44) 前掲『東北人民広播史』、一〇一頁。
(45) 満洲映画協会で脚本を書いていたが、協会が一九四五年一〇月共産党に接収されると、東北電影公司、東北電影製片廠勤務を経て一九四八年八月東北電台に転属し、日本語放送の創設に参画した。毛沢東「延安文芸座談会での講話」の翻訳でも知られる。
(46) 東北電台が日本語放送を始めると、日本語アナウンサーとして活躍。建国後は、北京大学東方言語学部(現在の東方学部)日本語学科で教鞭をとった。毛沢東選集(一〜四)の翻訳にも参加。以上の経歴については、前掲『続　新中国に貢献した日本人たち——友情で綴る戦後史の一コマ』を参照。
(47) 前掲、『中国解放区広播史』、一〇〇頁。
(48) 孫東民「新中国の日本語放送と八木寛氏」(中国中日関係史学会編、武吉次朗訳『新中国に貢献した日本人たち——友情で綴る戦後史の一コマ』日本僑報社、二〇〇三年、一三二〜一四七頁)。
(49) 大連の番組表に関しては、前掲『東北人民広播史』、一九二〜一九三頁を参照。
(50) 『解放区広播歴史資料選編』、八九頁。
(51) 国民党の英語放送については、貴志俊彦「東アジアにおける『電波戦争』の諸相」(貴志俊彦・川島真・孫安石編『戦争・ラジオ・記憶』勉誠出版、二〇〇六年、三五〜五六頁)を参照。
(52) 前掲『黒龍江省志第五一巻広播電視志』、二七頁。

(53) 中国語表記では阿蘭・魏寧頓。ウエニントンは建国後も共産党の対外宣伝活動に参加し、朝鮮戦争では英米の戦争捕虜に関する宣伝報道を行った。
(54) 羅清「白山黒水傳紅波――回憶東北新華広播電台総台」(前掲『中国人民広播回憶録』、一六六～一七四頁)。
(55) 前掲『東北人民広播史』、一三八～一三九頁。
(56) 「新華総社関与東北台担負国際宣伝任務的規定」(前掲『東北区広播史資料彙編』第一輯、九頁)。
(57) 延安新華広播電台は延安の陥落により、一九四七年三月一四日をもって放送を停止した。その後延安新華広播電台は三月二一日に陝北新華広播電台と名称を変更し、共産党中央とともに移動を続け、遠く西柏坡まで至った。その後北平へと移り、北平新華広播電台となった。なお再奪取した陝甘寧辺区には新たに西北新華放送局が置かれた。
(58) 前掲「回憶延安和陝北新華広播電台」。
(59) 前掲『東北人民広播史』、一四二～一四三頁。
(60) 甘惜分「歴史機縁識広播」(前掲『中国人民広播回憶録(続集)』、三二三～三二八頁)。
(61) 前掲「東北新華広播電台誕生前後」。
(62) 前掲「回憶延安和陝北新華広播電台」。
(63) 程季華『中国映画史』(平凡社、一九八七年)、三頁。
(64) 前掲『中国映画史』、七～八頁。
(65) 一八九八年湖南省生まれ。日本の東京高等師範に留学し、日本での生活のなかで映画を学んだ。演劇作家として多くの脚本を発表しつつ、一九二六年に南国電影劇社を創立した。自身でも「ヴ・ナロード」などの映画を監督している。のち一九三一年中国共産党に入党。
(66) 蘇雲主編『憶東影』(吉林文史出版社、一九八六年)。
(67) 前掲『満映――国策映画の諸相』、二六二頁。
(68) 現在の東京工芸大学。

(69) 馬守清「東北電影公司成立前後」(前掲『憶東影』、二八～四〇頁)。
(70) 陸軍士官学校卒業後、憲兵隊に勤務しアナーキスト大杉栄殺害の容疑で有罪となった。満洲ではアヘン密売や特務工作に携わったとされ、後一九三九年に岸信介、武藤富男などにより満洲映画協会理事長に就任した。満映理事長としては職員や俳優の待遇改善、中国人の監督や脚本家の起用を進めたが、それは思想戦の武器としてより効果的に映画を動員するためであった。
(71) 養成所第一期生。後に長春電影製片廠の副総美術師を担当。同廠で「辺塞烽火」、「党的女児」、「黄河飛渡」などを手がけた。劉学堯の経歴については、前掲『満映――国策映画の諸相』、二六四頁を参照。
(72) 謝徳明(シェドゥーリン)に関しては、鄭成『国共内戦期の中共・ソ連関係――旅順・大連地区を中心に』(御茶の水書房、二〇一二年)、一七二頁を参照。
(73) 抗日戦争時期から、延安の文芸工作団や各地で盛んに演じられた代表的な演目。詳しくは本章第四節「演劇」を参照されたい。
(74)「座談会　私たちは新中国で映画をつくってきた」『中央公論』一九五四年二月号。この座談会の出席者は、内田吐夢、木村荘十二、菊池周子、岸富美子、勢満男、高島小二郎、福島宏。
(75) 邵功游「〝東影〟創建的前前後後」(『当代電影』一九九五年第四期～第六期、一九九六年第一期に連載)。
(76) 理事長の甘粕の下で活動したジャーナリスト、満映理事。女優小暮実千代の夫としても知られる。福沢諭吉の『時事新報』の記者を務めた。「帝人事件」を暴き、二・二六事件では現場に一番乗りするなど記者として活躍し、著書も執筆している。松岡洋右の依頼で『満洲新聞』社長、満映の常務理事に就任した。戦後妻の小暮実千代と苦労の末、本土に引き揚げている。
(77)「東北電影製作方針」(『東北電影』第一巻第二期)。東北電影公司は、一九四六年に二つの雑誌を発行した。一般向けの『東北電影』と、映画工作者向けの『電影工作者』である。著者の知る限り、現在確認できるのは『東北電影』は第一巻第二期(一九四六年四月一日)、『電影工作者』は第一巻第一期(一九四六年三月二五日)の創刊号のみである。

(78)ハルビンに置かれたソ連の映画輸出会社の駐中国本社。
(79)東北幹部団第八中隊に関して、詳しくは本書序章を参照のこと。
(80)舒群「我在東影的経歴」(前掲『憶東影』、六九~七二頁)。
(81)中国語名「郭惜真」。ロシア語での名前は不明。
(82)理山「東影在闘争着」(『電影工作者』第一巻第一期)。
(83)幕白「東北電影学院之創立及其将来」(『東北電影』第一巻第二期)。
(84)以上の東北電影公司の方針に関しては、前掲「東北電影製作方針」を参照。
(85)方知「我国電影的過去与将来」(『東北電影』第一巻第二期)。
(86)原題「接収東北敵偽電影事業、建設我党電影宣伝機構」。
(87)後述するように、実際に晋察冀辺区に映画組織を作るため、東北に機材の援助を求めている。
(88)前掲「〝東影〟創建的前前後後」。
(89)同上。
(90)前掲「我在東影的経歴」。
(91)同上。
(92)持永伯子「中国のアニメの発展に尽力した父」(『人民中国(日本語版)』二〇〇五年一二月号)。
(93)丁民「新中国アニメの生みの親——持永只仁」(前掲『続 新中国に貢献した日本人たち——友情で綴る戦後史の一コマ』、六七~七三頁)。
(94)同上。なお前掲「新中国アニメの生みの親——持永只仁」では、日本人約一〇〇人とされている。
(95)鶴局志「東北電影制片廠在鶴岡」(遼寧・吉林・黒龍江省文化庁、瀋陽・大連・長春・哈爾濱市文化局『東北革命文化史料選編』第一輯、省文化庁文化志編集部、一九九〇年、一九一~一九四頁)。
(96)一九一〇年、広東省潮州出身。共産党を代表する女優、作家、監督として活躍。上海で左翼演劇活動に参加し、袁牧之と共同で「青春線」などの映画を制作。南京で共産党に加入し、一九三八年に延安の演劇、映画制作事業に参加した。一九四六年に東北電影製片廠に移動し、総支部書記、芸術処処長を務める。ニュース映画「民主東北」や人形劇「皇帝の夢」の制作に携わった。

(97) 一九〇〇年江蘇省出身。上海で写真、映画のカメラマンとして活躍し、袁牧之監督の「馬路天使」を撮影したことでも知られる。延安で共産党の活動に参加し、延安の八路軍総政治部電影団（通称、延安電影団）の工作に参加し、その指導者となる。写真カメラマンとしても多くの写真を残している。

(98) 前掲「東北電影制片廠在鶴岡」。

(99) 鮑延明「東北映画製作所の思い出――安芙梅（岸富美子）さん」（前掲『新中国に貢献した日本人たち――友情で綴る戦後史の一コマ』、二〇八～二二六頁）。

(100) 木村荘十二『新中国』（東峰書房、一九五三年）、三八頁。

(101) 「中共中央宣伝部関与電影工作給東北局宣伝部的指示」（中共中央宣伝部弁公庁、中央档案館編研部編『中国共産党宣伝工作文献選編　一九三七～四九』学習出版社、一九九六年、七四三～七四四頁）。

(102) ソ連の戦争英雄。一九四三年、ドイツ軍の機関銃の斉射を身を呈して防ぎ、死後英雄として顕彰された。

(103) 以上のソ連映画の翻訳に関しては、袁乃晨「我国第一部翻訳片的誕生」（前掲『憶東影』、一七一～一八〇頁）。

(104) 東北影片経理公司に関しては、白晞「関与東北影片経理公司的回憶」（前掲『憶東影』、二一二～二一五頁）。

(105) 張連俊・関大欣・王淑岩『東北三省革命文化史』（黒龍江人民出版社、二〇〇三年）、三一四頁。

(106) 前掲『中国電影発展史』、四〇一頁。

(107) 前掲『東北三省革命文化史』、三〇七～三〇八頁。

(108) 「石益民訪談録」（『当代電影』、二〇〇九年第三期、八二～八六頁）。

(109) 第一、第二は上海に置かれていた。

(110) 『北京档案史料』二〇〇四年三月号（新華出版社、二〇〇四年）、四六頁。

(111) 貢改改、子若「中共対北平電影業的接管」(『北京党史』二〇〇四年第一期、一〇~一三頁)。
(112) 建国後、一九五五年に長春電影製片廠と改名した。
(113) 前掲『満映——国策映画の諸相』、六七頁。
(114) 同上、一四八~一五一頁。
(115) 前掲「東北映画製作所の思い出——安芙梅(岸富美子)さん」。
(116) 岸富美子『はばたく映画人生』(せらび書房、二〇一〇年)、四三~四四頁。
(117) 前掲「新中国アニメの生みの親——持永只仁」。なお持永は一九八五年に中国側の招きに応じて北京電影学院で教鞭をとり、アニメ映画の制作について教授した。
(118) 丁民、朱福来「一六ミリ映写機を作った三人の日本人——服部、尾野、安部氏」(前掲『続　新中国に貢献した日本人たち——友情で綴る戦後史の一コマ』二〇九~二一六頁)。
(119) 前掲『はばたく映画人生』、六〇頁。岸が編集に関わったことが公に認められたのは二〇〇五年のことである。
(120) 丸田孝志「日中戦争時期・国共内戦期における中国共産党根拠地の象徴——国旗と指導者像」(丸田孝志『革命の儀礼——中国共産党根拠地の政治動員と民俗』汲古書院、二〇一三年)。また川田進「毛沢東像の誕生——個人崇拝への道」(牧陽一・松浦恒雄・川田進『中国のプロパガンダ芸術——毛沢東様式に見る革命の記憶』岩波書店、二〇〇〇年、一〇一~一三一頁)は、一九三〇年代から文化大革命までを通し、毛沢東像の作成状況や象徴の持つ意味についてより広い視点から論じている。
(121) 『合江日報』一九四六年一〇月一八日「湖南営大楼国旗飄揚鑼鼓喧天　農人工人代表們大会」。
(122) 『東北日報』一九四七年一月一六日「翻身会　南崗区街政府成立大会片断」。
(123) 『合江日報』一九四七年一月三一日「翻身小景」。
(124) 『東北日報』一九四八年一月二三日「熱愛毛主席」。
(125) 『東北日報』一九四六年一〇月一一日「哈市工人学生記念双十節　要求美軍退出中国」。

(126) 周保昌『東北解放区出版発行工作的回顧』(遼寧人民出版社、一九八八年)、三九頁。
(127)『東北日報』一九四六年七月一一日「『七七』在哈爾濱」。
(128) 前掲『新中国』、四六～五一頁。
(129) 同上、二〇二～二〇三頁。
(130)『東北日報』一九四九年五月二七日「東北局宣伝部関与絵画及懸掛領袖像的決定」。
(131) 前掲「抗日戦争期・内戦期における中国共産党根拠地の象徴――国旗と指導者像」。
(132) 前掲『新中国』、二〇三頁。
(133) 前掲『満洲国のビジュアル・メディア』、八二～八三頁。貴志によれば、政府機関が満洲国人の好む年画形式を利用し、記念イベントのために年画を製作したという。
(134)『合江日報』一九四七年一月一九日「軍区政治部関与旧暦年工作指示」。
(135) 金戈『解放区文化教育巡礼』(大家出版社、一九四九年)。
(136) 同上。
(137) 前掲『東北解放区出版発行工作的回顧』、一五七頁。
(138) 薄松年『中国年画史』(遼寧美術出版社、一九八六年)、一九〇～一九一頁。
(139) 同上。
(140) 前掲「翻身小景」。
(141)『合江日報』一九四七年二月二日「樺南湖南営街上　翻身年素描」。
(142) 朱丹「回顧『東北画報』」(『星火　革命回顧録』第三巻、遼寧人民出版社、一九八一年、二三四～二四二頁)。
(143) 新聞を強制的に読ませる組織に読報組がある。詳しくは拙稿「陝甘寧辺区における通信員、読報組政策の展開」(『中国研究月報』第六一巻第一号、二〇〇七年)を参照されたい。
(144) 銭理群『一九四八：天地玄横』(山東教育出版社、一九九八年)、一八二頁。

(145) 牧陽一「宣伝の担い手――文工団とその役割」(牧陽一・松浦恒雄・川田進『中国のプロパガンダ芸術――毛沢東様式に見る革命の記憶』岩波書店、二〇〇〇年、三五～六四頁)。

(146) 前掲『天地玄横』、一八二頁。

(147) 張連俊・関大欣・王淑岩編著『東北三省革命文化史』黒龍江人民出版社、二〇〇二年。

(148) 肖振宇「論『東北文芸工作団』与東北解放区的戯劇運動」(『戯劇文学』二〇〇七年第一〇期、六六～六九頁)。

(149) 東北文工団に関しては、前掲『東北三省革命文化史』や、文工団の重要な幹部であった顔一烟の回想「憶東北文芸工作団」(『社会科学戦線』一九八四年三期「東北歴史与文化」、二〇四～二一二頁)を参照した。

(150) 中国共産党中央が延安に創設した文化芸術組織。文芸幹部の育成や、文化活動によるプロパガンダを担った。

(151) 前掲「憶東北文芸工作団」。

(152) 舒群「我在東影的経歴」(前掲『憶東影』、六九～七二頁)、前掲『東北三省革命文化史』、二〇二頁。

(153) 斉錫宝「回憶沙蒙同志」(『電影芸術』一九八〇年八期、五五～五八頁)。

(154) 一九一二年北京生まれ。早稲田大学に留学後、上海で脚本を創作。一九三八年に延安に行き共産党に入党、魯芸芸術指導科の教員となった。戦後、東北文芸工作団一団に参加し多くの脚本を創作した。一九四八年には東北電影製片廠に移動となり、『中華女児』などの脚本を書いた。一九四九年以後は文化部や北京電影製片廠で脚本を創作し続けた。

(155) 前掲『東北三省革命文化史』、二一八頁。

(156) 一九〇七年遼寧省生まれ。東北を代表する作家。満洲事変後、上海で魯迅の援助の下で『八月的郷村』を出版し、東北流亡作家として知られるようになった。一九四六年ジャムスの魯迅芸術学院の院長に就任した後、四七年に雑誌『文化報』を創刊するが、延安派の『生活報』と対立し、党から反ソ、反党との批判を受けた。これがいわゆる「蕭軍文化報事件」である。

(157) 周恩来「関於文芸方面的幾個問題――在中華全国文芸工作者代表大会上的政治報告(節録)」(中国人民解放軍文芸史料編輯部『中国人民解放軍文芸史料選編　解放戦争時期』上冊、解放軍出版社、一九八九年、一～六頁)。

(158) 活報とは街頭で時事を寸劇にまとめた形式。
(159) 前掲「宣伝の担い手――文工団とその役割」。
(160) 『東北日報』一九四六年一二月一一日「東北文芸工作団由哈抵斉」。
(161) 『東北日報』一九四七年一月三一日「春節連合秧歌隊轟動斉市両萬観衆」。
(162) 前掲「憶東北文芸工作団」。
(163) 丸田孝志「陝甘寧辺区の記念日活動と新暦・農暦の時間」(『史學研究』二二一号、一九九八年)、拙稿「陝甘寧辺区における通信員、読報組政策の展開」(『中国研究月報』第六一巻第一号、二〇〇七年)。
(164) 前掲『中国のプロパガンダ芸術』、一五九頁。
(165) 粛汀「秧歌舞和秧歌劇」『東北日報』一九四七年一月一二日。
(166) このような活動を描いた映画に陳凱歌監督『黄色い大地(黄土地)』(一九八四年)がある。
(167) 前掲「憶東北文芸工作団」。
(168) 「白毛女」の制作過程に関しては、牧陽一・松浦恒雄・川田進『中国のプロパガンダ芸術』(岩波書店、二〇〇〇年)、一六六～一七二頁に詳しい。「白毛女」は、もともと河北の農村の故事をもとに延安魯芸が再構成したものであり、東北電影製片廠が一九五一年に映画化した。
(169) 黒龍江・吉林・遼寧省文化庁、大連・瀋陽・朝陽市文化局『東北革命文化人物録』(朝陽市新聞出版局、一九九六年)、一三七～一三九頁。
(170) 顔一烟『烽火明星』(中国和平出版社、一九九一年)、七九頁。
(171) 『東北日報』一九四七年二月二三日「東北文工二団的秧歌」。
(172) 『東北日報』一九四七年二月二三日冷二郎「一点希望」。
(173) 『合江日報』一九四七年一月五日「東北文工団第二団下郷帰来収穫豊富」。
(174) 『東北日報』一九四七年一月一二日「東北文工団第二団　深入民間創作歌劇」。

(175)前掲『東北三省革命文化史』や「論『東北文芸工作団』与東北解放区的戯劇運動」。
(176)呉時韵「回憶解放戦争時期我在遼北地区的一団文芸宣伝工作」(遼寧・吉林・黒龍江省文化庁、瀋陽・大連・長春・哈爾濱市文化局『東北革命文化史料選編』第三輯、省文化庁文化志編集部、一九九三年、一八六~一九五頁)。
(177)前掲「憶東北文芸工作団」。
(178)共産党による階級区分の一つで、旧時代に地主として権力を振い、貧しい農民を虐げた者を言う。
(179)『東北日報』一九四七年七月二〇~二三日に掲載された脚本を参照。
(180)『東北三省革命文化史』二一九頁。
(181)秋松「戦火中的文芸兵――記三十八軍文工団」(中国人民解放軍文芸史料編集部編『中国人民解放軍文芸史料選編 解放戦争時期』下冊、解放軍出版社、一九八九年、五七五~五九一頁)。
(182)『民主東北』第三輯「翻身年」。民主東北は現在中国の動画サイトで閲覧することができる。著者は「56.com」(http://www.56.com/w22/play_album-aid-7861381_vid-NjE1MzczNjE.html)で閲覧した(二〇一四年四月五日)。
(183)伝単とは宣伝ビラのこと。「火線」は戦場、あるいは前線、「槍桿」は銃や武器を意味する。
(184)方洪「戦壕里的文化活動――錦西阻撃戦中的一個実例」(荒草、景芙編『人民戦争詩歌選』下集、上海雑誌公司、一九五一年、三五九~三六三頁)。「順口溜」とは、比喩表現を用いた口語の詩であり、滑稽で皮肉を利かせた内容を含むものである。
(185)『東北日報』一九四八年二月四日「展開春節対敵政治攻勢」。

第四章　東北におけるメディア利用とプロパガンダ

第二章、第三章では、主として活字メディアと視聴覚メディアの整備過程について考察した。本章ではそこで十分に触れることができなかった、メディアの宣伝内容や利用の実態といった個別的なテーマについて考察したい。具体的には『東北日報』に掲載された風刺画、ラジオで放送された対敵宣伝放送、共産党の各種の記念活動について検討する。

第一節　『東北日報』の風刺画

（一）風刺画の作者

第一章ですでにいくつかの風刺画を紹介したように、『東北日報』は批判性の強い風刺画を数多く掲載したことで知られる。風刺画は時に新聞記事や写真よりも、効果的に宣伝対象を強調し、高い宣伝効果を挙げることが可能である。また、メディアのなかでも時代を切り取るのに適したメディアでもあり、後世の我々から見た場合、風刺画を通して当時の社会の有り様を知ることができる。

『東北日報』において、最初の風刺画が掲載されたのは一九四六年五月五日のことである。それから一九四九年一二月までの間、三〇〇弱の風刺画が掲載された。そしてその約九割の風刺画を描いたのが華君武である。

華君武は、杭州の出身であり、日中戦争期から共産党の新聞や雑誌で風刺画を描き、中華人民共和国以後は『人民日報』の美術組組長に就任し数多くの風刺画を残している。彼の風刺画は漫画集のなかに収められ、共和国期の胡風批判、反革命鎮圧運動などの政治運動にも利用され[1]、自身も文革では批判の対象となっている。改革開放後、中国美術協会の副主席となり、多くの新聞、雑誌で漫画を描いた。中国を代表する古典的漫画家として知られる人物である[2]。まずここでは、華君武が『東北日報』で風刺画を描くことになった経緯について、簡単に触れておきたい。

華君武は上海の大同中学で学んだ後、漫画に興味を持ち上海で漫画の創作を始めた。当時上海では林語堂の『論語』、魯少飛の『時代漫画』、葉浅予の『淴克』など、多くの漫画雑誌が出版され、華君武はそれらの漫画に触れ、自身も漫画を発表することになる。とくに著名な漫画家であった豊子愷や魯少飛に大きな影響を受けたとされる。一九三七年に日中戦争が勃発すると、上海漫画界救亡協会や、抗日漫画宣伝隊が組織され、漫画による抗日宣伝が活発となった。華君武は丁聡、黄堯、魯少飛、蔡若虹らと雑誌[3]『救亡漫画』を創刊し、抗日漫画を次々と発表した。

日中戦争が勃発し上海が日本に占領された後、多くの左派文化人と同じく、華君武は延安を目指した。一九三八年一一月に延安に到着し陝北公学の学生となると[4]、華君武は芸術の素養がある学生として選抜され、延安魯迅芸術学院の研究員となった。彼が配属となった芸術指導科の科長田方は、第三章で述べたように、後に東北電影公司の設立に関わり、また北京電影製片廠の所長となる人物である。華君武は当時からヒトラー、ムッソリーニ、東条英機などをモデルとした反ファシスト的風刺画を描いていた。一九四二年に左翼美術家連盟で活動していた張諤、蔡若虹らと風刺漫画展を開くと、毛沢東も自ら見学に訪れたという。そして党機関紙『解放日報』にも彼の風刺画が掲載されるようになった。

日中戦争の勝利の後、延安では東北幹部団と華北幹部団を組織した。華君武は隊長舒群、副隊長田方、沙蒙のもと東北幹部団の第八中隊に配属となって東北へと派遣され、一九四五年一一月二日に瀋陽に到着し、『東北日報』の工作に従事した。しかし当時の『東北日報』は印刷条件が悪かったため、漫画や写真などを掲載することが難しく、当初は記者を担当していたらしい。『東北日報』がハルビンに移転した後、華君武はようやく本来の専門である風刺画を『東北日報』に発表できるようになったという。(5)

舒群はかつて華君武の漫画や風刺画を評して「今日東北解放区の王爺廟、北安、東安、ジャムス、ハルビンなどの地では、どこでも漫画を見ることが出来る。その中では華君武同志が描いたものが多い。最近の『東北画報』の読者向けアンケートには、『どんな絵が好きか?誰の絵が好きか?』という項目があったが、百通近い返信があった。その八割が『漫画が好きだ』、『最も好きなのは華君武同志が描いたものである』という意見であった」、「華君武同志は東北に来た後、漫画工作に取り掛かった。一年ほどの間に、『東北日報』、『東北画報』、『知識』などで発表した作品は、すでに一〇〇幅に達している。彼の作品は大衆に良い影響を与え、学校、工場、街頭や、文工団、秧歌隊の宣伝品など、いたる所で華君武の複製品や模造品を見つけることができる。遠くチチハルの駅で『熱心家』(『東北日報』一九四六年六月一二日掲載)が掛けられ、ハルビンの電車に『画餅不能充飢(『東北日報』一九四七年七月二四日掲載)』が貼ってある」と高く評価していた。(6)華君武の風刺画は新聞や画報に掲載されただけでなく、様々な形で宣伝に利用され、人の目に触れられていたことが分かる。

華君武以外の風刺画の作者では、朱丹、鋳夫、施展、劉迅などがいる。朱丹は南京中央大学美術系で絵画を学び、日中戦争期には中共中央統戦部で工作し、西北文芸工作団の副団長も務めた。日中戦争終結後に東北へと派遣され、

図-19　「磨好刀再殺」（出典：『東北日報』1947年1月30日）

『東北画報』の社長を務めた。建国後には北京に移動となり『人民画報』の総編輯を務めた人物である。朱丹の署名入りの風刺画は六枚ある。

鋳夫は、中華文芸協会東北総分会準備会の準備委員にも選出された文化人であり[7]、雑誌『東北文芸』創刊号のデザインや挿絵も描いている。『東北日報』には計五枚の風刺画を残している。施展は、朱丹が北京へ転任した際に、東北画報社の社長を引き継いだ人物であり、一九四七年に四枚の作品を描いている。劉迅は、華君武と同じく陝北公学や魯芸で学び、東北へ派遣されると文工団で美術面を担当し、『東北画報』の編輯や戦地記者も務めた。一九四九年に二枚の風刺画を書いており、建国後は北京の『人民画報』で編集部主任などを務めている。

（二）蒋介石と国府要人

華君武の風刺画で最も多く描かれた者、つまり最も批判的眼差しを向けられたのは蒋介石である。それは共産党側から見れば、もともと蒋介石に対して少なからず和平の実現を期待していたものの、最終的に停戦協定を破り解放区に進攻して内戦を引き起こしたからであった。一九四七年一月三〇日に掲載された「刀を磨いて殺す」（図－19タイトルは拙訳）は、華君武の風刺画のなかでもとくに有名な絵である。和平方案を盾に内戦の準備を整え、結局は多くの者を殺そうとしている様子を描いている。この絵の蔣介石は、華君武の描く典型的な蔣介石像である。華君武による蔣介石の造型は、非常に特徴を強調してデフォルメしている。この蔣介石の造型について、華君武はかつて以下のように語っている。

この漫画の蔣介石は、アメリカ兵の服を着ている。蔣介石は当時アメリカの援助で内戦を戦っていた。蔣介石の生き生きとした特徴は、禿頭（庶民は彼を蔣禿と呼んでいた――原文注）、高い頬骨、ちょび髭、くぼんだ目である。私はこれらの特徴を誇張し浮き彫りにするほか、蔣介石のこめかみに小さな、四角い、黒の膏薬を貼った。この黒の膏薬は、新中国の人民はすでに知らないものであるが、旧社会で使われた頭痛を治す膏薬であり、旧上海の多くの男女の流民が常にこのような膏薬を貼っていた。蔣介石は本来青幇の流民であり、流民的性質を持つ国を盗む大盗賊であった。当時中華民国大総統であったが、この小さな膏薬が蔣介石の流民的本質を表している。

当時蔣介石が最も頭を痛めたものは共産党であった。軍事、政治、経済危機の中で蔣介石は確かに日々頭を痛めており、この小さな膏薬も日々敗れていく蔣介石が四六時中頭痛に苦しむことを暗示している。私はこの党・国家の指導者をからかったのである。現実の蔣介石は、常に真面目くさった顔つきで威張っており、総統服を着ていた。しかし、漫画の中で彼はアメリカの軍服を着ており、アメリカ反動派の手先となっている。現実の彼は頭痛の膏薬を貼ってはいないが、漫画の中の蔣介石は毎日膏薬を貼っている。読者は不合理だとは感じず、かえって蔣介石に非常に似ていると感じるだろう。三〇数年が経って、当時東北で活動していた幹部や解放軍の人たちと会うと、彼らは私の描いた蔣介石を覚えていてくれる。(8)

図-20　「漂亮的藉口和悪毒的陰謀」（出典：『東北日報』1946年6月13日）

図-21　「来而踪跟」（出典：『東北日報』1946年6月16日）

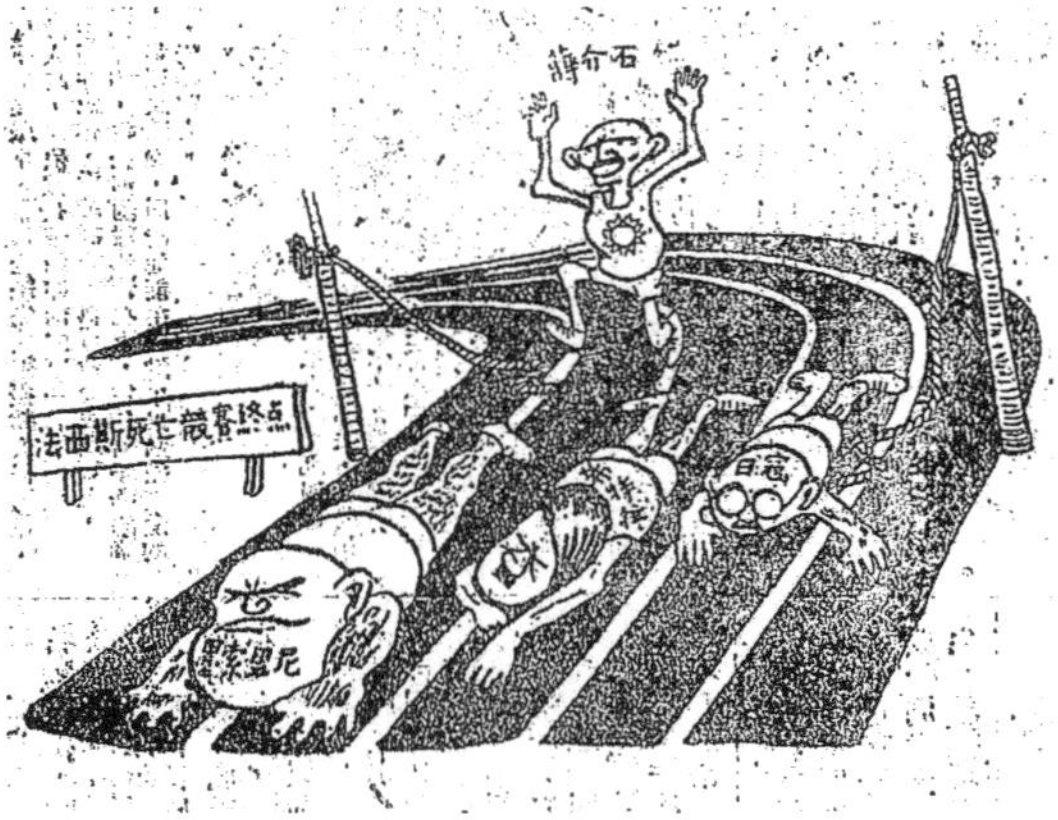

一九四六年五月から掲載された風刺画のなかで、蔣介石は常に批判にさらされた。蔣介石が登場しない風刺画はほとんどないとも言える。このため華君武は、当時国民党特務組織の暗殺の標的となっていたらしい。彭真は『東北日報』社長の李荒に対し、指導者を侮辱した罪で華君武の名が暗殺リストのなかにあるため、注意するように指摘したという(9)。実際に華君武の風刺画は、風刺というよりは蔣介石を侮辱するに近いものがあった。

初めて蔣介石が風刺画に描かれたのは一九四六年六月一三日の「立派な口実と悪辣な陰謀」（図－20）である。在華日本軍の送還を口実に、アメリカ「帝国主義」が国府軍を東北の内戦へと輸送する様子を描いたものである。この船先に乗っている人物が蒋介石であろうと推定される。第一章で見たように、アメリカ軍による兵員輸送を批判した風刺画である。

六月一六日「ついて来た」（図－21）は、蒋介石がムッソリーニ、ヒトラー、日本（東条英機か）らの後に続き、「ファシスト死亡競争」のゴールに着こうとしている場面を描写している。このようにムッソリーニやヒトラーを登場させ、蒋介石がファシズムの後継者であるという主題もよく使われる構図である。蒋介石とファシズムとの深い関係について、実際に蒋介石研究ではすでに指摘されている(10)。

図－22　「継承有人」（出典：『東北日報』1947年４月６日）

一九四七年四月六日「継承するに人あり」（図－22）は、アメリカが反共、防共の下で手を結んできたムッソリーニ、ヒトラー、日本、汪兆銘はすでに死に、蒋介石だけがかろうじて生き残っている様を描写している。「ギリシャ・トルコ援助、反対共産主義」を掲げたトルーマン、反共内戦を掲げる蒋介石はともに涙を流し、その企みが失敗したことを示している。

蒋介石と並んで国府の要人たちは、共産党の批判の的であった。むしろ「国民党反動派」として、蒋介石には批判が向けられていなかった時期から、いわゆる「四大家族」の孔祥熙、宋子文、陳果夫・陳立夫は批判にさらされていたと言える。これらの要人たちは、単独で登場するというよりは、ひとまとめで扱われる場合が多い。

図–23　「送命的和発財的」（出典：『東北日報』1946年 6 月28日）

図–24　「還我們糧食！」（出典：『東北日報』1947年 5 月16日）

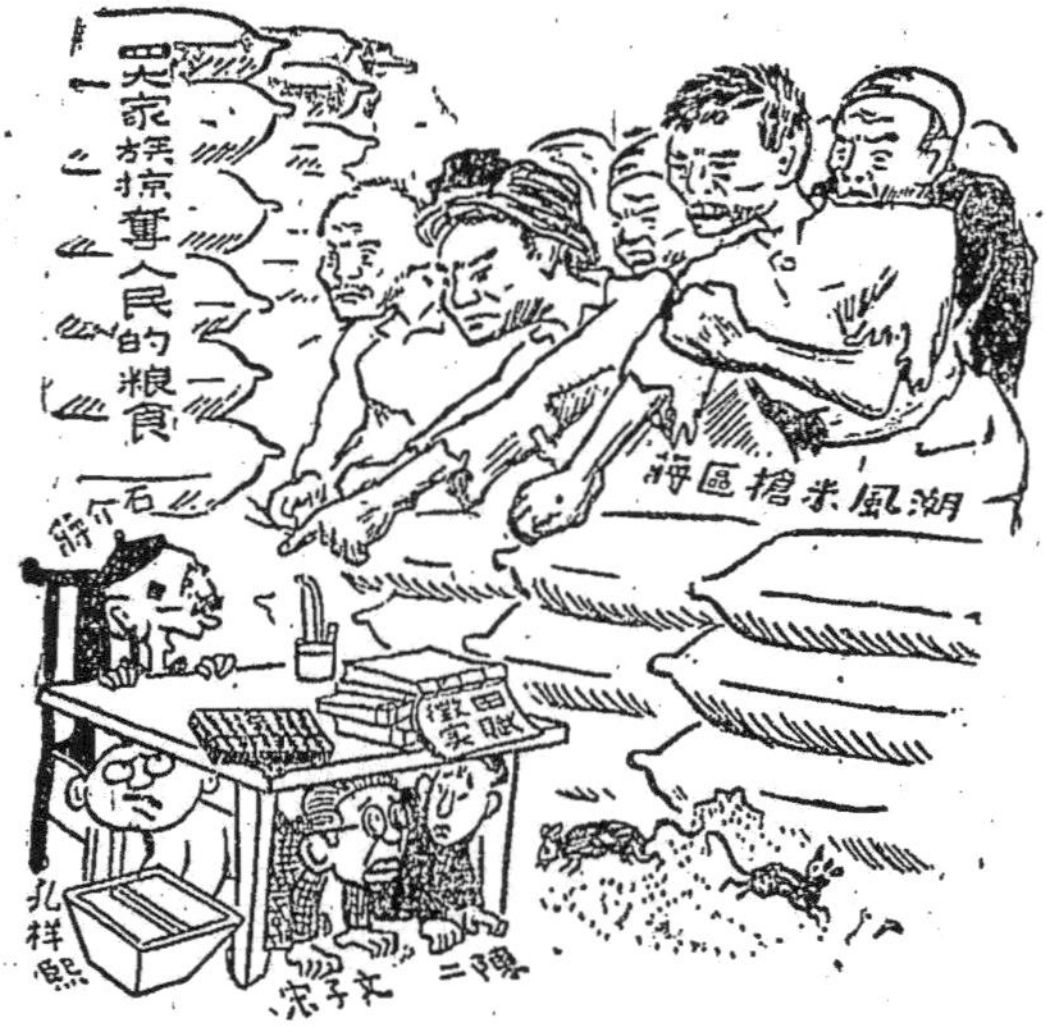

初めて国府要人が登場したのは、一九四六年六月二八日の「命を落とす者と金持ちになった者」（図－23）である。中国の民族工業が死に絶えた一方で、蒋介石を含めた四大家族が「官僚資本」という船に乗り、アメリカ商品のダンピングを促して、私腹を肥やしている様子を描いたものである。一九四七年五月一六日「我々の糧食を返せ！」（図－24）は、四大家族が「土地税の現物徴収」により人民の糧食を奪い、国府統治地区で米騒動が起こっていることを風刺している。人民から追及された蒋介石たちは、情けなくも机の下に隠れている。八月一八日の施展による『総動員』とは、すなわち総略奪で

図-25　「粛清貪汚遊戯」（出典：『東北日報』1947年9月9日）

ある」は、国府支配地域において、四大家族が総動員の名のもとに大衆の財産を略奪している様子を描いている。施展をはじめ、華君武以外の作者による風刺画は、華君武のものと比べリアルなタッチで描かれている。九月九日「汚職粛清の遊戯」（図－25）は、国府内の汚職が、手を付けられないほど深刻化していることを風刺したものである。蒋介石をはじめとする四大家族のほか、黄埔軍人、政学系などが互いに汚職を指摘しながら、グルグルと回っている。それを輪の中心でいかんともし難い様子で眺めているのは、アメリカのウェデマイヤーである。

（三）アメリカ

アメリカは、共産党にとって蒋介石の後ろ盾となっている厄介な存在であった。すでに日中戦争期から、アメリカは国府に対して多額の経済的、軍事的援助を行い、国府が対日戦争を維持できた一つの大きな背景となっていた。ただし第一章で触れたように、共産党も戦後当初は和平の仲介役としての役割をアメリカ政府に期待し、その責任者となったマーシャルにも少なからぬ期待が寄せられた。しかし結局マーシャルの調停にもか

図−26　「公開的虐殺和公開的標價」（出典：『東北日報』1946年6月8日）

図−27　「美国植民地的囚籠」（出典：『東北日報』1946年6月17日）

かわらず、蒋介石は内戦を拡大させた。アメリカに対する期待は次第に薄れ、蒋介石を援助する敵となっていく。

アメリカが風刺画に初めて登場するのは、一九四六年六月八日「公開虐殺と公開値付け」（図－26）である。一九四六年六月一七日「アメリカ植民地の檻」（図－27）と合わせて見るとよく分かるように、アメリカはほとんどの場合巨大な逞しい軍人として描かれる。蒋介石や日本が小さく描かれるのとは対照的である。その体躯の巨大さは、そのまま国力を表しており、帝国主義の親玉として描かれているものと考えられる。

図−28　「熱心家」（出典：『東北日報』1946年６月12日）

アメリカに対する最大の批判のポイントは、蔣介石を軍事的、経済的に援助することにより、中国の内戦に介入したことであった。図－28はアメリカ「帝国主義」が中国植民地化の計画に基づき、「援蔣美艦」を東北の内戦へ送り出している様子を描いたものである。とくにアメリカが国府軍の兵員を東北へと輸送していることが、内戦を戦う共産党にとって最大の問題であった。

図−29　「景物依旧人事全非」（出典：『東北日報』1947年７月31日）

アメリカの関係者のなかで、名指しで描かれた人物には、描かれた回数が多い順に、ウェデマイヤー、マーシャル、トルーマン、マッカーサー、スチュアート、アチソンなどがいる(11)。

中国戦線アメリカ軍総司令官であったウェデマイヤーは、

図-30　「新買売　老主顧」（出典：『東北日報』1947年８月26日）

一九四七年七月から九月に集中的に七枚の風刺画が描かれた。ウェデマイヤーは一九四六年に中国を去ったが、一九四七年四月からいわゆるウェデマイヤーミッションを実施した。その任務は中国援助を検討するための材料として、中国情勢を調査して報告することであった(12)。ウェデマイヤーはもともと反共主義者として知られ、共産党としてはその動向が注目されるところであった。風刺画がこの時期に集中して描かれたのも、ウェデマイヤーに注目していた証左であろう。

一九四七年七月三一日「風物は変わらず、人だけが変わった」（図－29）は、「滅共」を唱え勇猛に戦った在りし日の面影を、蒋介石とウェデマイヤーが涙を流して眺めている様子を描いたものである。暗に滅びの道を歩んでいることを示している。八月二六日「新たな売買、お得意さん」（図－30）は、ウェデマイヤーに蒋介石が国土や主権を売り払っているシーンを描いている。蒋介石の「売国老店」は、すでに多くのものを売り払っているのか、ショーケースは空である。そこで「アメリカ管制」と書かれた鞄を持ったウェデマイヤーに対して、蒋介石は台湾や両広（広東、広西）を売り払おうとしている。その後ろでかしずき団扇を扇いでいるのは、蒋介石の腹心の陳誠である。陳誠は一九四六年に総参謀長となり、この風刺画の書かれた一九四七年八月に、熊式輝に替わり東北行轅主任に任じられていた。

そして停戦交渉の立役者となったマーシャルも、数多く描かれた一人である。マーシャルが初めて描かれたのは一九四六年一〇月のことである。ここまで見てきたように、華君武の風刺画は批判的色彩が非常に強く、ソ連や解放軍を除いて登場人物は基本的に反動的人物として描かれる。つまりマーシャルは、この一九四六年一〇月から批判するべき人物として扱われるようになったのである。共産党の新聞ではこの一九四六年一〇月から反米キャンペーンを大々的に展開するようになる。マーシャルの登場は、まさに共産党が停戦協定の不調に失望し、アメリカを敵と認識する転換点を示すものである。

図−31　「騙局」（出典：『東北日報』1946年10月12日）

図−32　「美国傀儡戲」（出典：『東北日報』1948年10月３日）

一〇月一二日「ペテン」（図−31）は、和平談判における軍事三人委員会[13]のテーブルにつきながら、蔣介石とマーシャルが陰謀を企む様子を描いている。蔣介石は張家口を指さしながら「すみませんが、ここを混乱させてください。私が攻めますから」と頼み、マーシャルが許可している。すでに見た一一月四日の第一章図−2は、マーシャルと蔣介石が停戦令を破り発砲しているシーンを描いたものである。一九四八年一〇月三日「ア

メリカの傀儡ゲーム」（図－32）は、マーシャルが韓国の李承晩を操り人形としていることを風刺した。蔣介石の操り人形はすでに必要なくなったのか放って置かれ、マーシャルは李承晩を操りアメリカ軍に駐留するよう言わせている。中国の内戦が共産党有利に展開するなかで、アメリカが日本や韓国の政権を援助し、中国を封じ込めようとしていることへの批判である。

図-33　「如此『解除在華日軍武装』」（出典：『東北日報』1946年6月15日）

（四）風刺画に描かれた日本

三〇〇弱の風刺画のうち、日本が描かれたものは四八枚あり約一六％を占めている。単に国旗や文字だけが描かれている場合は、例外を除きこれに含んでいない。描かれる人物は、軍人、東条英機だと想定できる指導者、下卑た和服の男、芸者、侍などであり、必ず否定的な人物として描かれる。日中戦争の終戦直後の時期ということもあり、当然ながら最も多いのは軍人や軍隊である。人物の種類に限らず、短身、丸い眼鏡、ちょび髭、出っ歯など、日本人に対するステレオタイプな表現がなされている。『東北日報』で最初に日本が描かれたのは、一九四六年六月一五日の「このように『在華日本軍の武装を解除した』」（図－33）である。

軍人

「このように『在華日本軍の武装を解除した』」は、アメリカ軍が国府の進める日本軍の武装解除に協力すると言いながら、実は日本軍の再武装を企み、内戦に利用していることを風刺したものである。アメリカ軍、国府軍の指揮官は「アメリカ軍が中国に駐留するのは、在華日本軍の武装解除を援助するためである」と書かれた看板を背負っているが、その二人の面前では、蔣介石が在華日本軍に対して武器を支給し、内戦へと送り出している。内戦に向かおうとしている先頭の軍人は、華君武の描く典型的な日本軍人の特徴を備えている。

一九四七年九月八日「誰の軍隊?」(図－34)は、台湾において蔣介石の軍隊が日本軍人に訓練されている様子を描いている。日本軍人は「訓練海軍」と書かれた刀を持ち、「ヒタリ、ミギ、ヒタリ」と掛け声をかけている。国府の兵隊は、明らかに蔣介石だと分かる容貌である。台湾が日本の支配から「解放」されたものの、進駐した国府軍が日本と協力関係にあり、日本の傀儡となっていると主張するものであ

図-34　「誰的軍隊？」(出典：『東北日報』1947年9月8日)

図-35　「這就是証拠」(出典：『東北日報』1948年7月5日)

図-36　「美式新遊戯」（出典：『東北日報』1948年9月18日）

ろう。

　一九四八年七月五日「これが証拠だ」（図－35）は、アメリカが日本の再軍備を企み、蔣介石が中国侵略のお先棒を担いでいる様を描写した絵である。一九四八年九月一八日「アメリカの新たな遊戯」（図－36）は、アメリカの策略の下で、蔣介石（国府）、日本、李承晩（韓国）が反共同盟を組んでいることを風刺したものである。下駄を履くことで、中央の人物が日本人であることを示している。日本の軍人のなかで、東条英機は容貌で分かるものの、名前が明示されているわけではなく、あくまでも東条だと推定できるだけである。しかし日本軍人のなかで、唯一名指しで描かれた人物がいる。支那派遣軍総司令官の岡村寧次である。

　岡村は終戦当時の在華日本軍の総司令官であり、一九四五年九月九日に南京で降伏文書に調印した最高責任者である。国府は岡村を「日本官兵善後連絡部」、通称「総連絡班」の長官に任じ、従前の指揮系統を保持しつつ、日本人の引揚げ処理などに当たらせた。その際、日本軍の正式な接収を完了するまでは武装解除を行わなかったため、降伏後も在華日本軍は武力を持ち続けていた(14)。支那派遣軍は降伏や接収の相手を政権政党である国府と定め、蔣介石や日本本国からの指令もあって、共産党による接収には強く抵抗した(15)。それにより、各地で日本軍の武器や物資を接収しようとした共産党軍と武力衝突を引き起こしていた。それゆえ共産党側は、蔣介石が岡村や日本軍を内戦に利用していると批判するのである(16)。このように岡村は国府による接収に非常に協力的であった。

蒋介石や国府要人は戦後の岡村の行動を高く評価していたため、岡村の中国での生活は捕虜とは思えぬ生活ぶりであり、蒋介石らは岡村が戦犯として処刑されることを望まなかった。それゆえ、連絡部の任務が終わって解散することにより、岡村が東京国際軍事法廷の戦犯容疑者となることを懸念し、名目上の連絡班を維持し岡村をかばったとされる。岡村自身の回想では、何応欽、陳誠、湯恩伯ら国府軍の将軍たちが岡村の接収、引揚げ処理への協力を評価し、寛大な処置をとるよう蒋介石へ具申していたという。回想では、世論や対米関係への配慮から、表立ってかばうことはできないものの、国府要人が岡村に対して内々に好意を示していたことをうかがい知ることができる[17]。

一九四六年一二月一二日「師匠を拝す」（図－37）は、ヒトラーの遺影を背後にして、蒋介石が「連絡官」の称号を岡村寧次に進呈する様子を描いている。そしてアメリカ軍人が「子犬（蒋介石を指す——著者注）は生まれつき弱く愚かなので、師

図-37　「拝師父」（出典：『東北日報』1946年12月12日）

図-38　「認賊作父」（出典：『東北日報』1949年２月３日）

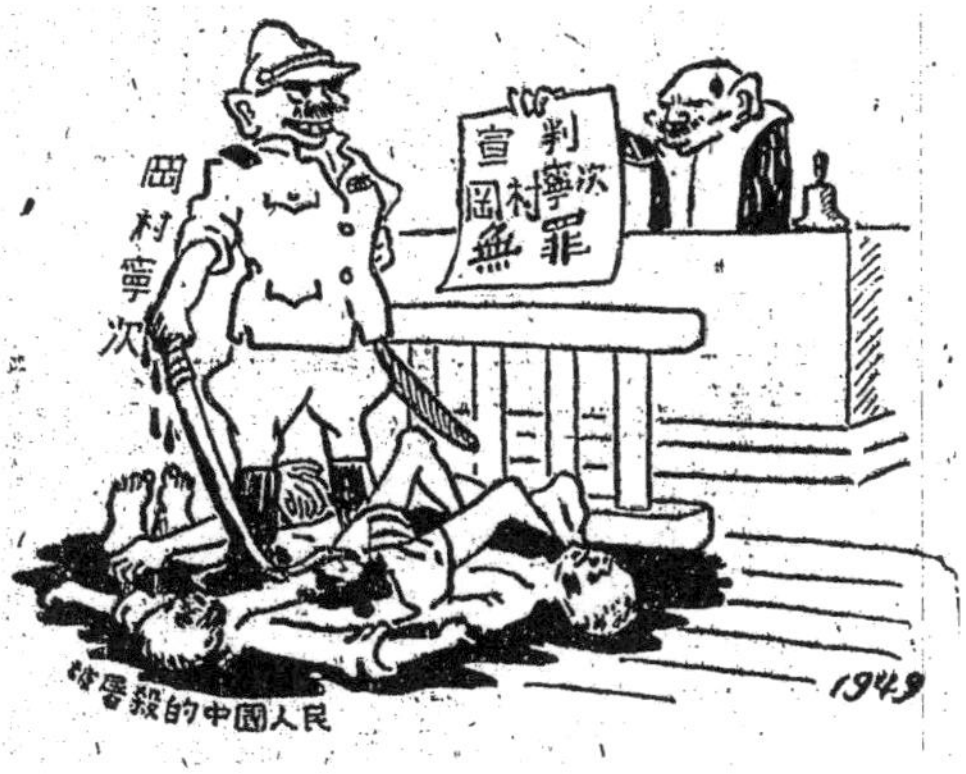

図-39　「武力接収国家主権図解」（出典：『東北日報』1946年７月12日）

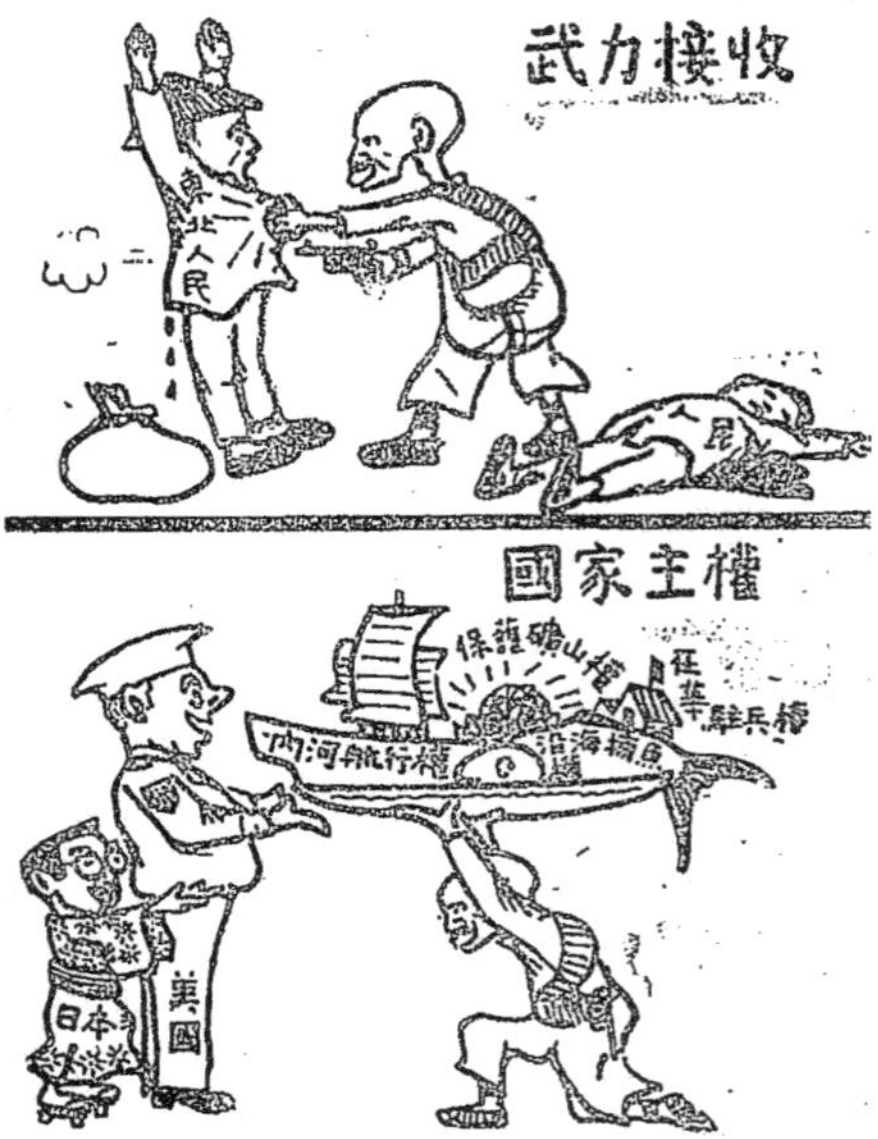

匠のご指導を賜りたく存じます！」と岡村寧次に要請し、岡村は「恐れ入ります、力を尽くしましょう！」と答えている。実際には当然蒋介石がこのように卑屈であったわけではないが、共産党の意図としては蒋を実像以上に貶める必要があったのである。

一九四九年二月三日「賊を父と見なす」（図－38）は、岡村寧次が中国人民を虐殺した上で、蒋介石扮する裁判官から無罪の判決を言い渡されるシーンを描いたものである。岡村は実際に一九四九年一月二六日、南京における戦犯裁判で無罪を言い渡されているが、この風刺画はそれを批判したものであろう。この日、南京の軍事法廷は事前の報道もなく、狭小な法廷においてわずかな傍聴人のみで審理が行われた。無罪の理由は、岡村が一九四四年一一月末という戦争の末期に司令官になったに過ぎず、道義的責任はあるにしても、実際の日本軍の戦争犯罪には関係していないというものであった[18]。しかし共産党としては、一九四五年一一月に岡村を戦犯第一号に指定して以来、国府の処置は常に在華日本軍と国府の結託を示す格好の批判点となり、岡村無罪の判決はその最たるものであった。

民間人――和服男性と芸者など

一九四六年七月一二日「図解　武力で国家主権を接収する」（図－39）は、蔣介石が東北の人民を射殺し、鉱山権や在華駐留権、内河航行権などの国家主権をアメリカと日本に捧げている様を風刺している。軍人が日本の軍国主義を表すのに対し、この和服の男は一般的な日本政府を象徴しているものと考えられる。アメリカの巨大さに対して、日本の矮小が強調され、表情もどことなく下卑た印象を受ける。一九四七年二月一四日「挟撃」（図－40）は、日本とアメリカが中国市場でダンピングし、国府支配地域の民族商業が被害を被っているシーンである。国府は一九四六年二月二五日、外国為替市場の開放と貿易自由化政策を実施したが、それは中国経済を大きな混乱に陥れた。高めに設定された為替レートにより、アメリカなどから大量の商品が輸入され、国内の生産を圧迫した。これにより巨額の貿易赤字が生まれ、一九四六年一一月に締結された中米通商条約も、アメリカ製品の中国流入に拍車をかけるものだと非難された。[19] なおこの中米通商条約が締結された一一月四日は、第三節表－12にあるように共産党においては国恥記念日とされた。

図-40　「夾撃」（出典：『東北日報』1947年２月14日）

一九四七年九月四日「故郷で旧友に遇う」（図－41）では、蔣介石は侍の格好をした日本人と抱擁している。朱丹が描いたこの作品では、蔣介石はずる賢そうな表情を浮かべている。二人の上には、師としてヒトラーの遺影が掲げられており、暗に蔣介石がファシズムを受け継いでい

図-41　「他郷遇故知」
（出典：『東北日報』1947年9月4日）

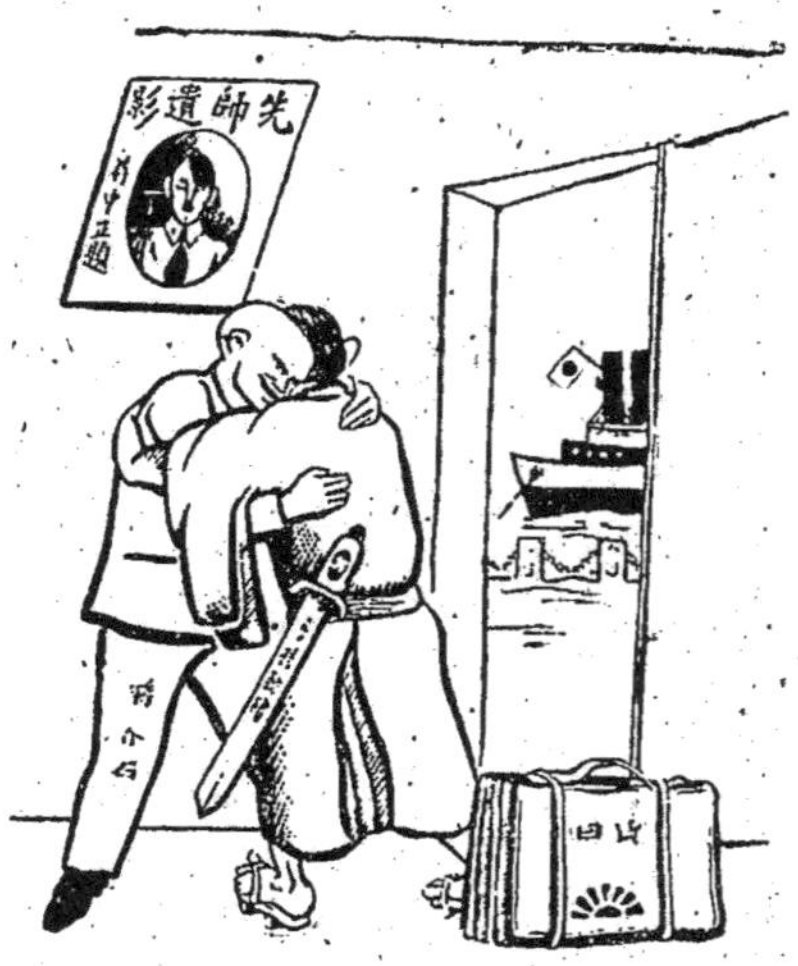

図-42　「新歓和旧寵」（出典：『東北日報』1947年5月18日）

ることを示している。蒋介石と日本、ファシズムとの強い結びつきを示した風刺画である。

よく知られているように、蒋介石は実際に若い頃から日本に留学しており、日本人とも交流が深かった。一九〇八年に陸軍士官学校に入るためにまず振武学校へと入学し、卒業後新潟の高田連隊で軍隊生活を送った。この時、日本式の厳しい軍隊教育を受け、大きな影響を受けたとされる。犬養毅、頭山満など日本にも多くの知己を持ち、宋美齢との結婚に際しては日本で記者会見を開いた。日中戦争後には有名な「以徳報怨」演説を行い、様々な思惑があったにせよ、日本に対して報復ではなく、未来志向の関係構築を提案した。[20] このような蒋介石と日本との関係は、誰もが知るところであり、戦後日本軍と共産党軍の衝突があったことや、

図-43 「蔣介石娯親――新二十四孝之一」（出典：『東北日報』1948年 9 月16日）

日本と関係を持つことが批判材料となることなどから、蔣介石批判に利用された面がある。

日本を象徴するものに芸者があるが、華君武の風刺画では芸者も何度か取り上げられた。一九四七年五月一八日「新しい情婦と古い妾」（図－42）は、蔣介石と日本が戦後になっても蜜月関係にあることを風刺している。芸者は目つきが悪く性格が悪そうであり、帯には「日本反動派」と記されている。その背後には、日本をソ連、中国に対する前線として立て直そうとするアメリカがおり、メイドに扮した蔣介石が「中国領海捕魚権」を差し出している。一九四八年九月一六日「蔣介石は親しい者を楽しませる」（図－43）は「日本ファシスト」の芸者がアメリカとともに「中日両国は合併すべきだ！民の投票により、日本の地位は決定される」と歌っている。芸者が最後に要求しているのは「東北、台湾での公選」だろうか。

（五）共産党の領袖とソ連

風刺画において共産党の要人やソ連（軍）、スターリンが描かれることは稀である。その最大の要因としては、風刺画が基本的には対象を批判的に描くことになるからであろう。また第三章の「消

図-44　「民心所向」（出典：『東北日報』1948年11月2日）

像」で論じたように、共産党指導者やスターリンの肖像の作成、掲載には規制があったことも一つの要因である。毛沢東を描いたものとしては、一九四八年一一月二日「民心の向かうところ」（図－44）のみである。この風刺画にしても毛沢東を直接描いたわけではなく、長春の大衆が「中国人民の領袖毛主席」の肖像の下に集まっている様子を描いたものである。一方蔣介石像は足蹴にされており、両者を比較する構図となっている。

　ソ連が初めて描かれたのは、抗日戦争勝利の三周年を記念して一九四八年八月一五日に掲載された「ソ連とアメリカ帝国主義の中国人民に対する態度」（図－45）である。中国の味方として東北から日本を打ち払うソ連と、日本を援助し中国へと送り出すアメリカのスタンスの違いを風刺している。解放軍を描く際と同じように、ソ連赤軍は勇壮に、またリアルに描かれている。これに対し、アメリカ、日本は非常にデフォルメした形で描かれていることが対照的である。

　一九四九年九月二七日「奇貨居くべからず」（図－46）も、ソ連とアメリカを対比したものである。逞しいソ連労働者が

図－45　「打出去和送進来（蘇連和美帝国主義対中国人民的態度）」（出典：『東北日報』1948年８月15日）

図－46　「奇貨不可居」（出典：『東北日報』1949年９月27日）

「ソ連がいま進めている大規模な建設工作は、必ず最新の技術や手段を用いて爆発的に進めなければならない！」と主張し、「この秘密はとうに存在しない！」と「モルトフが原子爆弾の密約を一九四七年一一月に明らかにした」と書かれたボードを下げている。それに対しアメリカは、「原子爆弾の神話」の風船を持っているが、断ち切られそうになっている。このモルトフの件については、十月革命三十周年を祝い行った演説のことを指しているものと考えられる。モルトフはこの演説のなかで、原爆は防御手段ではなく進攻の武器であり、アメリカが原爆への信仰を必要としていることは明白であるとして、核兵器の禁止決議が国連で議決されるのを阻止したと主張していた(21)。

一九四九年一〇月六日「厚い友誼」（図－47）は、ソ連の中華人民共和国承認を記念する風刺画である。ソ連は中華人民共和国をいち早く成立の翌日、一〇月二日に承認している。双方の国旗を前景に、中ソが手を結んでおり、モスクワのクレムリンには後光がさしている。国旗の下には打ちひしがれた蔣介石が佇んでいる。また一二

図−47 「深厚的友誼」（出典：『東北日報』1949年10月6日）

図−48 「全世界人民導師斯大林同志万歳！」（出典：『東北日報』1949年12月21日）

月二一日には、スターリンの生誕七〇周年を祝い「全世界人民の指導者スターリン同志万歳！」（図－48）が掲載された。「厚い友誼」と同じくクレムリンの星からは後光が指している。『東北日報』では一二月二〇日からスターリンの誕生日を祝う特集が組まれ、毛沢東の演説、スターリンの伝記、写真などが掲載された。これらの風刺画からうかがうことができるように、ソ連やスターリンは神格化されて描かれており、人民共和国期のいわゆる「向ソ一辺倒」なあり方がすでに表れている。

（六）戦後東北と風刺画

以上風刺画の一部を取り上げ、描かれた対象を分類し、当時の情勢に触れつつ紹介した。戦後の『東北日報』では、実に多くの風刺画が掲載されたことが分かる。一九四六年六月から一九四九年一二月まで三年半の間に、約三〇〇の風刺画が描かれたのであるから、およそ四日に一枚の風刺画が掲載されたことになる。『合江日報』などの東北の他の新聞でも風刺画は頻繁に掲載されていた。これらの風刺画は、共産党にとって最も注目すべき事象を対象として描いたことから、当時の共産党の認識を問うにも有用である。

華君武の風刺画では、対象ごとに異なるタッチで描かれた。日本や蔣介石はデフォルメし矮小化した姿で、アメリカは粗野な巨人として批判的に描かれた。共産党やソ連は劇画タッチのリアルな筆致で描かれたが、見方を変えればデフォルメによって滑稽に表現することは許されなかったとも言える。それは肖像画で見たように、デフォルメすることによって権威が傷つくことに配慮したのであろう。

新聞に掲載された風刺画はそのまま使われるというよりは、新聞から切りとられ、様々なイベントでばらまかれたり、街角の壁に貼られたりした。風刺画それ自体が、一つの宣伝ビラのように利用されたのである。風刺画は絵によってメッセージを単純化し、分かりやすく伝えることができるため、親しみやすいメディアとして大衆工作や宣伝の場で用いられたのである。

『華君武伝』では当初華君武が風刺画を書くことができなかったのは、『東北日報』の印刷条件が悪かったためとしている。しかし仮に印刷条件が整っていたとしても、本書で紹介したような風刺画が、一九四五年一一月から一九四六年五月頃までに掲載できたとは考え難い。なぜなら、その時期は共産党としても国府と妥協し、停戦協定を結ぼうと試みていた時期であり、国府要人を滑稽に囃し立てて批判するような風刺画は、関係をこじらせることになりかねないからである。かつて上海にいた頃から抗戦漫画を制作していた華君武にとって、東北が内戦の焦点となったことが、風刺画を制作し発表する格好の場を提供したとも言えるのである。

第二節　対敵宣伝放送

（一）対敵宣伝放送とは何か

ラジオは第一次大戦が総力戦となったことにより、総力戦体制の構築へと動員されることになった。戦争への動員という面では、ラジオは国民としての一体性の創出という大衆に対する作用を持つ一方で、戦場では敵軍に対する宣伝攻勢の武器という役割も担っていた。

この敵軍に対するプロパガンダの役割に焦点をあてた研究として、山本武利『ブラック・プロパガンダ――謀略のラジオ』（岩波書店、二〇〇二年）がある。山本はアメリカのOSS（Office of Strategic Services 戦略課報局）のラジオ放送を中心に考察しつつ、ドイツ、日本、イギリスのプロパガンダ放送にも触れている。山本によれば、ブラック・プロパガンダとは、非公然のソースから出た作りごと、にせのメッセージを敵国のオーディエンスに伝える活動であり、出所の公然性やメッセージの真実性の度合いがきわめて低いものである。それとは逆に、オーディエンスがそのソースを確認でき、メッセージも正確性、真実性が比較的高いものをホワイト・プロパガンダという。分かりやすい例として、アメリカが直接に日本人に対して降伏を呼びかけるのはホワイト・プロパガンダであり、アメリカ人が創作したビラを用い、操り人形の日本人を通して降伏を呼びかける行為はブラック・プロパガンダである。実は共産党も、ブラック・プロパガンダと同様のラジオ番組を放送していたのである。

対敵宣伝放送は、よく知られているところでは、日本がアメリカ軍に対して行った東京ローズによる放送や[22]、共産党から日本軍に向けて放送された延安ローズこと原清子の放送等があった[23]。こうした対敵宣伝放送は、兵士や士官を対象にして訴えかけることから、必然的にアナウンサーには女性が選ばれた。本国から遠く離れた男ばかりの戦場のなかで、軍人たちは流麗な女性の声に耳を傾けたのであった。しかし東京ローズにしろ、延安ローズにしろ、その放送の効果は疑問視されている。共産党が延安から行った放送は、ほとんど日本兵に聞かれず、東京ローズの放送を聞いたアメリカ兵たちは、むしろ一つのエンターテイメントとして放送を聞いていたのである。

共産党のラジオ放送自体よく知られてはいないが、とりわけ東北地域において延安と同じく対敵宣伝放送が行われていたことは知られていない。本節では、第三章のラジオで触れることのできなかった、東北地域における対敵宣伝放送について検討する。

筆者が考えるにその重要性は以下の点にある。第一に、東北が国共内戦の趨勢を決した戦場であった点である。第二に、その重要な戦場において、対敵宣伝放送は非常に戦略的に組織され、共産党のプロパガンダにおいて重視されていた点である。

上述の東京ローズや延安ローズの事例の場合、いずれも相対的に戦局の不利な側からの放送であった点が指摘できる。優勢な側の士官や兵士が敵の宣伝放送を真剣に聞かず、大した効果を挙げることができなかったのは、むしろ当然であったとも言える。また日本からアメリカへ、中国から日本へという宣伝放送では、いくら宣伝対象の文化的背景に配慮したとしても、文化的ギャップを埋めるには限界がある。例えば日本の対米宣伝放送における大日本帝国の戦時イデオロギーは、アメリカ兵に一笑に付されるだけであったろう。

一方、共産党の東北における放送はこれとは状況を異にする。一九四五年から一九四七年半ばまで、共産党は軍事的に不利な立場に置かれていたが、一九四七年末から共産党の攻勢が開始され、戦局は共産党の側に大きく傾いた。この有利な情勢を背景にして、対敵宣伝放送も大きな影響力を持った。そしてこの宣伝放送は、同じ中国に生きる中国人から中国人への放送であり、文化的背景を一にしていた点に特徴がある。

対敵宣伝放送では、効果を上げるために敵の矛盾を鋭く突く必要があった。それゆえこの対敵宣伝放送を検討することによって、当時の中国が抱えていた問題を浮き彫りにすることもできる。具体的に言えば、戦時体制下における兵士の強制的動員と復員問題である。当時の徴兵のあり方は、笹川祐史・奥村哲編『銃後の中国』（岩波書店、二〇〇七年）や高橋伸夫『党と農民』（研文出版、二〇〇六年）で詳しく検討されている。中国は日本のように社会の組織化が強固でないため、徴兵は強引なものとなり、しかも取れるところからとったため、地域的な不均衡や不公正が蔓延していた。とくに国府の場合は、重慶を本拠地としていたため、四川や援蔣ルートの拠点となった雲南に負担が集中した。日中戦争に動員されるのはまだしも、彼らは引き続き内戦へと投入され、しかも遠く東北地域へと派遣されていたのである。それゆえ望郷の思いも手伝って、地方軍の間には国府上層部に対する不信や不満がくすぶっていた。共産党はこうした敵軍の心理を利用して、対敵宣伝放送の原稿を作成していた。

本節では、東北で展開された対敵宣伝放送を具体的に取り上げて検討する。共産党のラジオがこれまで研究されて来なかったのは、史料的制約があったためであるが、とくに具体的な放送内容については、一部をのぞいて放送原稿などを見ることができなかった。本章では東北のラジオ放送についての専門的な史料集『東北区広播史資料彙編』を用い、激戦が展開された東北地域において、共産党が国民党に対していかなる内容の放送を行ったのか、他の対敵宣伝放送と比較してその特徴について詳細に検討する。東北が内戦全体の勝敗を決した戦場であっただけに、その戦場でどのような声が飛び交っていたのかを明らかにすることは、新たな視点を提起することにもつながるだろう。

（二）対敵宣伝放送の政策的展開

一九四五年に日本が降伏すると、国共両党は連合政府の樹立を模索していた。第一章で検討したように、一九四五年一二月一〇日時点の東北局の認識では、国民党との軍事衝突は免れ難いものの、ソ連が東北の安定を要求しているため、一時的な和平の局面を迎えるのも可能と判断していた。そのため宣伝においても東北独占を主張せずに、協力的な姿勢で行わなければならないとしていた[24]。しかし交渉が決裂して内戦へと移行するにともない、国民党との融和から宣伝戦へと転換が図られた。ラジオ放送の主要な対象に国府軍が加わり、対敵宣伝放送が展開されたのである。

共産党のラジオ放送において対敵宣伝が試みられ始めたのは、内戦が勃発した一九四六年六月以降のことである。この時期新華社は組織の変革期にあり、ラジオ部門は従来の「口頭広播組」から「語言広播部」へと昇格された。内戦への移行とともに、共産党はラジオを今まで以上に重視するようになり、重要なニュースは新華社によって無線電信やラジオを通じて全国へ放送され、同時に『解放日報』にも供給されるというシステムへ移行した[25]。つまり新聞と放送媒体の重要性が逆転したのである。

また一九四六年六月二六日、国府の空軍大尉劉善本[26]が自ら飛行機を操縦し延安に亡命する事件が起こった。この事件の後、共産党は劉善本に二度国府の空軍に対してラジオで講話するよう要求した。この講話のタイトルは「急いで内戦の渦中から抜け出そう」と「誰が正しく誰が間違っているか――誰が内戦の烽火をつけた罪人なのか？」であった[27]。前者は七月六日に放送されたものであり、北京広播学院新聞系『延安（陝北）新華広播電台広播稿選』（中国広播電視出版社、一九八五年）に収められている。劉善本の放送はそれなりの効果を上げたようで、その後二〇数人の国府の空軍兵士が、劉善本の放送を聞いて解放区にやって来たという。(28) その結果九月二九日には、国府空軍への宣伝を強化するよう指示が出された。その理由は、空軍兵士は共産党のラジオを聞くことを禁じられていないこと、空軍兵士が厭戦的で共産党に同情的なことであった。空軍に関する消息や演説などを多く放送し、空軍捕虜がいかに優遇されているかを宣伝し、その上空軍兵士自身が呼びかけるならさらに良いとされた。(29)

こうして国府軍に対する宣伝放送が始まったが、これが専門の番組として確立し強化されたのは一九四七年のことである。一九四七年に延安（陝北）新華広播電台は、「敵軍を瓦解させる番組」を強化するよう以下のように決定した。

①国府軍捕虜の紹介は将校の紹介を重視し、姓名、職責、本籍、年齢などを紹介するほかに、捕虜になった状況、現在の生活の状況などを紹介するべきこと。

②国府軍捕虜の手紙は、家族への手紙のほか、できるだけ国民党統治区の親友や同級生、とくに軍や政府の工作者などへも手紙を書かせること。

③「蔣軍に対する将校の講話」番組を増やす。その内容は、（ア）共産党の重大な勝利を宣伝する、（イ）国府軍捕虜の生活と思想の動態を報告する、（ウ）彼らの内部の矛盾を利用し、彼らの士気の低下、逃亡、軍紀の腐敗などの欠点に狙いを定め、攻撃し瓦解させ彼らを取り込む。（エ）「蔣賊」の売国独裁の罪行及び国民党統治区人民の生活の悲惨さ、抵抗の状況を暴露する。彼らの愛国観念を引き起こし、彼らに国府軍が必ず敗れるとはっきり認識させる。(30)

この捕虜の家族への手紙は、東京ローズでも行われた宣伝内容であり、対敵宣伝放送では敵の戦意を挫く内容として普遍性を持っていた。

これを受けて東北局宣伝部と東北軍区政治部も、一九四八年五月、東北において対敵宣伝放送を強化するよう指示を出した。この年東北局宣伝部と東北軍区政治部が出した通知は、①捕虜になった国府軍の将兵の情報、②「解放軍官団」[31]の情報、③反旗を翻した国府軍（王家善・韓梅村・潘朔端・魏英・馬逸飛などを含む）の情報を放送の材料として収集するよう指示している。そして「都市を死守している国府軍」に狙いを定め、東北地方軍と「嫡系」[32]との間の矛盾を利用し、捕虜になった国府軍の将兵、解放軍官教導団と呼ばれる再教育施設、決起した元国府軍などの情報や、捕虜や寝返った人物が直接書いた原稿などを放送するとした。[33]とくに東北の戦場に駆り出された地方軍が、重要なターゲットとされたことが注目される。

ハルビンを奪取したことにより再びハルビンへと移転した東北電台は、一九四八年五月二八日に放送を開始した。これに合わせて、東北電台では対蔣軍専門番組の放送が開始された。表－9はその番組表であるが、二一時三〇分から二二時にかけて「東北において武器を放棄した国府軍の紹介」が設けられている。これはあくまで「専門」の番組ということであり、他の番組のなかでも国府軍を意識した番組作りがなされていた。

対敵宣伝の内容は大別すれば、①捕虜の名前や状況、②捕虜が書いた家族への手紙、③籠城中の国府軍の状況、④影響力のある人物の講話、⑤共産党の寛大な捕虜政策や土地改革の成果、の五種類である。

①と②に関しては、国府軍の将兵にとって、家族や同郷の友人の安否を確認することが、共産党のラジオを聴く重要なモチベーションの一つとなっていた。また前線の兵士に望郷の念を抱かせることにより、戦意を挫くこともできる。手紙は郵送であれば国府統治区まで届ける術はないが、ラジオを利用すれば地理的な制約を超えて伝えることができた。

表－9　東北新華広播電台番組表（出典：『東北日報』1948年5月26日）

午前の番組	12：00－14：00　ハルピン市に対する放送
12：00－12：15	簡明ニュース
12：15－12：30	ハルビン市のニュース
12：30－13：00	文化娯楽番組
13：00－13：30	本市の番組（政令、通告、行情、新書紹介、服務、特別問答、社会活動、講演、特別放送等）
13：30－14：00	工商業広告、英語と夜間番組、時間の予告
英語番組	16：30－18：00　中波を用い、国内外に対して放送
16：30－17：00	開始の曲、英語ニュース、評論
17：00－18：00	英語記録ニュース、評論、夜間の中国語番組の予告
夜の番組	19：00－23：30　中短波を用い、蔣介石の占領地区と解放区に対して放送
18：55－19：00	開始の曲、夜間番組の予告
19：00－21：00	陝北新華広播電台の番組の中継放送
21：00－21：30	文化娯楽番組
21：30－22：00	東北において武器を放棄した蔣介石軍の紹介
22：00－22：15	東北ニュース
22：15－22：30	ハルピン市の番組
22：30－22：45	評論、報道
22：45－23：00	簡明ニュース
23：00－23：30	記録ニュース、明日の各放送番組、時間の予告

③に関しては、国府軍の下級士官や兵士らは、報道管制によって戦況を把握できないため、戦場で自身の置かれた状況を把握しようと共産党のラジオを聞いていた。また共産党の勝利を大々的に報道することにより、国府軍の士気が低下することを意図していた。④は、例えば後述するように、東北軍に対しては張学良の弟である張学思[34]に講話をさせたりした。劉善本の講話もこれに含まれる。⑤に関しては、国府軍のなかにも共産党の政策に関心を寄せる者は少なからずおり、まして自身の郷里が「解放」され豊かになっているとすれば、大きく心を動かされたであろう。共産党は大別この五種類の内容を国府軍、国府統治区に対して放送することにより、敵の瓦解を図ったのである。

放送原稿の編集過程は以下のようになっている。まず解放軍官教導団などが原稿と講演者の名簿を提供し、東北軍区政治連絡部と東北局宣伝部の審査批准を経て、編輯科長の楊明遠、放送局長の羅清が最終審査をしてようやく放送となる。原稿の編集過程で政治的なゴーサインを出すのは、東北局宣伝部部長の王稼祥である。[35] 王稼祥は全ての原稿に自ら目を通したと言われ、彼が検閲し批語を残した原稿も残されている（図－49）。

ハルビン解放軍官教導団については触れておく必要があるであろう。この組織は、降伏した元国府軍士官の再教育施設である。一九四八年に東北電台がハルビンへと移転してから組織されたものであり、東北電台の対敵宣伝放送の運営と密接に関わっている。東北各地の戦闘で捕虜となった士官が収容され、時期によって増減はあろうが収容人数は約一〇〇〇人程度であった。大佐（上校）以上の士官は高級隊に編入され、その他は各兵科・文化水準により隊が分けられていた。比較的整った図書館があり、共産党指導者の文献や政策文書などで学習した他、外部から高崇民、羅叔章、韓梅村といった人物を招いて講話させることもあった。その内容は当然ながら反国民党的なものである。対敵宣伝放送との関連で言えば、最も重要なのは、この組織が国府軍士官の名簿、履歴、現状などの内部情報や、実際の講演者を常時東北局やラジオ放送局に提供していたことである。[36]

　この元国府軍士官の講話は、降伏した士官に自身の体験として話しをさせたり、手紙に書かせたりする形式をとっていた。国府軍内部の嫡系、非嫡系（主に地方軍）の対立を最も重視し、とくに地方軍のなかでも、戦場となった東北の東北軍、遠く前線へと連れてこられた雲南軍・四川

図－49　王稼祥の審査済み原稿（出典：遼寧省広播電視学会、遼寧省広播電視庁史志編輯室『東北区広播史資料彙編』第２輯、1987年）

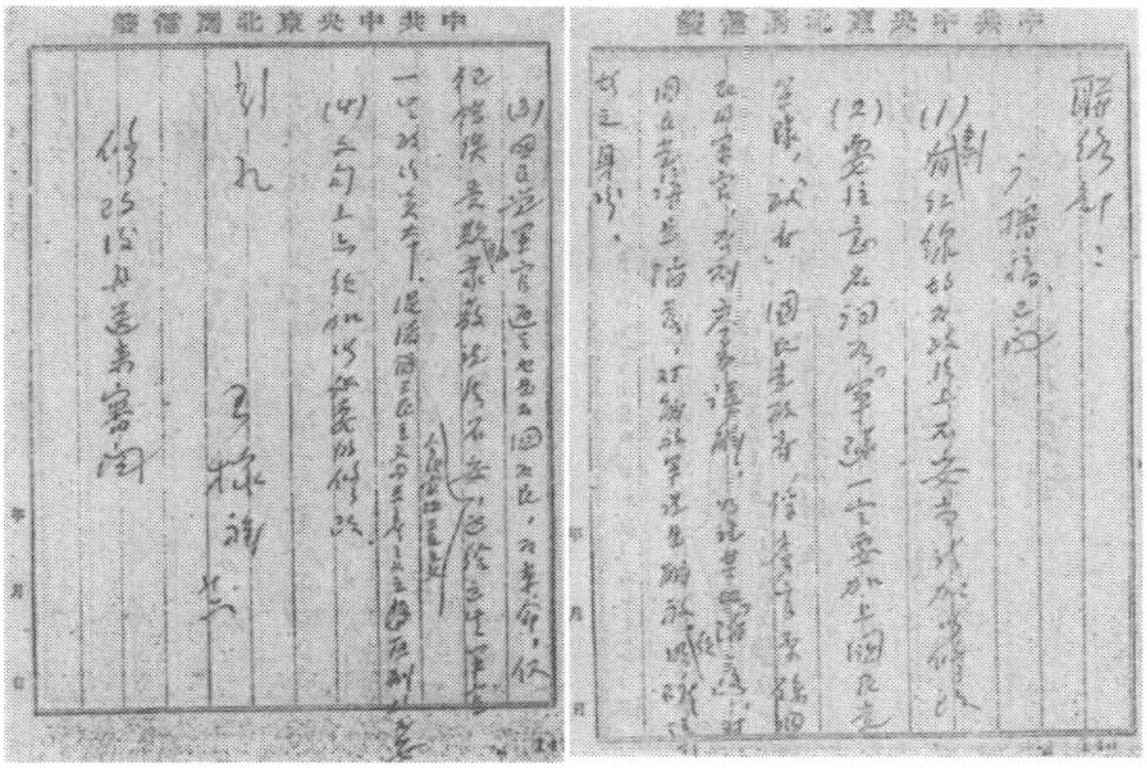

軍などが宣伝対象とされた。

この専門番組は一九四八年五月に始まり、四九年一月に放送を終了した。内戦の戦局の推移と歩調を合わせていたことがうかがわれる。僅かに九ヶ月ほどの期間であったが、この期間に放送された講演は非常に多い。むろん全ての放送を網羅できるわけではないが、『東北区広播史資料彙編』に収録されている原稿は、全部で七八編にのぼる。その内訳は、東北人民解放軍の名義で放送されたものが三編、元国民党士官のもので、遼瀋戦役[37]（一九四八年九～一一月）に関するものが一一編、平津戦役[38]（一九四八年一一～四九年一月）に関するものが四八編、同時期の淮海戦役[39]に関するものが二編、その他七編、妻子・家族に当てた手紙が七編となっている。

表－10は一九四八年九月から四九年一月の期間に、東北電台の「対国府軍広播節目」で放送された、人民解放軍及び軍責任者の名義で発した政令、告知、降伏勧告、講演などである。また表－11は一九四八年一二月一五日から二八日の一四日間に、東北電台の「対国府軍広播節目」で放送された平津戦役、淮海戦役に関する内容である。一一月に遼瀋戦役は終結していたが、淮海戦役においては一二月一五日に黄維兵団を殲滅し、平津戦役においては北平の傅作義の包囲を完了した時期にあたり、両戦役ともに佳境に入っていく重要な時期である。これを見ると、僅か一四日の間に二九もの講演が放送されている[40]。

右端の「自・代・電代」の別は、講演で話した者が本人か、別の人間による代読か、放送局のアナウンサーが代読したものかを表している。その判断は、東北軍区政治連絡部と東北局宣伝部が行っていたようである。代読がどのような判断に基づいたものかは不明だが、この対敵宣伝放送番組に関しては、元国府軍士官本人が講演した方が効果的であったことは間違いない。なぜなら、元国府軍士官であった人間が共産党のラジオ番組に出演し、かつての同僚や親戚・家族に自らの声で語りかけてこそ、真実性が増し演出として効果的だからである。また方言の問題も重要であ

表-10 人民解放軍及び軍隊の責任者の名義で発した政令・告知・勧降書・講演のリスト

1	中国人民解放軍本部が発布する戦犯懲罰令
2	中国人民解放軍本部の国民党軍第55軍、第68軍に対する講話
3	中国人民解放軍東北野戦軍司令部と政治部が頒布する入城布告
4	中国人民解放軍東北軍区司令員林彪が、瀋陽に駐屯する国民党軍第8兵団53軍の将兵全体に宛てて書いた手紙の代理放送
5	中国人民解放軍東北軍区副司令員呂正操将軍が、瀋陽に駐屯する国民党第8兵団53軍の軍長周福成、副軍長趙振藩、暫編30師師長劉徳祐、130師師長王理寰などに対して行った講話
6	東北行政委員会の新解放都市を保護するために頒布する布告
7	中国人民解放軍東北軍区総司令部の瀋陽、錦西、葫蘆島に駐屯する国民党将兵に宛てた手紙
8	中国人民解放軍東北軍区の雲南軍の将兵に告げる書
9	中国人民解放軍東北軍区司令員林彪の瀋陽、撫順、鞍山、遼陽、鉄嶺、新民を固守する国民党の将兵に宛てた手紙
10	中国人民解放軍本部の国民党軍将校の黄伯韜、孫元良に対する講話
11	中共中央指導者の目下の形勢に関する講話
12	中国人民解放軍本部の国民党軍黄維兵団に発する最後の警告
13	中国人民解放軍華東野戦軍司令員兼政治委員陳毅と副司令員兼政治委員粟裕両将軍が、国民党軍四川地方軍72師に直ちに決起するよう促す緊急の告示
14	中国人民解放軍華東中原司令部の、杜聿明が率いる国民党軍の邱（清泉）、李（弥）、孫（元良）三兵団に対する講話
15	中国人民解放軍華北軍区の戦犯劉化南の逮捕に関する命令
16	中国人民解放軍陳毅、劉伯承将軍が国民党軍黄維兵団に投降するよう発布した命令
17	中国人民解放軍平綏前線司令員楊得志、政治委員羅瑞卿が国民党軍35軍軍長郭景雲に出した降伏勧告書
18	中国人民解放軍平津前線司令部が発布した「都市布告」
19	中国人民解放軍淮海前線司令部が、国民党軍の杜聿明の部隊が包囲を突破し害を振りまいていることに対して発表した談話

（出典：遼寧省広播電視庁史志編輯室編『東北区広播史資料彙編　第2輯』、1987年、10-11頁より筆者作成）

り、地方軍のなかでは東北軍はともかくとして、西北、四川、雲南軍の士官や兵士たちの多くは、普通話を理解できなかったであろう。その点で本人が語りかけるならば全く問題はないし、むしろ馴染みのある方言で語りかけられる方が、その主張も受け入れられやすかったはずである。

（三）放送内容

本節では、当時の対敵宣伝番組の放送原稿を用い、具体的に放送内容を紹介し分析する。(41) 放送す

表-11 「対国民党軍広播節目」の平津戦役、淮海戦役に関する放送内容

話し手	身分	対象	身分	自/代
范漢傑	前国民党軍東北剿総錦州指揮所中将主任	傅作義	国民党軍華北剿総総司令	代
鄭庭笈	前国民党軍49軍少将軍長	鄭挺鋒	国民党軍94軍軍長	自
文小山	前国民党軍新一軍副軍長兼30師師長	張毓湖	国民党軍92軍21師師長	自
張麟閣	前国民党軍東北騎兵司令部少将参謀長	李世傑	国民党軍華北剿総司令部参謀長	自
		鄭長海	国民党軍東北剿総司令部副参謀長	自
		范玉書	国民党軍86軍284師師長	自
楊焜	前国民党軍第9兵団少将参謀長	袁慶栄	国民党軍105軍軍長	自
		范玉書	国民党軍86軍284師師長	自
		陳膺華	国民党軍293師師長	自
張羽先	前国民党軍新6軍169師少将師長	鄭挺鋒	国民党軍94軍軍長	自
李郁芳	前国民党軍93軍22師政工室上校主任	周体仁	国民党軍34集団軍副総司令	自
冼盛楷	前国民党軍整69師92旅少将副旅長	邱維達	国民党軍74軍軍長	自
尹栄光	前国民党軍第8兵団政工処少将処長	杜聿明	国民党徐州剿総副総司令	自
		孫元良	国民党軍16兵団司令官	自
王育生	前国民党軍冀熱遼辺区司令部少将高参	王克俊	国民党軍21軍軍長	自
袁仲修	前国民党軍新1軍軍部軍務処処長	鄭挺鋒	国民党軍94軍軍長	自
張国良	前国民党軍交警第15総隊少校総隊長	田樹樺	国民党軍101軍副参謀長、参謀所長	自
魯茨莘	前国民党軍新1軍50師上校参謀長	席宸炫	国民党軍独立95師284団団長	自
宋邦偉	前国民党軍新3軍54師少将師長	駱振韶	国民党軍13軍第4師師長	電代
趙思斉	前国民党軍93軍暫22師少将副師長	周中砥	国民党軍92軍56師師長	自
陳林達	前国民党軍新5軍中将軍長	駱振韶	国民党軍13軍第4師師長	自
魯茨莘	前国民党軍新1軍50師上校参謀長	陸静澄	国民党軍87軍第220師師長	自
黄師岳	前国民党軍国防部中将部員	朱大純	国民党軍35軍第262師師長	自
黄友旭	前国民党軍新6軍軍部上校副参謀長	陳膺華	国民党軍293師師長	自
楊褐涛	前国民党軍新5軍暫編54師上校参謀長	鄂友三	国民党軍駐張家口騎兵第12旅旅長	自
曽光漢	前国民党軍軍訓班少将主任	黄翔	国民党軍92軍軍長	自
雲茂達	前国民党軍新8軍288師上校副師長	鄭庭鋒	国民党軍94軍軍長	電代
趙化竜	前国民党軍71軍88師上校参謀長	黄翔	国民党軍92軍軍長	自
王允力	前国民党軍華北剿総弁公庁上校総務課長	傅作義	国民党軍華北剿総総司令	自
袁冠南	前国民党軍49軍105師上校副師長	黄翔	国民党軍92軍軍長	自
殷開本	前国民党軍93軍少将参謀長	広瓊	国民党軍華北剿総高参	自
袁湘廷	前国民党軍新3軍59師上校参謀長	袁朴	国民党軍第16軍軍長	電代
李定一	前国民党軍207師1旅上校旅長	王晏清	国民党軍97軍副軍長	電代
魯茨莘	前国民党軍新1軍50師上校参謀長	郭躋堂	国民党軍105軍239師師長	自

(出典：遼寧省広播電視庁史志編輯室編『東北区広播史資料彙編　第2輯』、1987年、12-15頁より筆者作成)

る主体によって、「人民解放軍から国府軍」と「元国府軍士官から国府軍」の二つに分けることとする。なお紙幅の関係上、講話の全てを引用することはできないため、全て原文通りでなく要約したものを紹介することとする。

人民解放軍から国府軍への放送

①一九四八年七月八日「東北の武器を放棄した蒋介石軍の紹介番組（東北放下武器蒋軍介紹節目）」[42]

この放送は、一九四八年七月八日に華東野戦軍の陳毅と粟裕が、四川系の七二師に対して決起を呼びかけた講話と、前吉林省政府新聞所所長の葉顕鋭が共産党の解放区に対する感想を語った「我対解放区的観感（私の解放区に対する感想）」から構成されている。この講演の原稿は珍しいことに、アナウンサーが実際に放送で話した原稿も含まれている。「播音員的開頭語」、つまりアナウンサーの冒頭の言葉では、上述したようなこの講演の構成が述べられ、続けて「新華社豫東前線六日急電」の電信をもとにしたニュースが読み上げられる。これは放送対象の七二師にも関係する華東人民解放軍の戦勝ニュースであり、解放軍の力を誇示している。すなわち華東人民解放軍は、国府軍の整編七五師及び新編二一旅を壊滅させ、七二師は弾薬と糧食が尽き包囲されて殲滅を待つに至っている。華東野戦軍司令員陳毅、副司令員粟裕[43]は無為の犠牲を避けるよう、とくに七二師の将兵に対して緊急の公示を発する、とされている。

このニュースの後に放送された陳毅と粟裕の講話は、大略以下のような内容である。

七二師が殲滅されようとしているのは、蒋介石の指揮が悪かったためである。元七二師の師長楊文瑔は、「解放」されてハルビン解放軍官教導団で無事に生活しており、地方軍が受けた蒋介石による差別を思い起こし、七二師のことを心配している。蒋介石政権には決して前途はなく、蒋介石のために犠牲になるつもりであれば、万世に恥を残すだけでなく、故郷の父母や家族の恨みを買うことになる。もし反蒋の統一戦線に加わってくれるなら、大いに歓迎し、著者）。

各軍の編成はそのままにすることを保証する。[44]もし断固として蔣介石の側につくのであれば、必ず七二師を殲滅することになる。他の部隊を殲滅し、七二師をまだ殲滅していないのは、ひとえに七二師が地方軍だからである（傍点は著者）。

この講話の末尾は「七月六日豫東前線」とされている。東北電台で華東方面を対象にした放送が流されるのは、前述したように東北地域の放送機器は性能が良く、香港や日本もカバーしており[45]、華東地域でも聞くことができたからである。七二師を死地に追いやった責任は蔣介石にあり、楊ら士官たちはハルビンで優遇されていること、もし決起するなら歓迎し身分を保証するが、あくまで抵抗するのであれば殲滅すると語られている。地方軍を優遇する方針が強調されているのを見ることができる。

②一九四八年一〇月二一日「東北人民解放軍総司令部の手紙（東北人民解放軍総司令部的信）[46]」

この放送は、東北人民解放軍総司令部の名義で、瀋陽、錦西、葫芦島の国府軍に対して行われたものである。最後にきわめて具体的に三つの道を勧めているのが注目される。内容は大略以下の通りである。

解放軍は済南、義県を攻略した後、さらに戦略的重点である錦州を攻略して一〇万人あまりを殲滅し、東北「剿総」副司令范漢傑を捕虜とした。長春では曽沢生の指導の下で六〇軍が決起し人民解放軍に加わった。司令長官の鄭洞国も投降し、長春も迅速に解放軍に回復されている。瀋陽、錦西、葫芦島も同じように解放軍の包囲下にあり、国府軍は滅亡の危機にある。解放軍はこれらの国府軍に対し、特別に以下のように行動するよう勧める。第一に、一八四師の潘朔端、営口五八師の王家善、済南の呉化文、長春六〇軍の曽沢生らを見習い、ただちに前線で決起すること。決起した部隊に対しては一軍を一軍、一師を一師として維持し、待遇も一律平等とする。第二に、鄭洞国を見習いただちに降伏すること。第三に、倉庫・工場で勤務する者、砲兵、工兵などの士官、兵士たちは、機器や物資を損害なく保護すること。保護に功のあった者は均しく奨励し、破壊した者は容赦なく厳罰に処す。

この講話では、戦局が共産党に有利に傾いていること、国府軍から寝返る者が多く出ていることを強調するものとなっている。ここで名前の挙がっている「決起」した司令官たちは、潘朔端は雲南、王家善は東北、呉化文は浙江、曽沢生は雲南、といずれも地方軍出身の者である。地方軍をターゲットとしていたために、彼らの名を挙げたという面もあるだろうが、実際に東北の戦場で決起した地方軍が少なくなかった。第三の点については、東北地域の利点であるインフラ設備が内戦によって破壊されないよう注意を払っていることが注目される。

③日付不明「雲南軍将兵に告げる手紙（告滇軍官兵滇書）」[47][48]

この放送はタイトルからも分かる通り、長春を守備する雲南軍を対象にしたものである。先の四川系七二師と同じように、雲南も内戦に多数動員された地方である。②と同じように、最後に五つの道を示して講話を締めくくっている。

目下長春の形勢は、内では食料がなく、外は大軍に包囲されている。雲南軍は初めて長春に来たので、知り合いもおらず土地も知らず、必ずや困難は多く、人々から蔑視されるのを免れ難いだろう。国府軍の下士官・兵士の八割から九割は強制されて来た者であり、みな故郷に帰ることを欲している。ひとたび事態が切迫すれば、誰が士気をコントロールできるだろうか。現在の最良の方策は、国府軍を抜け出し、人民解放軍へと来ることである。

国府軍に対しては一般に寛大な政策をとっているが、とくに雲南軍に対しては優遇するとし、雲南軍に対する特別な扱いを強調し、以下のように定めたと述べている。

一、雲南軍の降伏者、反旗を翻した将兵に対しては、功ある者を賞し、随行員を優遇し、功の大きな者は、とくに報償を与える。反旗を翻した将兵のいかなる者に対しても、過去をとがめず、均しく誠実なる友誼の精神をもって、その発展と進歩を助ける

二、戦場で抵抗せず、我が軍に突破口を開き、武器を差し出す者は、双方の死傷者を減らしたことにより、重く賞する。

三、降伏、反旗を翻した者が携帯する財産は、均しく自己の所有に帰す。

四、降伏、反旗を翻した者の眷属は、我が軍幹部の家族と同等の優遇を享受する。

五、降伏、反旗を翻した者で帰郷を希望する者は、路銀と若干の支度金を支給し、喜んで帰す。

この講話では、雲南軍に対する特別な待遇として五項目の規定を述べているが、その内容は先の東北軍に対するものと比較して、地方軍の将兵の心情をより酌んだものになっている。後述するように、雲南軍は強制的に遙か東北まで動員されてきたものであり、望郷の思いはとくに強かった。共産党のこの放送は、巧みにその心理をついている。

「解放」された士官から国府軍への放送

④元六〇軍一八四師師長陳開文の講演(49)

この講演は、元雲南軍の陳開文が六〇軍軍長曽沢生、二〇師師長隴耀、副師長任孝宗などに向けて語ったものである。曽沢生は先の②反旗を翻した将軍として登場した人物である。彼はこの放送が行われた後、実際に長春で一〇月

一七日に反旗を翻した。雲南軍の一人として、蔣介石から蔑視された恨みを語り、共感を誘うような構成になっている。陳開文は「雲南の兄弟が非常に心配である。だから私はいま東北電台を借りて語り、私の満腔の友情と各位に対する希望について語る」として以下のように述べている。

私は常に思っていたが、我々雲南の将兵はかつて無数の鮮血を流し、雲南の父老も八年の民族解放戦争を支持するために努力してきた。雲南の人民も期待に背かない国家の民族だといえる。抗日戦の勝利の後、本当であれば雲南人民は安穏に暮らし、雲南軍は復員して家に帰されるべきであった。しかし「異分子を排除する（排除異己）」の政策の下、蔣介石は雲南事件(50)をでっち上げ、五華山を包囲攻撃した後、蔣介石の血塗られた手はさらに雲南にまで伸びた。雲南の軍隊は内戦の前線へと追い払われ、遠く故郷から離され、遙かに遠い東北の戦場へと送られ、蔣介石に替わって大砲の餌食になっている。

我々は東北に行くのが接収をするだけのことと思い、その後除隊して帰郷しようと考えていた。共産党の状況については、全く知らされていなかった。東北にいけば、内戦の渦中に巻き込まれると誰が知り得ただろうか。当時我々は、皆が共産党軍の実力が薄弱であると思い敵を軽んじる心があった。

しかし今の軍事情勢はどうであろうか？全体の戦局はすでに根本的な変化を迎えている。過去の我々の観察と推量は誤りだった。当時我々は蔣介石の進める戦争が反人民の戦争であることを知らなかったため、必然的に敗北した。いま私に共産党の政策を簡単に何項か紹介させて欲しい。

共産党軍は捕虜を優待する。いかなる敵でも戦場で武器を放棄すれば、決して殺したり、殴ったり罵声を浴びせたりせず、ただ武器を取り上げるだけで、決して私物を没収したりしない。

目下の戦局は、去年の夏季攻勢以来、すでに歴史的な根本的な変化が生まれている。単に東北だけがそうなのではなく、全国全てで同じである。試みに初めて東北に来た時と、今とを比べてみるが良い。戦争は逆転してすでに決定的な段階にいたっている。もしアメリカ帝国主義の飛行機、大砲、資金が蔣介石の命運を救うと幻想を抱いているなら、二年間の彼に対する援助が少なくなかったのに、どうして戦争をすればするほど戦局が悪化しているのだろうか。決定的な要素は人心に背いていることである。各位には冷静に私の見解が正しいかどうか検討してほしい。私は、各位が現実に向き合い、国家のためにも良く、個人のためにも良い考えに至るよう希望する。

最後に、もし客観的に状況が悪くなり両軍が交戦した際には、三舎を避けるとは言わないまでも、私は雲南の子弟に生き残って欲しいし、絶対に君たちを東北のような遙かに遠い異郷で死に追いやってはならないと考えている。

⑤元東北軍五三軍一一六師少将師長、劉潤川(51)の講話(52)

この講演は東北軍の士官であった劉潤川が、同じ東北軍である周福成、劉徳裕及び旧東北軍将校に向けて放送したものである。東北軍の輝かしい栄光と蔣介石による差別的な扱いを対照的に語り、当時の東北軍が抱いていた感情を知ることができる。

私は五三軍一一六師師長劉潤川である。私は五三軍、四九軍、東北各地の保安団ですでに解放された同僚とともに、ハルビンの解放軍官教導団で生活し学習しているが、解放区の生活は快適で、気持ちも愉快である。しかし今の困難な状況に関心があり、各位に目下の時局と東北軍の活路について語りたいと思う。

目下の戦争の情勢変化は、各位にははっきりと分かるだろうが、蔣介石は内戦を発動して以来、つぎつぎと敗北し、進攻から防戦へと変わり、今は防戦すらできなくなっている。解放軍はいま全国で大反攻を進め、東北の国府軍の全滅は、日を待つばかりである。

東北人民と東北軍の悲痛な歴史について思い起こす。みな九・一八の際に我々が涙をふるって白山黒水[53]に別れをつげ、恥を忍んで故郷の田園を離れ、我々の父老妻子を捨てたことを覚えているだろう。あの時、我々は誰もが血をたぎらせ、憤懣やるかたなかったが、中央の命令に従い東北軍は東北から離れた。東北人民の痛みは誰が与えたものなのか?それは張学良ではなく、東北軍でもなく、東北の父老が日本を招きいれたのでもなく、蒋介石が無抵抗主義を貫徹する中で、安内攘外の政策の下で、東北を日本帝国主義に売り渡したのである。東北陥落後、我々東北軍を反革命の道具とし、共産党と戦わせて互いに力をそぎ、東北軍の力を失わせようとした。誰もが知っていることだが、東北軍が西北にいた時に、蒋介石は軍費や武器弾薬を支給せず、部隊を補充することも許さず、かえって色々な手段で我々を一団、また一団と取り除こうとした。

一九三六年、共産党の団結抗戦の呼びかけに応え、歴史的意義のある西安事件により、蒋介石を説得し内戦を停止して一致して外に当たるようにさせた。西安事件は正義の壮挙であり、全国人民の声を代表したものであった。しかし張学良将軍は、何の罪を犯したというのか、拘留されて生死は不明である。

八年の抗戦の中で、東北軍は終始第一線にあり、休息の機会もなかった。蒋介石は日本軍の手を借りて東北軍を消滅させようと図ったのであり、各位にはいま東北軍がどれだけいるか考えてもらいたい。これは誰もが知っていることだろう。私は幸運にも解放軍に解放されて、寛大な厚遇を受けている。我々は抗戦の前には抗戦を望み、抗戦中は勝利を望み、勝利の後には家に帰ることを望んでいた。今はどうか?今我々はすでに東北に帰ってきたが、願いは失望へと変わった。蒋介石は我々を家に帰して家族と再会させないだけでなく、我々を反革命、反人民の道具としている。

蔣介石は非正規軍、非嫡系部隊に対しては、一貫して異分子を排除する政策をとっており、その目的は非正規軍を死地に置くためである。西北軍、四川軍、雲南軍は皆その前例である。今君たちはすでに敵が城下に迫り、四面楚歌で、内に食料が無く、外に援軍はなく、長春は間近に迫り、瀋陽の解放も遠くない。王家善将軍を見本とするべきである。

君たちは、もう待つことはできない。はやく解放軍の方に来るがいい！その時、東北の父老は手を挙げて君たちを歓迎し、ともに新しい東北を建設するだろう！

(四) 放送原稿の分析

本節では以上のような放送内容を分析し、その特徴を浮き彫りにしたい。地方軍に対する放送の場合以下のようなパターンを持っている。

①講演者の現在の状態を説明。どこで捕虜となったのか、解放軍官教導団や解放区での暮らしの快適さを述べた上で、同郷・同僚・家族・親類である放送対象を心配し、目下の内戦の戦局と共産党の政策について述べたいとする。

②内戦の戦局は根本的に変化し、共産党が圧倒的に有利であることを説く。度重なる敗戦の責任は、全て蔣介石にあると指摘する。

③地方軍ゆえの蔣介石から受けた差別的行為の回想。話し手は対象者と同じ境遇にあった者であり、対象者と思いを共有する。

④共産党の寛大な捕虜政策について説明する。殺したり辱めたりせず、財産も保証することを確約する。これによって捕虜になることへの心配を解消し、安心して解放軍に降伏できるようにする。

⑤解放区の紹介。土地改革、商工業政策、農民・労働者の暮らしを、輝かしいイメージで語り、解放区が国府統治地区よりも豊かで暮らしやすいことを証明する。とくに食料が豊富であること、インフレがなく物価が安定していることが強調されている。

⑥蔣介石について人民に背き殲滅されるか、共産党について栄光の道を歩むか二者択一を迫る。

以上の①から⑥を見ると、一九四七年に延安（陝北）新華広播電台が出した通知や、一九四八年五月に東北局宣伝部と東北軍区政治部が出した通知の内容と符合していることが分かる。つまりこれらの講話は、元国府軍士官が自由に述べたものではなく、東北局が対象者に最大限の効果を与えるよう、きわめて戦略的に構成したものである。このように露骨に共産党側に寝返るよう勧める放送が、東北の戦場で流されていた。共産党は地方軍だけでなく、国府軍のなかで比較的戦力の強かった嫡系部隊に対しても放送を行っていた。その場合大まかに言えば、地方軍に関係する③を省いた内容であった。このような内容を持つ対敵宣伝放送は、表－11のように、わずか一四日間のうちに二九回という頻度で放送されていたのである。

前述した山本武利の議論を参考にするなら、共産党は自身で放送原稿を作成しつつ、元国府軍の士官の口を借りて語りかけることにより、国府軍の士気を喪失させるとともに寝返りを勧めていた。まさに国共内戦の戦場においてブラック・プロパガンダがラジオ放送によって行われていたのである。

（五）対敵宣伝放送の効果

ではこのような放送は、実際にどれほどの国府軍に聴取されていたのであろうか。メディアを研究する場合、情報の受け手たる聴取者の分析が必要ではあるが、共産党に関しては利用できる史料が少なく非常に困難である。ここでは共産党の調査報告「対敵ラジオ放送の国民党部隊における作用と反響の総括」[54]を用いて考察するものの、あくまでも共産党側の史料であり、当然ながらその記述の信憑性には一定の留保がつけられるべきである。

史料状況

本史料は、一九四八年に東北電台が綏化解放団、チチハル軍校、長春航空学校の元国府軍士官に対して調査し、まとめた報告書である。共産党の対敵宣伝放送は遼西戦役（一九四八年一〇月）前後に大きく発展したが、この調査の対象となった国府軍士官らは遼西戦役や一九四七年に「解放」された人員なので、本格的に対敵宣伝が行われる前に捕虜になった者たちである、と注意書きされている。つまりそれ以後の段階では、この史料でうかがわれる以上の効果を上げていたことが示唆されている。加えて共産党に対して協力的な者は、すでに釈放されて何らかの職についており、ここに残されている者たちは比較的頑迷な者であったとされる。

国民党部隊のなかの一般的聴取状況

国府軍のなかで聴取条件が良いのは、団長及び師団長以上の高級士官であり、最も多く聴取しているのは、国府軍の政工処、参謀部、秘書処、新聞処などの部門であった。彼らは上級の参考に供するため、情報を調査していたからである。他に放送局員は、その職務上放送を盗み聞くのが容易なため大部分が聞いていた。中下級士官は聴取条件があまり良くないが、高級士官ほど確固とした信念を持っていないため、国府軍のなかでその効果は比較的大きかった。部隊の種類で言えば聴取条件が最も良いのは空軍であった。しかし空軍兵士は待遇が恵まれているため、政治に無関心で、放送を聞いても敢えて大胆に行動しようとはしなかった。

彼らが最もラジオを聴く必要があるのは、自身が戦争の瀬戸際に置かれた時であり、自分がいかなる軍事的状況に置かれているのかを理解しようとする時である。国府が報道管制をしいているため真実が伝わらず、多くの国府軍の中級及び高級士官は、共産党のラジオを注意して聴き戦局を理解しようとしていた。国府軍のなかで何パーセントの将兵が解放区のラジオを聴いていたのかは、統計上はっきりとは分からない。しかし各方面からの報告からみるに、その人数は決して少なくないとされている。例えば本調査の調査対象となった綏化解放団では、高級隊で二二人、中級隊では一九人、計四一人が聴いていた。この二つの隊の人数は約二〇〇人であるから、約五分の一が聴取していたことになる。

国府軍のなかでの影響と反応

以上のような国府軍の聴取状況を踏まえた上で、本節では個別具体的なケースを紹介していきたい。それぞれの人物の背景は様々であるが、役職上は中級士官以上の者がほとんどである。

五三師師団長許庚陽、副師団長徐継章

五三師は東北軍であり、許庚陽は瀋陽が「解放」される以前、常にラジオを聴いていた。彼らはある時、彼らを対

象にした呂正操や張学思の放送を聴いた。この部隊は大部分が東北人だったので、この放送は彼らの部隊を瓦解させることに大きな効果を上げた。彼らはハルビン広播電台の捕虜の生活に関する番組を聴き、解放区の状況に注意し始めた。実際に釈放された捕虜や解放区から来た人の情報が、ラジオで放送された事実と完全に一致したため、解放区のラジオをさらに信じるようになった。共産党のラジオを聴くことにより、解放軍の攻勢と国府軍の劣勢を理解し、部隊の士気への影響は大きかった。この放送も一つの要因となり、五三師は瀋陽で決起したという。

熱北駐在の一支隊の大尉劉志誠

劉志誠は一九四七年二月、熱河北票に駐屯し防衛していた。彼によれば、共産党のラジオが最も効果を上げたのは、一九四七年四月、熱河阜新市長であった韓梅村将軍が蜂起した後に熱北の将兵に対して行った放送である。この放送は韓梅村が解放区人民の歓迎を受け、民主聯軍に編成された状況を紹介したものである。この放送は支隊の第五団に影響を与えた。この団の将兵はみな熱河小庫倫のモンゴル人で、当時小庫倫はすでに「解放」されていた。韓梅村の放送を聴いた後、彼らは義県付近で決起しようと準備したが発覚し、全団の将兵が武装解除され、団長と副団長が監禁された。

元吉林省保安政工室大佐竜安洲

竜安洲は次のように語っている。解放軍が長春を包囲した時、一般に中下級の将兵はみな長春から出たいと思ってはいたが、解放軍の政策を理解しておらず躊躇っていた。一九四八年八月中旬、吉林省民政庁会計主任頼文斐は、ハルビン広播電台が放送した林彪の講話を聴いた。この放送は国府軍の将兵に対して行われたもので、捕虜を寛大に扱うことに関する公示についてであった。同時に彼は解放区へ行った友人から手紙を受け取り、手紙には真実解放軍の優待を受けたとあった。このため、彼は一九四八年九月一〇日、竜安洲と武器を持って長春を出て、解放軍に投降し報奨金を得たという。

当時共産党は、国府軍の将兵に対し、武器を携帯して投降した者には恩賞を与えると宣伝していた。国共の間で揺れ動く者には、このような共産党の捕虜政策の効果は大きかったものと考えられる。

国民党東北「勦総」少将高級参謀斉雲階

斉雲階は、一九四六年に解放区のラジオを聴き始めて以来ずっと欠かしたことはなく、主にハルビン広播電台の放送を聴いていた。内容は戦況、土地改革の状況、工商業政策などで、東北電台が一九四八年に国府軍に対する専門番組を作った後には、毎日三回の放送を時間どおり聴取し、自分の親友や同僚にも紹介していた。国府が東北で圧倒的に劣勢になった時、多くの旧東北の同学は彼に戦争の趨勢を尋ねたが、その情報の唯一の出所は共産党のラジオであった。斉雲階は解放区のラジオの記録ニュースを書き取って、知り合いの旧同僚に見せたりもした。例えば、林彪の「国民党部隊の将兵に告げる書」（ハルビン広播電台が放送）、済南解放時の入城布告などである。瀋陽解放前夜、斉雲階の旧同学同僚は彼から情報を聞き、その結果瀋陽国府軍の高級将校たちの動揺、混乱は増加した。

国府軍五二軍中将副軍長鄭明新

鄭明新は一九四七年一二月営口にいる時、鉄嶺、鞍山、遼陽などの国府軍がすでに全て包囲され、東北全域の七割から八割が解放されたことを聴いた。当時営口も食料がなく援軍のない包囲された地であり、前途に暗澹たる思いを感じていた。しかしラジオを聞いて捕虜になっても殺されないという確信が持てたという。この鄭明新は劉善本と同じく、共産党に降伏した後、自身も国府軍に対して講話を行っている。(55)

第六兵団中将司令盧浚泉

盧浚泉は錦州にいた時、常にハルビン広播電台と大連広播電台のラジオを聴いていた。同郷の張冲が解放区に行ったという知らせを聴いた影響は大きかった。また石家荘、保定、済南などの戦況を聴き、国府軍が敗北の局面を挽回する術はないと感じた。彼は自分で聴くほか、常に秘書の呂立国に解放区のラジオを聴かせていた。盧が言うには、彼らの部隊のなかで上級士官への影響は比較的小さく、下級士官への影響が大きかったという。

国府軍第八兵団司令周福成

周福成は国民党の東北軍に対するやり方に不満を抱いていた。国民党の嫡系部隊によって差別され、監督されていたからである。周福成が言うには、東北「勦総」は解放区のラジオを聴くことを許さなかったが、周福成の部隊のなかで団以上の士官は常にラジオを聴いていたという。

国府軍第一軍区供応処機械士張仁穆

張仁穆は瀋陽にいる時、劉善本が講話しているのを聴いた。「パイロットは捕虜になれば両手を斬られ、地上空軍人員は捕虜になると皮をはがれ、殺される」というのは国府の欺瞞の宣伝であると疑うようになり、信じなくなった。同時にラジオのなかで戦況情報を得て、国府は必ず負けると思うようになった。張仁穆によれば空軍人員のなかでは平均七、八人に一台のラジオ受信機があったという。

この史料は東北電台が纏めた調査報告であり、当然その記述の信憑性には一定の留保がつけられるべきである。しかし、このようなラジオの聴取状況に関するまとまった史料は他になく、その限界性は認識しつつも有用であろうと考える。

（六）小結

別の史料から対敵宣伝の様子を紹介してみよう。前掲の盧浚泉のケースで登場した張冲は、一九四七年夏に一八四師師団長潘朔端に対して手紙を書き、それがラジオで放送された。これは東北野戦軍が最も早くラジオを用いて敵軍を瓦解させようとした試みであるとされる。この放送の結果、潘朔端は反内戦の決起を起こしたという。また一九四八年秋に共産党は長春を占領したが、投降した鄭洞国にラジオで瀋陽の廖耀湘へ降伏勧告をさせた。廖耀湘は結局降伏こそしなかったが、瀋陽守備軍の士気は著しく下がったという。その後廖耀湘は捕虜にされたが、共産党は彼にも華北の国府軍に対し投降を勧めるラジオ講話をさせた[56]。

これらの史料によれば、共産党の対敵宣伝放送は、国府軍のなかでも広く聴取されていたことがうかがえる。もちろん国府軍は共産党ラジオの聴取を禁じていたが、内戦が共産党側に有利に展開されるようになると、戦場に身を置く士官や兵士たちは生命の危険を感じ、情報を入手しようとしたのである。

共産党は劉善本や鄭明新のように、共産党側に寝返った者に自身の体験をラジオで講話させた。その放送はリアルな体験談として、国府軍の聴取者に受け取られたことであろう。また共産党は国府内部の対立を巧みに利用していたこともうかがい知ることができる。とくに国共の勝敗の分かれ目なった東北の戦場においては、東北軍と外来軍との反目に焦点を当てていた。共産党が戦略的にこのような方針をとっていたことは、前述した史料からも分かる。少なくとも共産党の主観では、ラジオは戦局を有利に展開するための道具として認識され、実際に積極的に利用されていたのである。

第三節　東北における記念と顕彰

(一) 研究の意義

表-12は、一九四八年四月一七日に東北行政委員会[57]が発布した記念日のリストである。一九四五年八月の日本の降伏と満洲国の崩壊後、共産党は東北において様々な記念活動を行ってきた。一九四八年四月になり、共産党はそれらの記念日を正式に決定し法制化したのである。本節では、まず東北において、「七・七(盧溝橋事件。抗日戦争の象徴)」、「八・一五(抗日戦勝記念日)」、「九・一八(満洲事変)」などの記念日が、共産党によってどのように記念され、メディアがどのように利用されたのかについて見ていく。そして次に、東北抗日聯軍や東北烈士の記念の在り方を考察し、各記念日における記念とどのような共通性があるのかを明らかにし、東北の地域性や特殊性に留意して、共産党の記念活動の意味について検討する。

東北における共産党の記念活動については、すでに貴志俊彦が「七・七」、「八・一五」、「九・一八」など、日本の侵略に関わる記念活動を中心に考察している[58]。貴志によれば、「七・七」や「九・一八」などが新たな侵略者である蔣介石やアメリカを批判するのに転用される一方で、「八・一五」はソ連や赤軍を解放者として神格化した。これらの記念日は、新聞、ラジオ、映画などのメディアによって、大衆を動員するマス・イベントとして祝われたという。

貴志の指摘は適切ではあるが、東北地域の特性については十分に考慮されていないと考える。結論から先に言えば、著者はソ連の神格化、日本の侵略の記念、抗日戦争勝利の記念など、これらは全て、共産党が東北において支配の正統性を確立するための道具として、利用されたのではないかと考えるのである。

戦後の東北において共産党が勝利したのは、無論軍事的勝利が最大の要因であるが、兵員のリクルートや末端社会における支配体制の確立には、共産党支配を東北社会に受け入れさせることが必要である。東北を恒久的な解放区とするためにも、共産党にとって革命の物語を創造し、敷衍する必要があったのである。

貴志が指摘するように、記念日はマス・イベントとして共産党、国府双方によって盛大に祝われ、互いに正統性を宣伝する重要な機会であった。そしてそのイベントには大量のメディアが利用され、大衆への宣伝や教化が行われた。それゆえ、本書においても、戦後の東北で展開された「記念」を分析する必要があるのである。当然共産

表-12「東北の記念日と記念方法」

月日	記念日	記念方法
1月1日	新年	3日休み　旗を掲げ飾りつけて祝う
2月7日	「二・七」記念	労働者が大会を開き記念
旧暦元旦	春節	3日休み
3月8日	国際婦人節	婦人が大会を開き記念
4月4日	中国児童節	児童が大会を開き記念
5月1日	国際労働節	一日休み　旗を掲げ飾りつけて祝う
5月4日	中国青年節	青年学生が大会を開き記念
5月12日	国際看護婦節	医療人員が記念
旧暦端午	夏節	一日休み
6月6日	中国教師節	教員が大会を開き記念
7月1日	中共誕生記念	党内で記念
7月7日	「七・七」抗戦記念	一日休み
8月1日	人民解放軍誕生記念	一日休み
8月15日	「八・一五」解放記念	一日休み　旗を掲げ飾りつけて祝う
9月18日	「九・一八」記念	各界が大会を開き記念
旧暦中秋	秋節	一日休み
10月10日	辛亥革命記念	一日休み　旗を掲げ飾りつけて祝う
11月4日	国恥記念	一日半旗を掲げる

（出典：『東北日報』1948年4月17日「東北行政委員会規定　記念節日記念弁法」）

党と国府では記念日は異なるが、そのこと自体が両者の正統性論理の違いを浮き彫りにすることにつながるだろう。また、抗日烈士や東北烈士の記念も、戦後の東北においてきわめて重要な意味を持つ。それは、抗日烈士や東北烈士の記念が、共産党にとって戦後の東北において正統性を確立する手段となり、共産党の優位性を担保するファクターになったからである。このような共産党の東北地域社会への働きかけは、戦後東北地域史を分析する上で、いぜんとして解明されていない面である。

この点に関して、西村成雄は国府が東北軍の張学良系を排除し、非東北人による接収と支配を強行するなど、東北人への配慮の欠如により大衆の信頼を喪失したと指摘している。またこれとは対照的に、共産党は東北地域社会から兵員をリクルートし、旧東北関係者を幹部に積極的に起用したとする。(59) つまり、共産党は東北現地社会との関係を強化して密接なものとするために、東北との結びつきを強調しようとしたのである。この西村の指摘は重要である。

政権政党ではなく、中ソ友好同盟条約の当事者でもない共産党にとって、東北の大衆が持つ国府への正統意識をいかに打破するかが、東北の基層社会に党組織を広げ、大衆を獲得する上で必要であった。この国府への正統意識は、共産党が「満洲国」の取り締まりにより、満洲省委員会を解散し、東北で組織だった活動を行ってこなかったことによる。第三章の文工団で触れたように、大衆工作を担う幹部たちは、東北の大衆にこのような正統意識が根強いことを実感していた。共産党が土地改革を行う際に、地主と貧雇農の階級闘争を引き起こそうとしても、すぐに共産党が敗れ国府の統治に戻ると農民たちが考えているのであれば、後の報復を恐れて共産党の土地改革に従おうとはしないのである。(60) 共産党が農村で土地改革や党組織の建設を行う際に、共産党の実力への不信や、国府への正統意識が工作を阻害する要因となっていたのである。

したがって、共産党と東北地域との関係が深く、日本支配からの「解放」に共産党がいかに貢献したかをアピールする必要があった。以上を踏まえれば、共産党の宣伝には以下の二つの手段があるだろう。一つは、国府に東北を支配する資格がないことをアピールすることである。共産党は満洲事変における蔣介石の無抵抗主義をこれに利用し、東北失陥の責任が蔣にあることを指摘し盛んに宣伝した。また蔣が当時アメリカの援助を受けていたことから、アメリカに東北を売り払い「第二の満洲事変」を引き起こそうとしているとして注意を喚起した。「二満洲」は、当時の共産党の宣伝において常套句として使用された。

二つ目は、満洲国時期から活動していた東北における抗日運動が、共産党の指導下にあったことをアピールし、共産党が決して東北で活動していなかったわけではなく、むしろ東北「解放」に大きく貢献したことをアピールすることである。この面では、東北抗日聯軍が共産党の正統性を主張する上で、とくに重要な存在であった。東北抗日聯軍は、満洲国周辺で共産党の指導下で編成されたとされる反日・反満のパルチザンである。抗日聯軍の楊靖宇、趙尚志、李兆麟らはいずれも革命の先烈として英雄化され、記念されていった。著者はかつて、抗日聯軍将軍の李兆麟の暗殺事件をめぐる共産党の記念活動について考察したことがある。李の暗殺をめぐるソ連との国際関係、国共関係、東北地域との関係などを、多面的に考察したものである。本書においては、李も当然考察対象の一人ではあるが、より広い視野に立って共産党の記念・顕彰活動について明らかにしたい。

（二）記念日と記念活動

戦後東北において、抗日戦争関連の記念日として記念されたのは、「七・七」、「八・一五」、「九・一八」であった。後述するように、国府が記念日として祝祭した「九・三」は、一九四六年には共産党地区でも祝われていたが、一九四七年以後にはほとんど無視され、前述した東北行政委員会が制定した記念日リストにも入っていない。

この東北における記念日は、一九四九年一二月二三日に中央人民政府政務院が発布した「全国年間祝祭日及び記念日における休日規則」に引き継がれ、中華人民共和国にも継承された。しかし一九五一年八月、中央宣伝部副部長の胡喬木の提案を受け、毛沢東は抗戦勝利記念日を日本政府が無条件降伏書に調印した翌日の九月三日に変更すると指示した。そしてこの後、中国では八月一五日ではなく、九月三日に抗戦戦勝記念日は固定されている。(61)

一方国府側では、「七・七」、「九・一八」は慶祝されないわけではなかったが、固定記念日とはされず、祝日として中央が公式に祝うことはなかった。「七・七」と「九・一八」は、国府が日本の侵略を許した日ともなり、その記念は政権に対する不信や不満を助長する可能性があった。したがって戦前から「九・一八」を「国難」の記念日とする提案はあったものの、正式な記念日となることはついになかったのである。(62) 戦後の一九四六年四月八日に挙行された国民党第六期中央執行委員会第二七次常務会議では、抗戦がすでに勝利したことから、「九・一八」、「七・七」の両記念日に記念式典を挙行するのを停止し、九月三日を国定記念日とすることが決定された。(63) それゆえ、共産党にとって「七・七」と「九・一八」を記念することは、それ自体国府の正統性を批判し、国府の「売国性」を強調することになるのである。これが「七・七」や「九・一八」の記念を共産党が重視した理由であろう。

さて、条約調印日の「九・二」や「九・三」は、一九四六年には共産党も記念式典を挙行していた。ただそれは「八・一五」のように全市民を動員したマス・イベントではなく、党組織や中ソ関係者の間の限定された少数によるイベントだったようだ。九月二日、ハルビンでは中ソ友好協会、民主青年連盟、青年倶楽部が共同で記念大会を挙行した。式典は兆麟電影院で執り行われた。中ソ友好協会会長の謝雨琴は、東北の解放を助けたのはソ連、侵略を企むのはアメリカであると指摘し、高らかに「中ソ二大民族の協力万歳！」と叫んだという。(64)

また同日夜にハルビンの中長鉄道のソ連人幹部や各界の代表を招き、交歓会が開催された。出席者は二〇〇人ほどで、会場では林彪が挨拶をし、「日本を壊滅させ、東北を解放したソ連赤軍と英明な指導者スターリン大元帥に感謝を表し」乾杯したという。続けて中長鉄道局副局長カルノフが挨拶し、「中国人民の偉大な指導者毛沢東同志」の健康に乾杯した後、林彪の健康を祝した。(65)

ただジャムスにおいては比較的大きな規模で、「九・二」が祝われた。ジャムス各界一〇〇〇人を集めたという記念大会では、市長が「我々はこの日を記念するにあたり、ソ連友邦の援助を忘れることはできない。もしソ連が東北に出兵しなければ、遼東の戦争はこのように早く収束できなかった」と述べた。(66) ただしジャムスにしても、他の「七・七」、「八・一五」、「九・一八」に比べて、明らかに動員規模は少ないものであった。

これらの記念大会では、東北を「解放」したソ連軍やスターリンに感謝を表明する場となった。新聞記事から言えることは、八月一五日と比べて中国共産党や中国人民の闘争を主張するよりは、ソ連軍への感謝が強調されていることである。一九四六年に共産党が「九・二」や「九・三」を記念した理由は、以下の二点が可能性として考えられる。第一に、ソ連が対日戦勝記念日を条約調印翌日の三日に設定していることである。一九四五年にはソ連軍の占領下で「九・三」が対日戦勝記念日として祝われており、共産党はその前例にならったものと考えられる。第三章の「映画」で述べたように、ソ連から活動の許可を得た旧満映の職員たちは、一九四五年九月三日にソ連が執り行った対日戦争勝利大会に参加し、講話や演劇を披露したほか、大会の様子を撮影していた。大連以外のソ連軍が撤退したとはいえ、当時共産党としてはソ連との強固な結びつきを強調する必要があったものと考えられる。

第二に、まだ国府との和平に期待を残していた一九四六年の段階では、国府の指定する戦勝記念日である「九・三」を記念せざるを得なかったという点である。ただし、いずれにせよ「九・二」や「九・三」が戦後当初は記念されながら、その後無視された理由については、現在のところはっきりとは分からない。

さて、日本の降伏後、東北において初めて抗日戦争関連の記念が行われたのは、一九四六年七月七日前後のことである。盧溝橋事件の起きた「七・七」は、中国においては「抗日戦争」の直接的な契機として、また日本の侵略を象徴するものとして記念される。ハルビンでは七月二日に準備大会が開かれ、ハルビン市衛戍司令部や中ソ友好協会、市政府の要人が出席して計画を策定した。その結果、ハルビンでは兆麟公園で記念大会を挙行し、その後大規模なデモを実行することを決定した。また文化活動として各劇場、映画館で一種のチャリティーの劇を演じ、「七・七」義援金切符を販売して、その収益金を犠牲となった軍人の家族に贈ることが決定された。各新聞には、「七・七」記念特集号を出して、宣伝を拡大するよう要求した(67)。

そして三日には大会の宣伝について、関連する団体の責任者が召集され、宣伝活動について協議した。召集されたのは市政府宣伝科、省政府宣伝係、中ソ友好協会、東北日報社、東北文工団、総政治部文工団などの単位であり、以下の活動を行うことが決定された。

①大会を開く前に、大衆の合唱を組織する。例えば「民主進行曲」を歌う。楽隊を組織して大会のなかで演奏する。

②二台の大きな宣伝カーで公演などの宣伝を行い、伝単二〇万枚を散布する。

③会場付近で戦利品、写真、抗戦での功績統計表の展覧や抗戦の故事を紹介する。

④標語や通電を貼る。

⑤犠牲になった軍人の家族を慰問する問題について善処する(68)。

そして「七・七」当日、多くの大衆を集めハルビンの兆麟公園で式典が催された。『東北日報』の記事では、誇張もあろうが参加者の人数は二〇万と記されている。記念集会では、「抗戦の果実を強固にし、必ず内戦に反対し、アメリカの道理に合わない軍事干渉に反対」することが誓われた。標語と漫画が貼られ、宣伝品を満載した宣伝カーが全市の各大通りを通り、各種の宣伝品や伝単を散布した。会場では民主聯軍による鹵獲した日本、アメリカの武器の展示もあった。部隊の秧歌隊は、銅鑼や太鼓を街頭で打ち鳴らし、化粧宣伝を行い、「アメリカと蔣介石が協力し、人民の抗戦の果実を奪う罪」を暴露したという。[69]

「民主進行曲」で始まった式典は、戦場で亡くなった将兵に哀悼を示した上で、ハルビン市長の開会の挨拶では「抗戦に勝利したが、不幸にも国民党反動派とアメリカ帝国主義が人民の圧迫を企図し、内戦を発動した」と指摘し、続けて松江省主席馮仲雲は「抗戦勝利の光栄は、人民の長きにわたる敵との闘争、不撓不屈で労苦を厭わぬ八路軍、新四軍、東北抗日聯軍にあり、同時に全ての国の為に殉じて犠牲となった烈士、抗戦を支援し敵との闘争に参加した広範な人民にある」と訴えた。馮仲雲はこの席で「東北抗日聯軍の将軍、東北人民指導者の殉国の事績を記念する」ため、ハルビンの主要な大通りを、靖宇大街、尚志大街、一曼大街と改称するよう提起している。[70]

ジャムスでは三万人の人々を集めて、「七・七」記念大会が開催された。大会の前には秧歌隊による活報「反対内戦」が演じられた。大会では「今日の七・七記念において、全国の同志が覚醒し、蔣介石とアメリカ帝国主義の陰謀を認識し、内戦を制止しなければならない」として、その記念が意味づけられた。[71] ジャムスにおいても大会を宣伝するために文化団体が動員され、東北電影公司がソ連映画「ウラル戦役」を放映し、東北画報社は解放区木版画撮影展覧会を挙行した。その他総政治部文工団や東北大学の秧歌隊や文工団が劇を演じるなどした。[72]

さて、抗戦勝利記念日として大々的に祝賀されたのは「八・一五」であった。一九四六年八月一五日は、戦後の東北で初めて戦勝記念日が催されるきわめて重要な日となった。貴志は、「七・七」は日本が全面戦争をしかけた日、「九・一八」は満洲に日本が侵略を開始した日として国恥を象徴する日であり、抗戦勝利の祝祭行事を開催する日はまぎれもなく「八・一五」であったと指摘している。[73]

図-50　安東での七・七記念のデモ（1949年）（出典：『東北画報』第56期、1949年７月）

図-51　チチハルの七・七記念大会（1949年）（出典：『東北画報』第56期、1949年７月）

満洲国が崩壊したのは、国務総理張景恵が満洲国の廃止を決定した八月一七日、あるいは皇帝溥儀が退位した八月一八日のことである。しかし中国側は、満洲国を国家として承認せず日本の傀儡と見ていたため、日本が「降伏した」八月一五日を記念としたのであろう。ただし、この日本の降伏に関しても、八月一五日には天皇の玉音放送による降伏の表明が行われたに過ぎず、実際に降伏条約に調印したのは九月二日であるという問題がある。したがって共産党側が八月一五日を抗日戦勝記念日としたのは、日本側の認識を取り入れたということになる。前述したように、国府は九月三日を抗戦勝利記念日としており、共産党が「九・三」を慶祝するということは、条約調印を行った国府の正統性を認めることにつながる。それゆえ、「九・三」よりも「八・一五」がクローズアップされたのではないだろうか。

「八・一五」を記念するにあたり、共産党の党組織は、周到に記念大会の準備を進めていた。『東北日報』の記事で初めて「八・一五」の準備について触れているのは、北安市における準備工作である。北安市では、八月一日に準備会議を開催して、記念のやり方を議論し決定した。それによれば、一四日に夜会を開催し、一五日に映画の放映、秧歌隊、宣伝隊を組織し、太鼓歌、小唄歌曲を創作し、各種の小型の座談会を組織する計画となり、中ソ友好協会など一一の単位を準備委員として選出した。

チチハルでは八月五日に準備委員会が成立し、三日間祝うことが決定された。六台の車を巡回宣伝カーとして配備し、各区大衆は秧歌隊、高足踊り、龍灯、獅子などの娯楽活動を組織して、広範に大衆宣伝を進める計画であった。そして春節と同じように、国旗を掛け、祝いの対聯を貼りつけた(74)。

ハルビンでは最も盛大に「八・一五」の記念が行われた。一五日当日、朝鮮人、ロシア人などを含め多くの住民が動員され、兆麟公園において朝から李兆麟の記念が行われた。後述するように、李は東北抗日聯軍の指導者であり、三月九日に暗殺された人物である。「八・一五」では、大衆はまず李の墓塔附近に設立された遺品展示会を参観し、午後からは「八・一五」勝利一周年記念大会を開催するとともに、李の墓塔の除幕式典が挙行された。ハルビン市長は、この大会が以下のような意味を持つと説明した。①松江省とハルビン市の各界「八・一五」勝利一周年を記念する市民大会、②松江省、ハルビン各界東北各省人民代表聯席会議の功績の慶祝、③民族英雄李兆麟将軍の墓塔の除幕式典の挙行、である。

やはり東北抗日聯軍の指導者であった周保中は、「東北抗日聯軍は中国共産党の指導の下で、きわめて困難な環境の中で敵と苦闘し、ついにはソ連赤軍の出兵と援助の下で東北を解放した。しかし東北人民と国土を売り払った国民党は、土匪や特務と結託して人民を害するだけでなく、アメリカ帝国主義の武器をもって東北に進行し、内戦を拡大している」として国府を批判した。東北抗日聯軍の記念と「八・一五」の式典がコラボレートされていることが分かる。ハルビン市と西満の郵便局では、「八・一五」の抗戦勝利一周年を記念して、記念切手も発行された。西満郵便局は、中華民国地図を意匠とし、「独立、和平、民主」の字をあしらった切手を発行した。(75)

「八・一五」の特徴は、「七・七」と比べてやはり日本が強く意識されていることである。合江で推奨された「八・一五」の記念スローガンには、第一「八・一五は東北人民が日本の奴隷から解放された記念日である！」、第五「徹底して日本ファシストの残余と漢奸特務を粛清しよう！」が含められている。そして当日ジャムスでは、大会の後に人民法廷が行われ、日本人戦犯二名、漢奸・特務五名の裁判が行われ、計七名の戦犯と漢奸特務がその場で銃殺処分された。(76)「八・一五」の記念の場が、日本やその協力者となった漢奸への復讐の場となっていたのである。

貴志が指摘するように、戦後東北の抗戦に関する記念日、とりわけ「七・七」や「八・一五」では、ソ連や赤軍を解放者として神格化し、東北解放の神話を作り上げた。「八・一五」では、大衆がハルビンに建てられたソ連赤軍記念塔に対して叩頭し、「ソ連赤軍が東北を解放した」ことに対して感謝の意を示したという。(77) 共産党指導下の東北の各省組織は、「八・一五」を迎えるにあたり、スターリンに対して感謝を伝える電報を打った。電報はスターリン、ヴァシレフスキー、マリノフスキーなどに宛てたものであり、「ソ連は去年八月九日に対日作戦を宣布し、数日の内に英雄的赤軍は完全に日本の満洲の精鋭部隊を撃破し、日本帝国主義者が八月一五日に投降せざるを得なくさせた。これにより、我々東北四千万の同胞を解放した。これは我々東北人民にとって永遠に忘れることができない大事である」として、感謝の意を示す内容であった。(78) 一九四九年に制作された「八・一五」を記念するポスターでも、ソ連赤軍への感謝が明確に示されている（図－52）。

図-52　「記念『八一五』感謝蘇聯紅軍解放東北」斉兵作、1949年

（出典：『東北画報』第57期、1949年8月）

次に「九・一八」だが、蒋介石や国府を批判するには、「九・一八」を記念することが最も効果的である。事実はともかくとして、蒋介石が無抵抗主義により東北を売り払った売国奴であると宣伝できるからである。ハルビン市では、九月一二日に民主青年連盟、教育庁、教育局のほか、

中ソ友好協会、魯迅芸術学院、各中学校、教師などの文化教育団体を招集し、「九・一八」の宣伝について協議した。

各学校に対しては、壁新聞を出版し学内のほか街頭にも張り出すこと、「九・一八」を記念する歌を教え、街頭でそれぞれ「お前の鞭を置け」(79)を演じること、宣伝組を組織し九月一八日に街頭宣伝すること、などが指示された。宣伝内容については、以下の五点に注意するよう指示された。①誰が東北人を一四年の亡国の民としたか、②一四年間奴隷とされた生活の回顧、③民主政府は何をもたらすのか、④今年どのような感情で「九・一八」を記念しなければならないのか、⑤何が第二の「九・一八」か、である。その回答は、当然東北を売り渡したのは蔣介石であり、国府の東北進攻を防ぎ、国府の背後にいる(共産党の主観では)アメリカや日本の侵略、すなわち第二の「九・一八」を防がなければならない、というものである。宣伝組は各組一〇人で組織し、全市五つの省立男女中学、二つの市立中学、兆麟学院、工業大学、民主青年連盟の一〇の単位は、五〇の小組を出動するよう義務づけられた。

当日は三〇〇〇人余りの学生を動員してデモが行われた。デモのスローガンは「アメリカの蔣介石に対する内戦援助に断固として反対する!」、「団結して動員し、蔣介石の進攻を粉砕しよう!」、「第二の九・一八を絶対に防ごう!」であった。「九・一八を忘れるなかれ」のスローガンが貼られた街頭では、「お前の鞭を置け」、「九・一八以来」、「防衛勝利果実」などの街頭劇や秧歌劇などが演じられた。この日演じられた演劇の様子を紹介することは、「九・一八」がどのような文脈で語られたかを明らかにする上で無駄ではないだろう。

「九・一八以来」は、若い女性たちが登場し、それぞれが東三省、熱河、華北、国民党(老大)、共産党(老二)、労働者や農民を代表している。その他に和服を着て、手に屠刀を持った強盗の日本が登場する。日本は娘二人を連れ去ったが、国民党は共産党の意見をきかず、日本のなすがままとなる。『東北日報』の記事は、以下のようにこの演劇を見た店員の感想を伝えている。「老大の背中には『国民党』とあった。はっきりと蔣介石と書いていないが、何の遠慮がいるものか！東三省は彼が（日本に――著者注）やったのだ。張学良が抵抗しなかったのは、蒋介石が命じたからではないか？蒋介石と名前を改めろ！」と。

「防衛勝利果実」は、果樹を人々が囲んでおり、木の上には赤い勝利の果実がなっている。これが東北解放区を象徴している。蒋介石が東北に進攻しようとし、姜鵬飛[80]を東北に派遣して内外呼応しようと図った時、一人の観衆が「大漢奸がハルビンに打ち入ったぞ！」と叫び、他の観衆は手を叩いて一斉に「やれ！」と叫んだ。舞台には大きな腹のアメリカ人がおり、前面には「三人小組」、「調停内戦」の看板を掲げているが、背後には「軍事援蔣」と貼られ、アメリカの二面性を示している。アメリカ人は蒋介石の背を打ちすえ、「早く攻めろ！お前には叔父のアメリカがついているぞ」と命令する。短く笑いが起こった後、観衆は「アメリカ人のばかやろう！」、「蒋介石の出っ腹な叔父め、中国は内戦をしないぞ！」などと叫んだという。以上のように、『東北日報』には、共産党のプロパガンダを意図して書かれた記事ではあるが、当日の演劇をめぐる観衆の様子が臨場感をもって伝えられている[81]。

「九・一八」を記念する歌とは、おそらく「今年的九一八」と題する歌である。その歌詞は、一番が「九・一八は毎年過ごしてきたが、今年は大きく違う。日本ファシストは政権から降り、一四年の枷はすでに打ち砕かれた。林総司令（林彪――著者注）は我々に号令する。大衆によって東北を防衛しろと。人民は翻身して主人公にならなければならない。軍隊は精兵を必要とし、整備訓練して蒋介石の進攻を粉砕し、特務・漢奸・土匪を攻め滅ぼさなければならない。中国共産党は我々を指導し、闘争によって民主、和平を獲得する」、二番が「だが蒋介石は外国の走狗となり、内に対して残忍非道となる。東北はもともと彼が捨てたものであり、今はアメリカに頼って進攻している。林総司令は我々に号令する（以下同じ）」というものである[82]。

『合江日報』には、当日ジャムスにおける記念行事に参加した、王秋航という学生の感想が掲載されている。王によれば「クラスメート達は皆秧歌、銅鑼叩き、太鼓打ちを練習し」、「中央大街の十字路は、秧歌を見る大衆で溢れ」、「栄燕謀同学の『のぞきめがね』は、多くの観衆が取り囲み、彼は反動派蔣介石の特務、漢奸、走狗をいちいち暴露していった。彼を取り囲んでいた一人の老人は『私は今回ようやくはっきりとわかった。蔣介石は九・一八で東北を売り、今彼は我が東北人民を屠殺しに来ている。なんと憎むべきことか』と語った」、「宣伝隊のクラスメート達の講演は生き生きと力強い講演であり、蔣介石が九・一八で東北を売り、八・一五以後にまた人民の和平を破壊したことや、東北人民の今後の任務について指摘した」という。

以上のような記念の様子を見ると、「七・七」、「八・一五」、「九・一八」いずれにおいても、過去の日本の侵略を記念するというよりは、むしろ内戦の渦中にあった当時の状況を反映して、国府やアメリカの反動性を強調し、抗日戦争における共産党の貢献がアピールされていることが分かる。日本の侵略は後景に退き、かわりに国府やアメリカの侵略に批判の重点が置かれている。そして各記念と、東北抗日聯軍、東北烈士の記念がコラボレートされ(83)、そのプロパガンダには、標語、伝単、演劇などの各種メディアが大量に動員されていたのである。

さて、一九四七年における記念も上記のような特徴を受け継いではいるが、その他に前線支援が重要なキーワードになった。一九四七年七月から九月では、すでに夏季攻勢によって東北の戦場では共産党が優勢となりつつあった。もはや国府との和平を望む段階ではなく、宣伝の主なテーマは前線支援にあった。前線支援とは、前線で戦う解放軍に対し、後方の大衆が物資の供給などで支援することをいう。『東北日報』一九四七年七月七日の記事「前線支援の強化とハルビン市の熱烈な「七・七」の記念」では、軍のために二〇万足の靴を作ることが目標とされ、その成果の一部が報告されている(84)。八月一五日の「八・一五」では、一四日の段階ですでに一五万足の軍靴を作り、ハルビン市の総工会は、軍への供出品や七〇〇〇万元の寄付を集めたことが報道されている(85)。

（三）烈士と抗日聯軍の記念

共産党にとって、日本への抵抗運動のなかで犠牲となった抗日烈士や東北烈士、東北抗日聯軍を記念することは、支配の正統性の確立と密接に結びついていた。烈士や抗日聯軍は共産党の指導下にあったとされる人々であり、彼らの活躍はすなわち、共産党が東北で革命運動をリードしたことを証明するものだからである。政権政党ではなく、中ソ友好同盟条約の当事者ではない共産党にとって、烈士や抗日聯軍の事績は、東北を支配する唯一の正統性の源泉であった。共産党は、烈士や東北抗日聯軍の「抗日」を記念することにより、共産党が東北の「解放」に貢献したことをアピールしたのである。したがって彼らは中華民族の英雄であるとともに、よりローカルな「東北の英雄」である必要があったのである。

一九四五年一二月一二日、東北局副書記の陳雲は、東北局と中央に対して「共産党が東北を独り占めし攪乱しようとしているという国民党のレトリックに対抗するために、また東北人民の我々に対する傍観的態度を改めるため」、「抗日聯軍指導者の周保中、張寿籛（李兆麟のこと——著者注）と呂正操、万毅、張学思の三名の東北及び共産党の将軍、冀熱遼の李運昌の名義で」、「抗日聯軍の一四年と東北人民がともに苦しんだ抗戦の歴史、東北籍の共産党軍と李運昌が組織した八年間の抗戦や東北解放の意義を説明すること」を提起した[86]。

「東北人民の傍観的態度」とは、つまり東北をめぐる国府との争いのなかで、共産党に協力的な大衆が少なく、むしろ冷ややかな態度を示していたことを指している。周保中と張寿籛（以下、李兆麟）は東北抗日聯軍を代表する将軍であり、呂正操、万毅、張学思の三人は、張作霖・張学良が擁した東北軍の将軍でありながら共産党に入党した幹部である。とくに張学思は東北軍の総帥張学良の弟であり、東北軍と共産党との密接な関係を強調するには都合の良い人物であった。

西村茂雄が指摘するように、共産党は東北抗日聯軍や東北軍ゆかりの人物、東北出身者を意図して選び、東北へと派遣し重要な地位につけていた。例えば、張学思は共産党政権下の遼寧省政府主席と遼寧軍区指令員、東北行政委員会副主席に就任し、呂正操は東北民主聯軍の副指令、東北鉄道総局長、万毅は東北局常務委員、吉遼省委員会副書記などを務めた。抗日聯軍で政治委員を務めた馮仲雲は、戦後に松江省主席に就任し、李兆麟はハルビン中ソ友好協会の会長を務めた。東北で共産党が組織した政権組織である東北行政委員会の主席に就任したのは、黒龍江の出身の共産党幹部林楓であった。

以上のように、共産党は東北に進出し支配するために、東北での在地化に心をくだいていた。それは国府との争奪のなかで東北を支配するためには、共産党がよそ者であっては不利となるからである。東北局機関紙が『解放日報東北版』ではなく『東北日報』とされたこと、出版機構が東北書店であったことは、共産党色を消す以外にも、おそらく以上のような配慮があったためではないかと考えられる。

新聞、書籍による記念

さて、陳雲の提起の後、東北局は東北抗日聯軍や東北軍幹部の事績を記念する文章の執筆にとりかかった。一九四六年一月一一日、李兆麟は『北光日報』に「東北抗日聯軍苦闘史」を執筆し、東北人民の闘争の結果としての東北抗日聯軍の功績を強調し、東北抗戦で犠牲になった烈士を追悼し記念するべきだと主張した。(87) ただ李兆麟は民間団体の長という立場上、共産党を賞賛することはできないため、この文章では共産党の指導は強調されていない。

続けて一九四六年一月一六日以降、『哈爾濱日報』、『北光日報』に相次いで馮仲雲による「東北抗日聯軍十四年苦闘簡史」が連載され、その後単行本にまとめられた[88]。単行本版の『東北抗日聯軍十四年苦闘簡史』の巻頭には「反動的特務分子により暗殺された民族英雄李兆麟（張寿籛）将軍、抗日聯軍と抗日救国会の東北抗戦の中で犠牲となった先烈達を記念するために」と記されている。後述するように、李兆麟が暗殺されたのは三月九日のことであるから、この書籍は少なくとも三月九日以降に出版されたものである。生前の李兆麟が一月一二日に執筆した巻頭言「記念東北抗日聯軍」には、「政府と各界人士に対し希望する。東北抗戦の烈士を追悼、記念し、孤立し苦労している遺族を訪問、援助し、障害や病気を負ったものは、救済を受けるべきであり、国家のために尽くした者は、尊重され、安置されるべきである」と提起している[89]。

その後二月一八日の『哈爾濱日報』には、馮仲雲の「李兆麟将軍」が掲載された。この文章は李兆麟が暗殺された後、三月二七日に延安の『解放日報』にも転載された。李の暗殺を国民党の特務機関の仕業とし、宣伝するためである。『東北日報』でも「周保中将軍訪問記」（二月二四日）、「楊靖宇和他的隊伍」（二月二八日から三月四日まで五日間にわたって連載）、「中国共産党与東北抗日聯軍十四年闘争史略」（三月一七日）、「中国共産党与東北人民的血肉関係」（三月一八日）、「日寇口中的東北抗日聯軍」（四月三日、四日、五日、）、「抗日聯軍英雄于天放」（四月六日）、「従日満特務機関機密文件看中国共産党和抗日聯軍」（四月一七日）などの記事が発表されている。「東北抗日聯軍十四年苦闘簡史」のように、これらの新聞記事をもとにして単行本の発行も続いた。

東北局主席の彭真は、二月二七日に陳雲、李兆麟に対して、北満の抗日聯軍の「八・一五」以前の活動状況（幹部の姓名、人数など）と「八・一五」以後の経過、国府軍と結託した土匪、警察の特務機関、国民党特務機関の破壊活動、暗殺の具体的な材料、証拠などの資料を収集するよう指示した[90]。さらに彭真は三月五日、陳雲に対して「国民党の反ソ反共運動や東北問題に関する宣伝を攻撃するため、系統的に日本降伏前の東北における共産党の各種の抗日運動、とりわけ武力闘争や地下軍について全世界に放送する必要がある」として、李兆麟、馮仲雲に宣伝材料となる文章の執筆を依頼することを含め、関係資料を収集するよう指示している。(91)

中共中央も、東北地域の帰趨が国府との主導権争いに決定的に重大であることを鑑み、一九四六年三月六日に東北の宣伝に関して東北局に指示を出している。この指示によれば、中央は東北関係の資料に基づき、すでに宣伝のための文章を作成し近日中に発表予定であること、東北においても東北での抗日戦争や抗日聯軍の歴史、抗日聯軍の将軍や呂正操、万毅、張学思といった東北軍の将帥の紹介記事や、談話などを積極的に発表するよう命じていた。

実際に中央機関紙の『解放日報』では、この後東北抗日聯軍関係の紹介記事を集中的に掲載している。主なものを挙げれば、前述の「李兆麟将軍」(三月二七日)、「李杜将軍撰文簡述　東北抗日聯軍沿革」(三月三〇日)、「楊靖宇将軍」(五月七日)、「趙尚志同志」(五月九日)、「周保中将軍」(七月一六日)などがある。このほかに、革命運動家趙一曼を紹介する「巾幗英雄趙一曼」(七月八日)なども合わせて掲載されている。

以上のように、一九四六年初頭から夏までの時期にかけて、共産党は東北抗日聯軍や東北抗日における共産党の指導と、国府の反動性をアピールするために、戦略的に資料を収集し文章化していた。東北抗日聯軍は戦前からその歴史が編まれ、共産党系の出版社から書籍として出版されてはいたが、戦後の東北や中共中央において改めて再評価され、その歴史が編纂されなおされたのである。単行本としては前述の『東北抗日聯軍十四年苦闘簡史』のほか、一九四六年五月一五日に遼東建国書社から出版された『東北抗日聯軍十四年奮闘簡史』がある。『奮闘簡史』もやはり『東北日報』などの新聞記事を編集して再構成したものであり、「東北人民が熱愛する抗日指導者」として巻頭に楊靖宇、周保中、李兆麟ら三人の肖像を掲載している。このような抗日聯軍の再評価や書籍の刊行は、きわめて強い政治性を帯びていることが見てとれる。

記念活動

新聞や書籍において歴史の再評価がなされる一方で、烈士や抗日聯軍、東北軍は様々な形態で記念された。例えば地名の変更である。

戦後の東北では烈士や抗日聯軍将軍を記念するために、その名前にちなんだ地名に変更された。一九四六年二月、抗日聯軍の楊靖宇を記念し、楊が死んだ濛江県を靖宇県と改称し[92]、一一月には同じく抗日聯軍の将軍であった趙尚志を記念し、趙が活動の根拠地とした珠河県を尚志県と改めた[93]。李兆麟が暗殺された際には、ハルビンの李が殺された通りを「兆麟街」に、その墓地が建てられた道里公園を「兆麟公園」と改名するよう決定した。その他、兆麟中学、兆麟中心小学、兆麟図書館なども合わせて改名された[94]。

日本の侵略を記念する「七・七」記念日には、楊靖宇、趙尚志、趙一曼を記念して、兆麟街と同じく、ハルビンの主要な通りが靖宇大街、尚志大街、一曼大街と改名された。この改名は、「七・七」にハルビンで挙行された抗戦九周年大会において、抗日聯軍関係者の馮仲雲により提起されたものである[95]。

軍の部隊自体が改名、あるいは創設された例もある。一九四六年二月一九日、通化では東北民主聯軍の楊靖宇支隊と李紅光支隊の成立式典が挙行された。李紅光は、楊靖宇が率いる抗日聯軍第一軍の参謀長を務めた朝鮮人幹部である。この李紅光支隊の母体は、朝鮮義勇軍第一支隊であり、朝鮮人部隊であった。同支隊の政治委員方虎山は李紅光部隊を代表し「朝鮮人民の抗日組織と武装は、中国共産党の旗の下で成立した壮大なものである。朝鮮軍の同志は楊靖宇部隊の英雄的な戦闘のやり方を学び、訓練と学習を強化し、民族解放の事業を達成しなければならない」と挨拶した[96]。楊靖宇支隊では楊の部下であった位樹徳が司令となった。『東北日報』の記事によれば、位は「抗日聯軍第一軍の歴史は、完全に国民党政府からの一丁の銃、一つの弾の援助も無いなかで刻苦奮闘した歴史である」と強調した[97]。

烈士の遺族への優待や顕彰も、こうした活動の一環として行われた。共産党は一九四六年の「七・七」を迎えるにあたり、七月九日の第一回抗日殉難者遺族表彰大会を準備した。犠牲者の遺族は全て表彰されることが明示され、遺族や関係者に中ソ友好協会に登記するよう呼びかけが行われた。[98]この抗日殉難者の遺族の調査は、当時共産党が戦略的に進めていたようである。『東北日報』の読者への呼びかけでは「九・一八以来、危機に陥った民族を救うために、多くの烈士が抗日の戦場で死に、ある者は日本の獄中で死んだ、これらの歌い涙すべき先烈の事績」や遺族の調査を開始する旨を告げている。[99]ハルビンの劇場、映画館で募った義援金は約九万元に及んだ。七月一五日に行われた受難遺族の慰問会は、ハルビン中ソ友好協会で開かれ遺族二〇余人、来賓一〇余人、松江省政府主席の馮仲雲、市政府劉市長などが参加した。慰問会では「多くの烈士の犠牲が無ければ、日本に勝つことは不可能であった」として、遺族へのできる限りの支援を約束した。[100]

烈士を記念する象徴的な空間としては、一九四八年一〇月一〇日に公開された東北烈士記念館がある。[101]一九四六年に共産党がハルビンを占領した後、東北民主聯軍の羅栄桓が東北烈士を顕彰する記念館の建設を提起したとされる。[102]そしてこの年開かれた東北各省人民代表会議において、各地に烈士の記念碑を建設することが決議され、東北政務委員会第一九回常務委員会でその執行が決定した。約六〇の機関の合同により「ハルビン特別市愛国自衛戦争犠牲烈士記念堂・記念塔建設委員会」が組織された。その名の通り、当初記念館は「愛国自衛戦争犠牲烈士記念堂」であり、地域名称の「東北」を冠していなかった。また「愛国自衛戦争」とは当時の用語で国府との内戦を指す。内戦が始まったばかりの当時においては、内戦の犠牲者を記念すること、つまりは国府の批判にウェイトが置かれ、抗日を記念することが想定されていなかったのではないかと考えられる。[103]

その後一九四七年六月六日に「東北抗日曁愛国自衛戦争殉難烈士記念事業準備委員会」が東北政務委員会弁公庁に

設置され、記念事業が本格的に動き出すことになった。ここで名称は「抗日及び愛国自衛戦争」と抗日と内戦が並列表記されることになった[104]。記念方法については、まずハルビンに記念塔と記念館を設立することとし、将来的には各地にも記念碑などを建てることが計画された。そして烈士の事績を収集し、これを編纂して出版し表彰するとされた。当時の計画では一九四七年の「九・一八」に合わせて記念塔と記念館を公開することが予定されていた[105]。

しかし計画は遅れ、一九四七年九月二〇日の東北行政委員会の会議で進行状況に関して議論された。それによれば、記念館はすでに八〇%程度完成し十月革命記念日（一一月七日）前に竣工できるが、記念塔は計画を変更し、一九四八年の「七・七」以前に完成するよう目指すことが決定された。しかし実際には、記念館と記念塔の落成は一九四八年一〇月一〇日のことであった。おそらくは、建設が遅れた記念塔の完成に合わせて公開されたものと考えられる。いずれにしても、この経緯を見ると「九・一八」、「十月革命記念日」、「七・七」、「双十節」などの記念日に合わせて公開する予定だったことがうかがわれる。

計画では記念塔の高さは三五メートル、外面には黒・白二色の天然石で装飾して白山黒水の象徴とし[106]、頂には戦士の巨像を配し、台座には労働者、農民の巨像を配置する予定であった。さらに、塔の周囲には偉人像や旗竿などが設置され、塔の前には一〇万人を収容できる約七万二〇〇〇平方メートルの近代的広場を作ることが計画されていた[107]。この計画からすると、モスクワの赤の広場を模倣した空間を創りだそうとしたのではないだろうか。

東北烈士記念館の建物は、一から建設されたわけではなく、一九三一年六月に建てられた東三省特別区図書館を改築したものである。この建物は、満洲事変後にハルビン特別警察庁が置かれ、捕えた抗日烈士を拷問する場所となっていた。それゆえに烈士や抗日を記念する場所として選ばれたのであろう。さらに言えば、記念館の建物が面する通りは、実際に拷問され死んだとされる趙一曼にちなみ一曼大街と名づけられている。

東北烈士記念館は、時期により大きく分けて「抗日戦争館」と「解放戦争館」の二つのスペースに分けられていた。「抗日戦争館」は一九四五年八月までの抗日戦争を、「解放戦争館」は戦後から一九四八年末の「東北解放」までを時期としている。合わせて一二の展示室に分かれ、テーマごとに展示されている。順を追って見ていけば、満洲事変から「東北解放」までの歴史について、共産党史観を通して理解できるようになっている。一九五八年に東北烈士記念館が出版した『東北烈士記念館画冊』は、当時の記念館の様子を詳しく紹介したものである。一九四八年の開館当時と異なる点もあるが、該書にそって記念館の内部を順に見てみよう。

記念館に入ると、まず東北人民解放軍戦士の像があり、「東北解放のために光栄にも犠牲になった英雄たちは永久不滅である」という文章が刻まれている。また中国共産党第七回全国代表大会で毛沢東が革命烈士を追悼して書いた「共産主義には抗することができない！小さな火でも広野を焼き尽くすことができる！（共産主義是不可抗御的。星星之火可以燎原）」が掲げられている。

「抗日戦争館」の「党の指導室」では、共産党を「東北人民の救いの星」とし、「九・一八」から抗日戦争の勝利まで、東北における抗日運動が共産党によって指導されたことが強調されている。ここではとくに、中国共産党満洲省委員会の成立、抗日の大衆運動や関係者が紹介されている。

続けて共産党が抗日義勇軍、抗日聯軍を組織し、東北人民のために東北全域で日本と戦ったことが説明される。抗日聯軍の武器や日用品などが展示され、趙一曼もここで紹介されている。七・七事変により日中戦争が勃発すると、共産党は抗日聯軍を三軍に編成し、第一軍を楊靖宇が、第二軍を周保中が、第三軍を李兆麟が指導し、英雄的に日本の侵略に立ち向かったと説明されている。そして「抗日戦争館」の最後には「勝利室」が置かれ、ソ連軍の東北進攻、八路軍のチャハルから熱河への進攻、抗日聯軍の関東軍への攻撃の様子などが展示されている。しかし、そもそも満洲国の崩壊が共産党の抵抗運動によって達成されたものではない以上、この時期の共産党の貢献を強調するのは難しい面がある。

抗日戦争の勝利後、蔣介石ら「反動派[108]」は自ら調印した停戦協定と政協決議を破り、一九四六年七月に共産党地区に進攻した。全国人民は共産党の指導の下で、偉大な解放戦争を展開したとされる。そして中央の五四指示[109]に基づき、七・七会議で反奸精算運動や土地改革を展開し、政権を打ち立てた。共産党の指導の下で、大衆運動を通して生まれ変わった農民が、「勝利の果実」を防衛するために軍に参加したという、共産党の公式党史の論理が貫かれている。「解放戦争館」では、軍人だけでなく王大化のような文芸幹部も烈士として紹介されている。そして一九四八年一一月二日の遼瀋戦役の勝利により、全東北が「解放」された。

最後の「解放戦争勝利室」では、東北人民解放軍と東北人民が、共産党の指導の下で団結して奮闘し、蔣介石とアメリカを粉砕して、奴隷とされた東北人民を解放したと結論づけられている。記念館の開館は一九四八年一〇月一〇日であるから、遼瀋戦役の一部内容と「解放戦争勝利室」は、開館した後に展示が修正されたと考えられる。

一九四五年以降、共産党は国府批判や支配の正統性の確立のために、各種の記念イベントを挙行した。記念館や記念塔の建設が、当初は抗日の記念というよりは、国府との内戦を有利にするという現実的な要請にしたがっていたことは、政治的に記念することの意味をよく示している。一九四八年一〇月一〇日に開館したこの記念館によって、東北の歴史が共産党や革命勝利の物語のなかへと体系的に組み込まれた。東北における革命の物語は、東北烈士記念館の展示によって完結したのである。

李兆麟の記念

抗日聯軍将軍のなかで、この時期とくに英雄として記念された人物が李兆麟である。記念対象として個別に李兆麟を取り上げるのは、李の英雄化の過程や構造を明らかにすることにより、共産党のメディアを通じたプロパガンダ戦略を明らかにすることができるからである[110]。

すでに述べたように、李兆麟は一九四六年三月九日に殺害されている。共産党の公式発表では国民党の特務機関による暗殺とされているが、国民党は最後まで李の暗殺が自らの特務機関によるものとは認めなかった。本節では事件の真相を明らかにするよりも、その死が記念された地域的、時代的な背景を明らかにしたい。

李兆麟は遼寧省遼陽出身の東北人であった。一九三二年に共産党に入党し、抗日聯軍第三軍を指導する将軍として活躍した[111]。ソ連軍から中佐の階級を与えられていた李は、一九四五年八月にソ連の進攻とともに東北に進駐し、ソ連占領下でソ連軍駐ハルビン衛戍副司令に就任して、その占領行政に協力した。その後ハルビン中ソ友好協会の会長として、共産党とソ連とをつなぐ重要な役割を負っていた。李が殺害された一九四六年三月は、国共の対立が表面化し、停戦協定が破れつつある緊迫した時期である。

事件の四日後の三月一三日、東北局副書記の陳雲は、国民党の特務機関が反ソ・反共を目的とし、政協決議や和平・民主を破壊するために李兆麟を暗殺したと北満地域の委員会に電報を送っている。そして陳雲は以下のような指示を出した。

①李兆麟が刺殺された経過やその略歴を新聞で発表する。
②李兆麟が東北抗戦の英雄であることを主張し、国民党特務機関の反動的な行為に反対する。
③ソ連と協議した上で、各省が部隊を派遣し追悼会に参加する。追悼会では、特務機関の廃止、「民主」の実行、

共産党の合法性の承認、政協決議の実行、平和的な東北問題の解決などを要求する。ハルビン市の追悼会の後、各省各県は、同様の追悼会を開催して宣伝を拡大する。[112]

事件の四日後という段階で、はやくも陳雲は国府の特務機関による犯行と断定していた。事件の真相はともかくとして、陳雲は李兆麟を英雄化してその死を有効に利用しようとしたのである。その目的は①国府の反動性を強調して批判するとともに、共産党の求める各種の要求を実現する材料とする、②暗殺が反ソ・反共政策の一環であることを宣伝し、国府とソ連との関係悪化を図ること、③李兆麟を東北での抗日運動の象徴とし、共産党の東北地域における貢献を強調することにより、支配の正統性を主張することにあった。本小節では③の点に注目するが、①と②についても簡単に触れておきたい。[113]

まず①に関して、李兆麟は現地の東北において国府と和平交渉を進めた責任者の一人であった。また大都市から共産党の党組織が撤退しなければならないなかで、李は中ソ友好協会会長の地位を隠れ蓑にし、合法的にハルビンで党活動を展開していた。国府の強硬派から見れば、李の存在はきわめて不都合だったのである。それゆえ李の死が国府の謀殺であるとの主張は、十分な信憑性を持つことになった。

続いて②に関してであるが、李兆麟はソ連軍人として中佐の地位を得ており、ソ連軍の満洲進攻に同行し、ハルビンの占領行政に協力していた。戦後も共産党と現地ソ連軍とのパイプ役になっており、李の死後はソ連軍も葬儀や追悼大会に参加するなど密接な関係を築いていた。当時の国府の反ソ的機運や国民政府統治地域の反ソデモを利用し、ソ連と国府の対立ムードを煽ろうとしたのである。

さて、以下では③の点に注目して、李兆麟の死がどのように東北の共産党史に位置づけられたのか見てみよう。

李兆麟が殺害されてからわずかに六日後の三月一五日、李兆麟を記念するために組織された李兆麟烈士善後委員会は、殺害現場の「水道街」を「兆麟大街」に、墓地が建てられる予定の「道里公園」を「兆麟公園」と改名し、兆麟中学、兆麟図書館の開設、李の記念像の設置、記念書籍の編纂などが決定された[114]。当時はまだ李兆麟殺害の犯人は捕まっておらず、警察の捜査が続けられていた段階であるが、共産党はきわめて迅速に記念事業を進めていたことが分かる。その背景には、李の死が抗日聯軍の記念を進めるという従前の方針の上に位置づけられたことを物語っていよう。

李兆麟の葬儀は三月二二日に、ハルビン中ソ友好協会のなかで挙行された。抗日聯軍関係者のほか、ハルビンの民間団体代表や大衆が動員された。三月二四日には、改名したばかりの兆麟公園で追悼大会が行われた。東北民主聯軍、党代表、各県の大衆の代表、中ソ友好協会の関係者など約三〇〇のほか、ソ連人、日本人を含む多くの大衆が動員された。共産党の報道ではその数は一〇万人と称されている。

共産党は李兆麟を記念する際に、映画も利用していた。東北電影公司の撮影グループが追悼大会をカメラに記録し、ニュース映画「民主東北」第一・第二輯所収の「追悼李兆麟将軍」を制作したのである。この映画は一九四七年五月一日に、「活捉謝文東」、「解放軍営的一天」、「内蒙新聞」の三作品とともに出荷された。ただ「追悼李兆麟将軍」は、一九四七年三月九日に挙行された李兆麟殺害二周年記念の追悼大会の会場で、先行して上映された[115]。

ハルビン以外においても、多くの地域で李兆麟の追悼大会が挙行されている。東北の梅河口、河北の承徳、山東の臨沂、延安などで共産党組織が中心となり追悼大会が催されたり、記念塔が建設されたりした。李兆麟を東北抗日の象徴として全国的に記念活動を展開し、東北における優位を確立しようとする共産党の意図を見てとることができる。

ハルビンでは兆麟記念事業協会が組織され、兆麟公園の敷地内に正式な墓と記念塔の建設が進められた。協会の董事長は、新たに中ソ友好協会会長に就任した謝雨琴、副董事長の一人は『北光日報』社長の馬英林であった。中ソ友好協会は建前上民間団体であったが、実際には共産党の党組織であり、記念事業を推進したのは共産党に他ならない。李兆麟の墓と塔は八月一二日に完成し、兆麟記念事業協会により移葬式が行われた。そして抗日戦争勝利記念日である八月一五日に一般公開され、「八・一五」の記念とともに大衆を動員して記念活動が営まれた。[116] 実に「八・一五」の記念と、抗日戦争の英雄である李兆麟の記念がコラボレートされ、抗日の戦勝と抗日聯軍とを結びつけようとしたのである。

一九四八年三月九日には、李兆麟殺害二周年記念大会が開かれるとともに、李の記念切手が発行された。[117] そして一〇月一〇日には、東北烈士記念館が一般公開され、記念館の一角を使って李の業績と遺品が展示され、その貢献が顕彰されたのである。

以上のような李兆麟の記念は、李の「暗殺」という不測の事態に起因するものではあるが、東北抗日聯軍の記念・顕彰自体は、従前の戦略にのっとって行われたものであった。したがってより広い視点から見るならば、戦後の東北、国府との内戦という当時の時代性、地域性が李兆麟の記念活動を促進し、李を英雄にしたと言うことができる。

●注

（1）例えば『粛清一切反革命分子漫画選集』（上海人民美術出版社、一九五五年）。
（2）華君武の経歴については、王毅人『華君武伝』（黒龍江人民出版社、二〇〇九年）を参照。
（3）江西九江出身。一九三九年に延安魯芸の教員となり、後に『晋察冀日報』の美術編集を務めた。建国後は『人民日報』で美術編集、文化部芸術局副局長を務めた。
（4）共産党が主宰する学校。後の中国人民大学。
（5）前掲『華君武伝』、四一～八二頁。

(6)『東北日報』一九四七年九月二日、舒群「華君武同志的漫画」。
(7)『東北日報』一九四六年一〇月二二日「哈市文芸界籌備成立全国文協東北総分会」。
(8)前掲『華君武伝』、八四頁。
(9)同上、八三〜八四頁。
(10)家近亮子は蔣介石の権力確立までの手段が、きわめてファシズム的雰囲気を持っていたとし、段瑞聡は蔣介石がファシズム理論を利用して、中国の近代化や中央集権化を展開したとする。その最も典型的な例が蔣の進めた新生活運動であった。家近亮子『蔣介石と南京国民政府』(慶応義塾大学出版会、二〇〇二年)、段瑞聡『蔣介石と新生活運動』(慶応義塾大学出版会、二〇〇六年)。
(11)回数は明確に名前が表示されているものをカウントした。
(12)松村史紀『大国中国の崩壊 マーシャル・ミッションからアジア冷戦へ』(勁草書房、二〇一一年)、七八頁。
(13)マーシャル、国府代表張群、共産党代表周恩来による交渉。
(14)戦後の岡村寧次と国府との関係については、黄自進『蔣介石と日本――友と敵のはざまで』(武田ランダムハウスジャパン、二〇一一年)、三好章「南京一九四五年八〜九月――支那派遣軍から総連絡班へ――」(『愛知大学国際問題研究所紀要』一四三号、二〇一四年、五五〜七五頁)を参照。
(15)共産党軍は国府軍の一軍として編成されており、形式上共産党軍の指揮官は蔣介石であった。それゆえ共産党には日本軍に指示を出す正式な権限がなかった。門間理良「利用された敗者――日本軍武装解除をめぐる国共両党のかけひき」(戸部良一・波田野澄夫編『日中戦争の軍事的展開』慶応大学出版会、二〇〇六年)、前掲「南京一九四五年八〜九月――支那派遣軍から総連絡班へ――」を参照。
(16)国府側は降伏した支那派遣軍に対し、中国正規軍の給料と変わらぬ雑費さえ支給していた。
(17)稲葉正雄編『岡村寧次大将資料 上巻――戦場回想編――』(原書房、一九七〇年)、一一一〜一九五頁。
(18)同『岡村寧次大将資料 上巻――戦場回想編――』、一二五〜一二六頁。

(19) 久保亨・土田哲夫・高田幸男・井上久士『現代中国の歴史――両岸三地一〇〇年のあゆみ』(東京大学出版会、二〇〇八年)、一三三頁。
(20) 前掲『蔣介石と日本――友と敵のはざまで』。
(21) 『東北日報』一九四七年一一月一三日「十月革命三十週年　莫洛托夫演説全文（中）」。
(22) 東京ローズとは、アメリカ軍向け対敵宣伝放送でアナウンサーを務めた女性アナウンサーを総称していう。東京ローズは複数いるが、そのうち名乗り出たのはアイヴァ・ダキノのみである。アイヴァ・ダキノは日系アメリカ人二世で、叔母の見舞いのため日本を訪問していた際に太平洋戦争が勃発し、帰国することができなくなった。戦争中は日本によってアメリカ軍向け対敵宣伝放送のアナウンサーとして利用された。戦後アメリカから戦争犯罪人として処され市民権を剥奪されたが、その後恩赦により市民権は回復し、二〇〇六年に死去した。
(23) 延安ローズに関しては、水谷尚子「生きていた『延安ローズ』」(『中央公論』一九九九年九月号、一九四～二〇七頁、一〇月号、二四二～二五四頁) を参照。
(24) 「中央書記処関於在東北的宣伝方針問題給彭真的指示」(中共中央宣伝部弁公庁、中央档案館編研部編『中国共産党宣伝工作文献選編　一九三七～四九』学習出版社、一九九六年、六〇九～六一〇頁)。
(25) 温済沢「回憶延安和陝北新華広播電台」北京広播学院新聞系『中国人民広播回憶録（続集）』(中国広播電視出版社、一九八六年、四四～六九頁)。
(26) 国府軍の空軍エリート。一九三五年国府軍航空学校入学。後にパイロットに就任し、アメリカで訓練を受ける。一九四六年飛行機に乗って延安へ渡った。一九四七年東北民主聯軍航空学校副校長、四九年共産党加入。
(27) 原題は「赶快退出内戦旋渦」と「誰是誰非――誰是燃起内戦烽火的罪人？」。
(28) 以上の劉善本に関する経過については、前掲「回憶延安和陝北新華広播電台」を参照。
(29) 「中央宣伝部関於注意加強対国民党空軍広播給聶栄臻等的指示」(前掲『中国共産党宣伝工作文献選編　一九三七～四九』、六三七頁)。ただし後になると、空軍は優遇されているために、敢えて国民党を裏切ろうとしないとされ、とくには重視されなくなった。

(30)「陝北台編集部関於「九五」後工作上的一些決定」(中央人民広播電台研究室、北京広播学院新聞系『解放区広播歴史資料選編(一九四〇～一九四九)』中国広播電視出版社、一九八五年、一三三頁)。

(31) 元国府軍士官を再教育する施設。後述の解放軍官教導団と同一の組織を指す。

(32) 黄埔軍官学校出身者など、蔣介石から信任を得た将軍の指揮する部隊。

(33)「東北決定加強対敵宣伝」(前掲『解放区広播歴史資料選編(一九四〇～一九四九)』、二八九～二九一頁)。

(34) 張作霖の子で張学良の弟。一九三三年共産党加入、冀中軍区参謀処長、遼寧省主席。

(35) 以上の編集過程については、遼寧省広播電視庁史志編輯室『東北区広播史資料彙編』第二輯(出版社不明、一九八七年)、五～六頁を参照。

(36) ハルビン軍官解放団に関しては以下の文献を参照した。「介紹哈爾濱解放軍官教導団」(前掲『東北区広播史資料彙編』第二輯、一六九～一七三頁)。

(37) 長春、瀋陽をめぐる戦い。

(38) 北京、天津をめぐる戦役。

(39) 現在の江蘇省北西部の徐州をめぐる戦役。

(40) 日付が不明なものは含まれていないため、実際にはさらに多くの講話が行われたはずである。

(41) 具体的な放送内容に関しては、前掲『東北区広播史資料彙編　第二輯』の史料を使用。

(42) 前掲『東北区広播史資料彙編』第二輯、一六～二〇頁。

(43) 華東とは、山東、江蘇、浙江、安徽、江西、福建、上海市を範囲とする地域のこと。

(44) 当時の軍は各地方、地域によって組織されていたため、地方軍の士官や兵士たちは、別々の部隊に再編成されることを忌避していた。

(45) 前掲『東北人民広播史』、三二一頁。

(46) 前掲『東北区広播史資料彙編』第二輯、二二一～二二二頁。
(47) 雲南の別称。
(48) 前掲『東北人民広播史』、二二一～二二四頁。
(49) 前掲『東北区広播史資料彙編』第二輯、三〇～三五頁。
(50) 蔣介石が雲南を中央化しようとした事件。蔣介石は日本の降伏受け入れを名目に、雲南の支配者龍雲の力の背景となっている雲南軍をベトナムへと派遣した。そしてその間に龍雲の省政府主席の任を解き実権を奪った。龍雲が五華山に立てこもると、杜聿明に攻撃させた。以上の事件については、石島紀之『雲南と近代中国――〝周辺〟の視点から』（青木書店、二〇〇四年）、二六三～二六四頁を参照。
(51) 遼寧省開原出身。一九四七年一〇月二日に威遠堡戦役で捕虜となり、哈爾濱解放軍官教導団で学習し、一九四八年六月に釈放。なおこの経歴は本放送原稿の付された注に基づいている。
(52) 前掲『東北人民広播史』、三五～三九頁。
(53) 長白山と黒龍江のこと。
(54) 「対敵広播在国民党部隊中的作用与反映総結」（前掲『解放区広播歴史資料選編』、二九二～三〇四頁）。本史料は一九四八年に東北電台が綏化解放団・チチハル軍校・長春航空学校の元国民党士官に対して調査し、まとめた報告書である。
(55) 前掲『中国解放区広播史』、一一七頁。
(56) 羅清「白山黒水傳紅波――回憶東北新華広播電台総台」（北京広播学院新聞系『中国人民広播回憶録』中国広播電視出版社、一九八三年、一六六～一七四頁）。
(57) 一九四六年に共産党が主導して成立した東北地域の政権組織。
(58) 貴志俊彦「戦後満洲の八月十五日」（川島真、貴志俊彦編『資料で読む世界の八月一五日』山川出版社、二〇〇八年）。
(59) 西村成雄「戦後中国東北地域政治の構造変動」江夏由樹・中見立夫・西村成雄・山本有造編『近代中国東北地域史研究の新視角』（山川出版社、二〇〇五年、三二八～三五四頁）。なお西村には先駆的な研究として『中国近代東北地域史研究究』（法律文化社、一九八四年）がある。

(60) 以上の農民たちの行動や心性については、高橋伸夫『党と農民——中国農民革命の再検討』（研文出版、二〇〇七年）、角崎信也「新兵動員と土地改革——国共内戦期東北解放区を事例として——」（前掲『近きに在りて』第五七号、五五〜六七頁）に詳しい。

(61) 前掲「戦後満洲の八月十五日」。

(62) 小野寺史郎『国旗・国歌・国慶——ナショナリズムとシンボルの中国近代史』（東京大学出版会、二〇一一年）、二九四頁。

(63) 小野寺史郎「抗戦期・内戦期における国民党政権の国民統合政策——政治シンボルと政治儀式の再編をめぐって——」（二〇〇五年度財団法人交流協会日台交流センター日台研究支援事業報告書）。

(64)『東北日報』一九四六年九月二日「哈市青年学生集会慶祝日寇投降簽字周年」、及び同九月三日「記念日本投降簽字周年　没有蘇聯出兵援助不能迅速打敗日寇」。

(65)『東北日報』一九四六年九月五日「哈市中蘇知名人士慶祝対日勝利周年」。

(66)『合江日報』一九四六年九月四日「本市開会記念日本投降簽字一周年」。

(67)『東北日報』一九四六年七月四日「七七抗戦記念日将届本市各界将盛大記念」。

(68)『東北日報』一九四六年七月五日「哈市記念『七・七』籌委会決定　展開広泛群衆宣伝　調査表彰抗日烈士遺族以慰諸先烈英霊及家属」。

(69) 化粧宣伝とは簡単なメーキャップをして寸劇風のやりとりでメッセージを伝える宣伝方法である。牧陽一・松浦恒雄・川田進『中国のプロパガンダ芸術——毛沢東様式に見る革命の記憶』（岩波書店、二〇〇〇年）、四三頁。

(70)『東北日報』一九四六年七月八日「記念『七七』抗戦九周年　松哈二十万人民盛会　反対売国内戦独裁！要求独立和平民主！」。

(71)『合江日報』一九四六年七月一〇日「本市三萬余人記念『七七』反対美援蒋干渉内政」。

(72)『合江日報』一九四六年七月一二日「記念『七七』的宣伝活動」。
(73)前掲「戦後満洲の八月十五日」。
(74)『東北日報』一九四六年八月一二日「斉市籌備記念『八一五』全市軍民将熱烈慶祝三天」。
(75)『東北日報』一九四六年八月一五日「ハルビン市西満郵局発行『八一五』記念郵票」。
(76)『合江日報』一九四六年八月一八日「為本市『八一五』記念大会少数反動分子撹乱会場事」。
(77)『東北日報』一九四六年八月一五日「歓騰的人們　哈市『八一五』記念日特寫」。
(78)『東北日報』一九四六年八月一五日「東北各省代表聯席会議電斯大林元帥致謝」。
(79)一九三〇年代から共産党の大衆宣伝により演じられた代表的な街頭劇。活報劇とは、偶然通りかかった通行人などを巻き込んで成立する形態の演劇である。観衆はそれが劇とは思わず、偶然そのようなシーンに居合わせたのだと思い込むことにより、宣伝の効果を高めている。「お前の鞭を捨てろ」は、流し芸人の親子が主人公であり、父親は娘が芸ができないため鞭で打つ。見かねた若者が父親を押さえ「鞭を捨てろ」という。しかし娘は、日本軍に母を殺され、故郷も追われ、毎日の生活にも困っており、父親は悪くないと弁解する。若者は悪いのは日本帝国主義だ、皆で立ち上がりやっつけようとその場の人々に訴えかける、という筋書きである。前掲『中国のプロパガンダ芸術　毛沢東様式に見る革命の記憶』五六〜五七頁。
(80)遼寧省金県出身。東北軍の独立旅で団長を務めるが、九・一八の後に日本軍に投降。日本敗戦後は蔣介石の命で東北、ハルビンへと入り軍の再編を図るが共産党により捕えられ一九四六年九月に処刑されたとされる。
(81)『東北日報』一九四六年九月二〇日「三個鏡頭」。
(82)『東北日報』一九四六年九月二〇日。
(83)東北抗日聯軍の記念に関しては後述。
(84)『東北日報』一九四七年七月七日「加緊支援前線哈市熱烈記念『七七』」。
(85)『東北日報』一九四七年八月一七日「哈市十五萬人集会隆重慶祝『八・一五』」。

(86)「建議発表文告声明我対東北的主張」(中共中央文献研究室『陳雲文集』第一巻、中央文献出版社、二〇〇五年、四六四~四六五頁)。
(87)中国人民政治協商会議・灯塔県委員会文史資料委員会編『李兆麟将軍史料専輯』(灯塔県委員会文史資料委員会、一九九一年)、一五七~一五八頁。
(88)趙亮、紀松『馮仲雲伝』(黒龍江人民出版社、一九九四年)、二一四~二一五頁。
(89)馮仲雲『東北抗日聯軍十四年苦闘簡史』(青年出版社、一九四六年)。同書は二〇〇八年に中央文献出版社から復刻されている。
(90)『彭真伝』編写組『彭真年譜』上巻(中央文献出版社、二〇〇二年)、三八一頁。
(91)同上、三八三頁。
(92)現在の吉林省靖宇県。
(93)現在の黒龍江省尚志市。
(94)『東北日報』一九四六年四月七日「哈市各界人民隆重挙行　李兆麟同志安葬典礼」。
(95)『東北日報』一九四六年七月八日「記念『七七』抗戦九周年松哈二十万人民盛会」。
(96)『東北日報』一九四六年四月七日「民主聯軍記念東北抗戦先烈　楊靖宇李紅光支隊挙行成立典礼」。
(97)『東北日報』一九四六年四月七日「楊靖宇支隊司令　位樹徳将軍談話」。
(98)『東北日報』一九四六年七月五日「哈市記念『七・七』籌委会決定　展開広泛群衆宣伝」。
(99)『東北日報』一九四六年七月六日「抗日殉難者遺族調査啓事」。
(100)『東北日報』七月一八日「記念先烈撫慰遺属哈市召開表彰慰問会」。
(101)本書とは時期が異なるが、東北烈士記念館をはじめとして一九四九年以後の記念のあり方を検証したものに、坂部晶子『「満洲」経験の社会学——植民地の記憶のかたち』(世界思想社、二〇〇八年)がある。
(102)程鵬漢、程艶「東北烈士記念館」(『抗日戦争研究』一九九八年第三期、二四一~二四三頁)。

(103)『東北日報』一九四七年四月九日「東北人民永遠懐念先烈建記念館編英雄冊」。
(104)『東北日報』一九四七年六月一〇日「東北抗日曁愛国自衛戦争殉難烈士記念事業準備委員会啓事」。
(105)『東北日報』一九四七年六月一一日「東烈記念準備委会確定記念烈士弁法」。
(106)長白山と黒龍江のこと。東北の象徴としてしばしば「白山黒水」と称される。
(107)『東北日報』一九四七年九月二五日「東北烈記念館　業已完成百分之八十　記念塔籌画拡大修築」。実際には記念塔は「東北抗日曁愛国自衛戦争烈士記念塔」として建立され、現在ハルビン市の長青公園内にある。
(108)第一章の検討とは異なり、ここでは蔣介石自身が「反動派」の一員とされている。
(109)一九四六年五月四日に中共中央が発布した「関与土地問題的指示」のこと。地主の土地を没収し、農民に分配するよう命じた。
(110)李兆麟の記念について、詳しくはすでに発表されている以下の拙稿を参照されたい。「李兆麟暗殺事件をめぐる記念とプロパガンダ――戦後東北における中国共産党の支配戦略」(『東洋学報』第九五巻第三号、六三～九一頁、二〇一三年)。
(111)李兆麟は抗日聯軍当時「張寿籛」と名乗っていた。
(112)前掲「為李兆麟被刺殺事給北満分局各省工委的電報」。
(113)詳しくは前掲「李兆麟暗殺事件をめぐる記念とプロパガンダ――戦後東北における中国共産党の支配戦略」を参照されたい。
(114)『東北日報』一九四六年四月七日「哈市各界人民隆重挙行　李兆麟同志安葬典礼」。
(115)『東北日報』一九四七年三月一一日「松哈各界代表　公祭李兆麟将軍」。
(116)『東北日報』一九四六年八月一六日「松哈各界人民歓騰鼓舞慶祝『八一五』勝利周年　李兆麟将軍墓碑同時掲幕」。
(117)何宏「李兆麟将軍記念郵票発行紀実」(『世紀橋』二〇一〇年第一一期、一四頁)を参照。

終章　戦後東北と共産党メディア

これまで検討してきた戦後満洲・東北地域における共産党メディアの展開とその意義について、最後にここで整理しておきたい。

まず東北の共産党メディアは、日本のメディアの「遺産」を継承して成立し、運営されたことが明らかとなった。日本植民地史では主として経済「遺産」の継承について検討されてきたが、メディアについても同様のことが指摘できる。

活字メディアで言えば、東北日報社や東北書店は日本の出版機構を接収し、その施設と機械を利用して成立した。活字メディアを出版するためには、原料の紙と印刷機器が必要となるが、双方ともに日本が残した機材を活用したのである。とくに新聞や書籍の出版に必要な紙に関しては、東北は豊富な森林資源と多くの製紙工場が存在し、中央の陝甘寧辺区や晋察冀辺区と比べて恵まれていた。それゆえ、東北では出版、発行量も多かったのである。

また視聴覚メディアでは、ラジオは日本の放送局をそのまま接収し、放送機材と放送局員を留用して運営していた。ラジオなどの近代的なメディアを運営するには、専門的な知識を持った人材が必要であり、とりわけ技術部門は共産党には幹部の少ない分野であった。そこで大連広播電台のように、約五分の三が日本人職員で運営された例もあるのである。映画もまた同様であった。延安において映画制作の経験があったとはいえ、共産党は満映ほどに豊富な機材と人材を有していたわけではなかった。共産党は映画設備を接収した上で、他の根拠地にも映画機関を設立しようと図った。その結実の一つが華北電影団となったのである。映画においても日本人留用者の果たした役割は大きかった。東北電影製片廠が制作した初期の作品の多くは、脚本、撮影、監督、技術などの多くの面で日本人留用者が関わっていた。

以上のように、東北のメディアは日本の「遺産」の接収なくして成り立たなかったと言える。しかし、無論これは日本の植民地支配を正当化するものでは決してない。

共産党は国府に先駆けて一九四五年九月に東北へと進出した。これは東北をめぐる国府との覇権争いや経済、軍事資産の接収の点で共産党を利し、結果として国共内戦の勝敗に大きく影響した。ただ従来見落とされていたことは、活字メディアやラジオ、映画といった視聴覚メディアの施設や人材の面でも、共産党は東北で多くを手に入れ、それが共産党の対内、対外的な宣伝能力を向上させたという点である。それはメディア史の上からも重要ではあるが、一九四九年革命をめぐる中国近現代史の上でも見逃すことができない点であろう。

内戦から人民共和国への歴史的な展開について見れば、東北で勝利した共産党が、華北（平津戦役）や華南（淮海戦役）でも勝利を収め、全国的な勝利を手中にする。その過程で、共産党は東北のメディア幹部を解放軍に従軍させて報道させるとともに、現地の国府や民間のメディア機構の接収に当たらせた。したがって関内のメディア機関の接収と設立という面でも、東北のメディア幹部の果たした役割は大きく、それは東北において近代メディアを運営した数年の経験が評価されたからである。そして接収した後は、多くの幹部がそのまま現地のメディア機関に移動となり、建国後の活動を支えることになったのである。

こうして発展した東北のメディアは、宣伝媒体としてはもちろんのこと、情報の伝達という党内コミュニケーションの上でも重要な役割を果たした。共産党は東北の重要性を認識し、早くから東北での情報収集を課題として挙げていた。それゆえ早くも一九四五年末には、東北でも新華社を建設することが提起され、その後新華社や各広播電台では通信機を用いて中央の無線電による指示やニュースを受け取り、各党組織へと伝達するなど、中央と地方党組織間の情報の統一化に寄与したのである。

実際のメディアの活動を通じて、情報網を中心とする党組織が広く末端へと拡大した点も見逃すことはできない。例えば『東北日報』は東北各地の工場、農村、政府機関に通信組織を広げていったが、それは東北社会の末端にまで情報網や党組織を拡大することにより、社会の把握能力を獲得したことが意味されよう。

次にメディアが、東北の社会や大衆とコミュニケーションをとる上で果たした役割について見てみよう。かつて満洲国の弘報担当者は、ポスターや伝単だけでなく、ラジオや映画についても大衆宣伝においては大きな限界を感じ、その効果に懐疑的であったという(1)。中国の特殊な環境により、大衆へのプロパガンダの点でメディアにはそれぞれ限界があったことは事実である。ただその有効性について測ることは難しいとしても、少なくとも共産党が大衆宣伝を重視し、大衆動員に積極的に利用していたことは本書で明らかになった。

新聞の報道内容は、直接にではなく、読報組という媒介組織を通して大衆に宣伝された。農村で共産党のイデオロギーや政策を農民に伝えることは、農民にその動機を与える点からも難しい。共産党は文工団を農村へ派遣し、演劇や秧歌という娯楽を提供しつつ、そのなかに宣伝内容を織り込むという工夫がなされた。こうしてメディアは、共産党が大衆とコミュニケーションをとるための媒介として機能し、支配を確立する有効な手段となったのである。

一九四七年半ば以降、共産党が勝利していく段階では、その勝利のたびに各地で宣伝カーが街頭に繰り出し、新聞の号外や宣伝ビラを大量にばらまいた。その勝利の報道は、ラジオでは声となって各地を駆けめぐった。一部では全国に先駆けて有線放送網が整備され、街頭に放送用のラッパが備え付けられて、こうした声が届けられたのである。

大衆への宣伝という点では、メディアを動員した記念活動もまた重要な役割を果たした。共産党は、東北で日本の侵略や抗日戦争の勝利に関する「七・七」、「八・一五」、「九・一八」などの記念を、大衆を動員する形で行った。それは支配の実績もなく、政権政党でもない共産党にとって、こうした記念活動を通して蔣介石や国府をおとしめるとともに、抗日聯軍を顕彰して共産党と東北との深い結びつきを強調する必要があったからである。戦後の東北で行われた記念は、抗日の記念に仮託しながらも、内戦に勝利する目的に利用されたのである。記念活動はそれ自体が一つのメディアと言えるが、その過程では新聞、ビラ、ラジオ、映画、演劇など多くのメディアが利用され、大衆にその意義が宣伝された。

以上のように、東北において日本のメディア機構を接収した共産党は、対内、対外的な宣伝にメディアを積極的に利用し、支配の確立のため、内戦の勝利のために動員した。そしてそれは、東北がメディアの先進地域であったという歴史的な背景があってはじめて可能となったのである。

本書で明らかにされたメディアをめぐる共産党の活動や営みは、従来の政治、経済、外交といった視点からの研究では、明らかにされてこなかった面である。満洲・東北地域史の今後を考えると、現状では日本史からの満洲国研究、分野としては政治、経済に比重が置かれ過ぎているように思われる。日本の中国侵略の結実たる満洲国に最大の関心が払われるのは、ある意味で当然としても、その後の東北地域に対して無関心であることには大きな問題がある。

戦後の東北に関して元来研究が少ないなかで、文化面はとくに手薄な分野である。それは多民族世界を基礎とする多様な満洲の文化が、満洲国末期には総動員体制の下で抑圧され、戦後には社会主義中国の文化に塗り替えられて、関心が失われたことと無関係ではない。しかし中華人民共和国建国の初期において、東北は経済の先進地域として全国を牽引した地域であり、その重要性を鑑みれば東北地域によりフォーカスし、多様な面に光を当て満洲国期とその建国後との連続性を考える必要があろう。本書がその点で何らかの貢献ができたとすれば幸いである。

●注

（1）貴志俊彦『満洲国のビジュアルメディア』（吉川弘文館、二〇一〇年）、二一七頁。

あとがき

大学院在籍中に中国共産党のメディア史を自己の専門領域に定め、少々遅い方針転換であったものの、現在までどうにか研究を続けることができている。ここ数年は戦後「満洲」史研究会で学ぶ機会を得たことから、満洲・東北地域史が著者のもう一つの専門領域となった。本書は、まさにこの二つが交差するテーマ設定となっている。メディアのなかでも、ビジュアル・メディアに関してはいぜんとして研究が十分ではない点や、一九四九年以後については手を付けていないことなど多くの課題を残している。もとより本書が不十分で未熟なものであることは重々承知しているが、研究上の一つの区切りをつけるためにあえて出版することにした。諸兄の忌憚のないご批判を待ちたいと思う。

本書は上智大学に提出した博士論文「四九年革命と中共メディア」を大幅に再構成し、書きおろし原稿を加えたものである。本書を執筆する際に、その元となった既発表の論文は以下の通りである。

一　「陝甘寧辺区における通信員、読報組政策の展開」(『中国研究月報』第六一巻第一号、三〇〜四三頁、二〇〇七年)。

二　「抗日・内戦期中国共産党のラジオ放送」(『アジア研究』第五四巻第一号、三〜二一頁、二〇〇八年)。

三　「国共内戦期東北における中共メディアと宣伝」(『近きに在りて』第五七号、四〇〜五一頁、二〇一〇年)。

四　「李兆麟暗殺事件をめぐる記念とプロパガンダ――戦後東北における中国共産党の支配戦略」(『東洋学報』第

九五巻第三号、六三〜九一頁、二〇一三年)。

本書を出版するまでには、実に多くの方々の支援や協力をいただいた。まず大学院まで指導していただいた坂野良吉先生には、その暖かな指導に感謝するとともに、本書の出版がかくも遅れ、御退官に間に合わなかったことを大変心苦しく思っている。上智大学の大澤正昭先生、山内弘一先生には、主に前近代史についてお教えいただき、近現代史以外にも目を向ける大切さを教わった。

首都大学東京の奥村哲先生には、院生時代からゼミに参加させていただき、自身の学生のように暖かくご指導いただいた。博士論文の副査も担当していただき、第二の指導教官として大変感謝している。

戦後満洲史研究会は、満洲・東北地域へと視野を広げ、その可能性を示してくれた大切な研究会である。丸山鋼二先生、大澤武彦氏、松村史紀氏、大野太幹氏、鄭成氏、朴敬玉氏、遠藤政敬氏、そのほか研究会に参加していただいた多くの方々と切磋琢磨し、アドバイスをいただいた。とくに丸山先生には研究だけでなく折にふれて研究生活についてご指導いただき、鄭成氏には出版についてもご助言いただいた。

メディア研究では、研究プロジェクトやその他多くの点で貴志俊彦先生に大変お世話になっている。浅学非才の身を最先端のプロジェクトにお誘い下さり、多くの研究者の方々と交流することで視野を広げることができた。記して感謝申し上げたい。

塚瀬進先生には、学会の席で研究生活についてご助言いただくとともに、出版を躊躇う私の背中を押していただいた。ご満足いただく内容になっているか甚だ心許ないが、そのおかげでどうにか出版にたどり着くことができた。

本書の刊行にあたっては、初めての著書の出版で右も左も分からない状態であったが、御茶の水書房の小堺章夫氏に快く引き受けていただいき、様々な点でアドバイスをいただいた。氏がいなければ本書の刊行は不可能だったであろう。

プライベートでは、大学院から長い間学業を暖かく見守ってくれた両親には感謝の術もない。父がすでに亡くなっていることは痛恨の極みであるが、墓前に報告するとともに、母には長く生きてこれからの第二、第三の研究成果も受け取っていただきたいと思っている。

最後になるが、妻の小百合は結婚して以来我が家を経済的に支え、また精神的にも安らぎを与え研究を励ましてくれた。また、今年三歳になる息子の健は、手を焼かせながらも私に親としての生きがいを与えてくれている。本書を二人に捧げ感謝したい。

参考文献

新聞

『解放日報』
『合江日報』
『中央日報』
『東北日報』
『西満日報』

史料、回想

（一）中文

袁乃晨「我国第一部翻訳片的誕生」（蘇雲主編『憶東影』吉林文史出版社、一九八六年、一七一～一八〇頁）
王毅人『華君武伝』（黒龍江人民出版社、二〇〇九年）
王建穎「延吉新華広播電台回顧」（北京広播学院新聞系『中国人民広播回憶録（続集）』中国広播電視出版社、一九八六年、一七一～一八二頁）
王世杰『王世杰日記』第五巻（中央研究院近代史研究所、一九九〇年）
温済沢「回憶延安和陝北新華広播電台」（前掲『中国人民広播回憶録（続集）』、四四～六九頁）
鶴局志「東北電影制片廠在鶴岡」（遼寧・吉林・黒龍江省文化庁、瀋陽・大連・長春・哈爾濱市文化局『東北革命文化史料選

編』第一輯、省文化庁文化志編集部、一九九〇年、一九一～一九四頁）
顔一烟「憶東北文芸工作団」（『社会科学戦線』一九八四年三期「東北歴史与文化」、二〇四～二一二頁）
顔一烟『烽火明星』（中国和平出版社、一九九一年）
甘惜分「歴史機縁識広播」（前掲『中国人民広播回憶録（続集）』、三一三～三一八頁）
姜桂林『新華社十二年』（正聲広播公司、一九六二年）
金戈『解放区文化教育巡礼』（大家出版社、一九四九年）
紀雲竜「記文化導報和新華日報瀋陽準備処」（『新聞研究資料』一九八六年第二期、二三～三〇頁）
洪涛「チチハル広播電台開播記」（前掲『中国人民広播回憶録（続集）』、一六五～一六九頁）
康敏庄「回憶大連広播電台建台初期的状況」（中共大連市党史資料征集弁公室編『解放初期的大連』中共大連市党史資料征集弁公室、一九八五年、一七六～一九一頁）
胡喬木『胡喬木回憶毛沢東』（人民出版社、一九九四年）
黒龍江省志地方志編纂委員会『黒龍江省志第五一巻広播電視志』（黒龍江人民出版社、一九九六年）
黒龍江日報報業集団『黒龍江日報六〇年　一九四五～二〇〇五』第一巻（黒龍江人民出版社、二〇〇五年）
呉支安「解放戦争時期的『東北日報』」（省文化庁文化志編集部編『東北革命文化史料選編』第三輯、一九九三年、二三七～二四一頁）
周叔康「東北新華広播電台的籌建経過」（『佳木斯党史資料』第五輯、一九八八年、三三～四〇頁）
秋松「戦火中的文芸兵――記三十八軍文工団」（中国人民解放軍文芸史料編集部編『中国人民解放軍文芸史料選編　解放戦争時期』下冊、解放軍出版社、一九八九年、五七五～五九一頁）
周保昌『東北解放区出版発行工作的回顧』（遼寧人民出版社、一九八八年）
朱暁光、孫家林「憶北満光華書店」（新華書店総店編『書店工作史料』第四巻、中国書店、一九九〇年、一七六～一八二頁）
『粛清一切反革命分子漫画選集』（上海人民美術出版社、一九五五年）

朱丹「回顧『東北画報』」(『星火　革命回顧録』第三巻、遼寧人民出版社、一九八一年、二三四～二四二頁)
邵公文「一片新奇的聖土——憶大連光華書店」(『党史縦横』一九九三年第四期、二九～三一頁)
邵功游「〝東影〟創建的前前後後」(『当代電影』一九九五年第四期～第六期、一九九六年第一期に連載)
舒群「我在東影的経歴」(前掲『憶東影』、六九～七二頁)
新華社新聞研究部編『新華社文献資料選編』第一輯～第三輯(出版社、出版年不明)
新華書店総店編『書店工作史料』第四巻(中国書店、一九九〇年)
斉錫宝「回憶沙蒙同志」(『電影芸術』一九八〇年八期、五五～五八頁)
「石益民訪談録」(『当代電影』、二〇〇九年第三期、八二～八六頁)
蘇雲主編『憶東影』(吉林文史出版社、一九八六年)
孫含光「正中書局瀋陽、長春分局始末」(前掲『書店工作史料』第四巻、一六一～一六四頁)
孫含光「東北地区建国前後的雑誌発行」(前掲『書店工作史料』第四巻、二四八～二五〇頁)
中央人民広播電台研究室、北京広播学院新聞系『解放区広播歴史資料選編(一九四〇～一九四九)』中国広播電視出版社、一九八五年)
中央档案館編『中共中央文件選集』第一五冊、一六冊(中共中央党校出版社、一九九一年)
中共大連市党史資料征集弁公室編『解放初期的大連』(大連日報社、一九八五年)
中共中央宣伝部弁公庁、中央档案館編研部編『中国共産党宣伝工作文献選編　一九三七～四九』(学習出版社、一九九六年)
中共中央文献研究室『陳雲文集』第一巻(中央文献出版社、二〇〇五年)
中国社会科学院新聞研究所『中国共産党新聞工作文献彙編　上巻』(新華出版社、一九八〇年)
中国人民解放軍文芸史料編輯部『中国人民解放軍文芸史料選編　解放戦争時期』(上冊、解放軍出版社、一九八九年)
中国人民政治協商会議・灯塔県委員会文史資料委員会編『李兆麟将軍史料専輯』(灯塔県委員会文史資料委員会、一九九一年)
趙乃喬「東北新華広播電台誕生前後」(北京広播学院新聞系『中国人民広播回憶録』(中国広播電視出版社、一九八三年、一六

〇～一六五頁）

張東「通化、臨江、海竜新華広播電台的変遷」（前掲『中国人民広播回憶録（続集）』、一五九～一六四頁）

趙亮、紀松『馮仲雲伝』（黒龍江人民出版社、一九九四年）

鄭士徳編『新華書店五十春秋』（新華書店総店、一九八七年）

程鵬漢、程艶「東北烈士記念館」（『抗日戦争研究』一九九八年第三期、二四一～二四三頁）

董俊「憶土改時的図書下郷活動」（前掲『書店工作史料』第四巻、一八三～一八五頁）

東北解放区財政経済史編写組編『東北解放区財政経済史資料選編』第一～第四輯（黒龍江人民出版社、一九八八年）

白晞「関与東北影片経理公司的回憶」（前掲『憶東影』、二一二～二一五頁）

馬守清「東北電影公司成立前後」（前掲『憶東影』、二八～四〇頁）

哈爾濱市地方志編纂委員会『哈爾濱市志第二五巻報業広播電視』（黒龍江人民出版社、一九九四年）

範克「在『西満日報』工作」（前掲『東北根拠地戦略後方報業簡史』一〇六～一一二頁）

馮仲雲『東北抗日聯軍十四年苦闘簡史』（青年出版社、一九四六年）

北京広播学院新聞系『中国人民広播回憶録』（中国広播電視出版社、一九八三年）

北京広播学院新聞系『中国人民広播回憶録（続集）』（中国広播電視出版社、一九八六年）

『北京档案史料』二〇〇四年三月号（新華出版社、二〇〇四年）

方洪「戦壕里的文化活動――錦西阻撃戦中的一個実例」（荒草、景芙編『人民戦争詩歌選』下集、上海雑誌公司、一九五一年、三五九～三六三）

『彭真伝』編写組『彭真年譜』上巻（中央文献出版社、二〇〇二年）

羅玉琳「在特殊環境中戦闘的『北光日報』」（前掲『東北根拠地戦略後方報業簡史』、一三八～一五〇頁）。

羅清「白山黒水傳紅波――回憶東北新華広播電台総台」（前掲『中国人民広播回憶録』、一六六～一七四頁）

李俊「回憶〝九・三〟後創弁『哈爾濱日報』」（前掲『東北根拠地戦略後方報業簡史』、一九八七年）

李俊「中国共産党党報通訊員制度的歴史演変」（『新聞研究資料』一九九〇年第一期、六六〜八二頁）
劉雲莱『新華社史話』（新華出版社、一九八八年）
劉亦実「鉄骨錚錚的王諍将軍」『文史春秋』二〇〇四年七期
劉福令、屠湫儀、熙崇奐、謝文復「記憶中最珍貴的一頁——吉林新華広播電台工作生活片断」（前掲『中国人民広播回憶録』、二〇一〜二〇八頁）
遼寧・吉林・黒龍江省文化庁、瀋陽・大連・長春・哈爾濱市文化局『東北革命文化史料選編』第一輯、第三輯（省文化庁文化志編集部、一九九〇年〜一九九三年）
遼寧省広播電視学会、遼寧省広播電視庁史志編輯室『東北区広播史資料彙編』第一輯、第二輯（出版社不明、一九八七年）
遼寧人民出版社編『星火　革命回顧録』第三巻（遼寧人民出版社、一九八一年）
遼寧日報社編『東北日報簡史』（出版社不明、一九八八年）

（二）日本語

稲葉正雄編『岡村寧次大将資料　上巻——戦場回想編——』（原書房、一九七〇年）
内田吐夢『映画監督五十年』（三一書房、一九六八年）
ＮＨＫ「留用された日本人」取材班『留用された日本人——私たちは中国建国を支えた』（日本放送出版協会、二〇〇三年）
大塚有章『未完の旅路』全六巻（三一書房、一九六〇、一九六一年）
ガンサー・スタイン『延安』（みすず書房、一九六二年）
岸富美子『はばたく映画人生』（せらび書房、二〇一〇年）
木村荘十二『新中国』（東峰書房、一九五三年）
志方益三「満洲国並に北支の製紙及びパルプ事業に対する一私見」（京都帝国大学科学研究所『化学研究所講演集』第九輯、一九三九年五月）

中国中日関係史学会『新中国に貢献した日本人たち――友情で綴る戦後史の一コマ』（日本僑報社、二〇〇三年）
中国中日関係史学会『続新中国に貢献した日本人たち――友情で綴る戦後史の一コマ』（日本僑報社、二〇〇五年）
日本毛織百年史編纂室編『日本毛織百年史』（日本毛織、一九九七年）
持永只仁『アニメーション日中交流記』（東方書店、二〇〇六年）
持永伯子「中国のアニメの発展に尽力した父」（『人民中国（日本語版）』二〇〇五年一二月号）
満洲帝国民生部『第四次民生年鑑』（一九四三年）
満洲電信電話株式会社『満洲放送年鑑　第一巻』（緑蔭書房、一九九七年）

研究書・研究論文

（一）中文

何宏「李兆麟将軍記念郵票発行紀実」（『世紀橋』二〇一〇年第一一期、一四頁）
貢改改、子若「中共対北平電影業的接管」（『北京党史』二〇〇四年第一期、一〇～一三頁）
呉少琦『東北人民広播史』（遼寧人民出版社、一九九一年）
朱建華主編『東北解放区財政経済史稿』（黒龍江人民出版社、一九八七年）
肖振宇「論『東北文芸工作団』与東北解放区的戯劇運動」（『戯劇文学』二〇〇七年第一〇期、六六～六九頁）
常城、李鴻文、朱建華『現代東北史』（黒龍江教育出版社、一九八六年）
銭理群『一九四八：天地玄横』（山東教育出版社、一九九八年）
張連俊・関大欣・王淑岩『東北三省革命文化史』（黒龍江人民出版社、二〇〇三年）
陳永発『中国共産革命七〇年』（聯経出版、一九九八年）
薄松年『中国年画史』（遼寧美術出版社、一九八六年）

方漢奇『中国新聞事業通史』第二巻（中央人民大学出版社、一九九六年）
方漢奇『中国当代新聞事業史一九四九～一九八八』中冊（新華出版社、一九九二年）
楊兆麟、趙玉明『人民大衆的号角　延安（陝北）広播史話』（中国広播電視出版社、一九八六年）
羅玉琳、艾国忱『東北根拠地戦略後方報業簡史』（中共黒龍江省党史研究所・黒龍江省新聞研究所、一九八七年）

(二) 日本語

家近亮子『蔣介石と南京国民政府』（慶応義塾大学出版会、二〇〇二年）
石井明『中ソ関係史の研究』（東京大学出版会、一九九〇年）
石島紀之『雲南と近代中国――〝周辺〟の視点から』（青木書店、二〇〇四年）
梅村卓、大野太幹、石塚迅、丸山鋼二『中国のメディアと東アジア知的共同空間』（文教大学出版事業部、二〇一四年）
大沢武彦「内戦期、中国共産党による都市基層社会の統合――哈爾浜を中心として――」（『史学雑誌』第一一一巻第六号、五八～七九頁）
岡村敬二『満洲出版史』（吉川弘文館、二〇〇二年）。
小野寺史郎『国旗・国歌・国慶――ナショナリズムとシンボルの中国近代史』（東京大学出版会、二〇一一年）
小野寺史郎「抗戦期・内戦期における国民党政権の国民統合政策――政治シンボルと政治儀式の再編をめぐって――」（二〇〇五年度財団法人交流協会日台交流センター日台研究支援事業報告書）
角崎信也「新兵動員と土地改革――国共内戦期東北解放区を事例として――」（『近きに在りて』第五七号、五五～六七頁）
貴志俊彦「戦後満洲の八月十五日」（川島真・貴志俊彦編『資料で読む世界の八月一五日』山川出版社、二〇〇八年、一〇五～一一六頁）
貴志俊彦『満洲国のビジュアル・メディア　ポスター・絵はがき・切手』（吉川弘文館、二〇一〇年）
貴志俊彦・松重充浩・松村史紀編『二〇世紀満洲歴史事典』（吉川弘文館、二〇一二年）

久保亨・土田哲夫・高田幸男・井上久士『現代中国の歴史――両岸三地一〇〇年のあゆみ』（東京大学出版会、二〇〇八年）
黄自進『蔣介石と日本――友と敵のはざまで』（武田ランダムハウスジャパン、二〇一一年）
胡昶、古泉『満映――国策映画の諸相』（パンドラ、一九九九年）
今野純「建国初期中国社会における政治動員と大衆運動――『三反』運動と上海社会（一九五一～五二年）」（『アジア研究』第五一巻第三号、二〇〇五年）
坂部晶子『「満洲」経験の社会学――植民地の記憶のかたち』（世界思想社、二〇〇八年）
笹川祐史、奥村哲『銃後の中国社会――日中戦争下の総動員と農村』（岩波書店、二〇〇七年）
佐藤卓己『現代メディア史』（岩波書店、一九八八年）
佐藤卓己「ラジオ文明とファシスト的公共性」（貴志俊彦・川島真・孫安石編『戦争・ラジオ・記憶』勉誠出版、二〇〇六年、二～二三頁）
朱家麟『現代中国のジャーナリズム』（田畑書店、一九九五年）
臼戸健一郎「満洲電信電話株式会社の多言語放送政策」（『マス・コミュニケーション研究』第八二号、二〇一三年）
鈴木邦夫編著『満洲企業史研究』（日本経済評論社、二〇〇七年）
須永徳武「満洲の化学工業（上）」（『立教経済学研究』第五九巻第四号、二〇〇六年）
孫安石「日中戦争と上海の日本語放送」（前掲『戦争・ラジオ・記憶』、五七～七六頁）
高橋伸夫『党と農民――中国農民革命の再検討』（研文出版、二〇〇七年）
段瑞聡『蔣介石と新生活運動』（慶応義塾大学出版会、二〇〇六年）
塚瀬進『満洲国――「民族協和」の実像』（吉川弘文館、一九九八年）
津金澤聡廣『現代日本メディア史の研究』（ミネルヴァ書房、一九九八年）
程季華『中国映画史』（平凡社、一九八七年）
鄭成『国共内戦期の中共・ソ連関係――旅順・大連を中心に』（御茶の水書房、二〇一二年）

中見立夫「歴史のなかの〝満洲〟像」（中見立夫ほか『満洲とは何だったのか　新装版』藤原書店、二〇〇四年、一三一〜三八頁）
南龍瑞「『満洲国』における満映の宣撫教化工作」（『アジア経済』第五一巻八号、二〇一〇年）
西村茂雄『中国近代東北地域史研究』（法律文化社、一九八四年）
西村成雄「戦後中国東北地域政治の構造変動」江夏由樹・中見立夫・西村成雄・山本有造編『近代中国東北地域史研究の新視角』（山川出版社、二〇〇五年、三二八〜三五四頁）
藤田正典編『中国共産党新聞雑誌研究』（アジア経済研究所、一九七六年）
牧陽一・松浦恒雄・川田進『中国のプロパガンダ芸術――毛沢東様式に見る革命の記憶』（岩波書店、二〇〇〇年）
マーシャル・マクルーハン『メディア論――人間の拡張の諸相』（みすず書房、一九八七年）
松村史紀『大国中国の崩壊――マーシャル・ミッションからアジア冷戦へ』（勁草書房、二〇一一年）
松本俊郎『「満洲国」から新中国へ――鞍山鉄鋼業からみた中国東北の再編過程一九四〇〜一九五四』（名古屋大学出版会、二〇〇〇年）
丸田孝志「陝甘寧辺区の記念日活動と新暦・農暦の時間」（『史學研究』二二一号、一九九八年）
丸田孝志「抗日戦争期・内戦期における中国共産党根拠地の象徴――国旗と指導者像」（『アジア研究』第五〇巻第三号、二〇〇四年七月）
丸田孝志『革命の儀礼――中国共産党根拠地の政治動員と民俗』（汲古書院、二〇一三年）
丸山鋼二「戦後満州における中共軍の武器調達――ソ連軍の「暗黙の協力」をめぐって」（江夏由樹・中見立夫・西村成雄・山本有造編『近代中国東北地域史研究の新視角』山川出版社、二〇〇五年、二九九〜三二七頁）
丸山鋼二「なぜ『戦後満洲』か?」（『近きに在りて』第五七号、汲古書院、二〇一〇年、一〜一二頁）
水谷尚子「生きていた『延安ローズ』」（『中央公論』一九九九年九月号、一九四〜二〇七頁、一〇月号、二四二〜二五四頁）
峰毅「東北地域における電力網の形成」（『中国研究月報』第六〇巻第四号、二〇〇六年）

峰毅『中国に継承された「満洲国」の産業——化学工業を中心にみた継承の実態』（御茶の水書房、二〇〇九年）
三好章「南京一九四五年八～九月——支那派遣軍から総連絡班へ——」（『愛知大学国際問題研究所紀要』一四三号、二〇一四年、五五～七五頁）
門間理良「利用された敗者——日本軍武装解除をめぐる国共両党のかけひき」（波田野澄夫、戸部良一編『日中戦争の軍事的展開』慶應義塾大学出版会、二〇〇六年）
山本武利『ブラック・プロパガンダ——謀略のラジオ』（岩波書店、二〇〇二年）
李相哲『満州における日本人経営新聞の歴史』（凱風社、二〇〇〇年）

人名索引

事項索引

た　行

な　行

は　行

ま　行

や　行

ら　行

わ　行

著者紹介

梅村　卓（うめむら・すぐる）

1975年埼玉県出身。2008年上智大学を単位取得満期退学後、2010年上智大学で博士（史学）取得。専門は中国共産党のメディア史、東北地域史。現在明治学院大学、神奈川大学、文教大学で非常勤講師、神奈川大学人文学研究所客員研究員。

主要業績：

「李兆麟暗殺事件をめぐる記念とプロパガンダ――戦後東北における中国共産党の支配戦略」『東洋学報』第95巻第3号、2013年。

「国共内戦期東北における中共メディアと宣伝」『近きに在りて』第57号、2001年。

「抗日・内戦期中国共産党のラジオ放送」『アジア研究』第54巻第1号、2008年。

『中国のメディアと知的共同空間』共著、文教大学出版事業部、2014年。

中国共産党《ちゅうごくきょうさんとう》のメディアとプロパガンダ
――戦後満州《せんごまんしゅう》・東北地域《とうほくちいき》の歴史的展開《れきしてきてんかい》――

2015年1月25日　第1版第1刷発行

著　者　梅村　卓
発行者　橋本盛作
発行所　株式会社　御茶の水書房
〒113-0033　東京都文京区本郷5-30-20
電話　03-5684-0751

Printed in Japan

印刷・製本／シナノ印刷㈱

ISBN 978-4-275-01087-2 C3022